本书由国家社科基金与中国西部边疆安全和发展协同创新中心资助

西部山区
农村灾害移民研究

DISASTER-RELATED MIGRATION
IN MOUNTAIN AREAS OF WESTERN CHINA

陈 勇 等◎著

社会科学文献出版社
SOCIAL SCIENCES ACADEMIC PRESS (CHINA)

前　　言

自 20 世纪 60 年代以来，人类在灾害预测和减灾方面取得了巨大的进步，但灾害给人类带来的人身伤亡和财产损失与日俱增。由于人口的急剧增加和大量人口居住在边缘和危险地带，愈来愈多的人们将面临各种灾害的威胁。为此，许多人流离失所，辗转迁徙，成为灾害移民。与同属非自愿移民范畴的工程移民、生态移民和扶贫移民相比，我国对灾害移民研究仍显得十分薄弱。目前，我国至少还有数以百万计的人口居住在自然灾害危险区里或隐患点上，除了采取群策群防措施外，大量人口急需进行移民搬迁。虽然我国相关法律法规涉及灾害移民安置内容，但配套性差，可操作性不强，难以指导我国日益增多的自然灾害移民安置和重建工作。选择我国西部山区若干典型自然灾害多发区域，开展农村灾害移民及其相关政策研究，不仅具有重要的理论意义，而且具有重大的现实意义。

本书研究的主要内容包括以下几方面。①对灾害移民问题进行了较为系统的理论分析和实证研究。对灾害移民发生机制进行了理论探讨，认为灾害的发生是致灾事件与人类社会脆弱性共同作用的结果，而灾害移民是人类社会在灾害作用下产生的一种适应性反应和重要的生存策略。灾害移民可分为灾前移民和灾后移民。灾前移民是灾害风险管理的重要组成部分，而灾后移民往往是灾后重建规划的重要内容。②从山区社会风险管理的视角对山区避灾移民搬迁问题进行了理论探讨，认为在应对山区自然灾害策略上，如果工程治理难度大或不经济，实施灾害移民就是最佳选择。山区贫困与山区自然灾害密切相连，实施避灾扶贫移民搬迁工程是自然灾害多发和频发山区消除贫困和防灾减灾的重要措施和手段，但是避灾扶贫移民也面临潜在的社会风险。如果规划不当，避灾扶贫移民会带来严重的社会问题，甚至社会灾难。③对我国历史灾害移民的产生、类型和相关政策进行了探讨。对逃荒与灾荒性移民、移民与灾害移民等概念进行辨析。将历史上的灾害移民分为有政府参与的"移民就食"（即灾害移民）和无政府参与的"流亡逐食"（即灾害流民）。有关移民就食的政策包括回乡复垦、移民垦荒和就地附籍等；有关流亡逐食的政策包括留养资送、激励返乡、强制返乡、招抚移垦和流民入籍等。④对国外典型自然灾害多发国的避灾移民经验、教训和政策进行了分析。避灾移民搬迁工作是一项复杂的系统过程，需要各级政府精心组织和实施，同时需调动搬迁群众的积极性和主动性。移民搬迁规划需要与国家宏观规划和地方其他规划相衔接，规划设计需充分考虑移民搬迁社区的文化传统，注重社区参与。⑤从可持续生计、风险感知和生计脆弱性理论视角对我国西部山区灾害移民搬迁问题进行多地实证研究。针对我国灾害移民中存在的问题，提出了有关搞好灾后应急转移、灾后移民搬迁和避灾移民搬迁的若干对策建议。

通过对灾害移民的理论分析和案例研究，本书形成如下观点。①山区灾后移民搬迁农户普遍面临着较为严重的可持续生计问题。在不少地区，受灾农户搬迁后居住环境和住房条件得到较大改善，但普遍面临着可持续生计问题。虽然搬迁后遭遇自然灾害的风险降低了，但家庭面临的生计风险和生计脆弱性却增加了。②我国农村灾后移民搬迁和灾后恢复重建中，普遍存在着重视房屋和基础设施等"物"的建设，忽视对农户生计能力的培养，重视短期物质形态的恢复，忽视农村长远产业发展和就业扶持等情况。③受灾农户搬迁前对灾害感知程度高，搬迁意愿强烈。"安全第一"是受灾农户选择移民搬迁的首要动机，经济因素是一些受灾地区未搬迁农户之所以没有选择搬迁的主要原因，较好的家庭非农就业状况能够促进农户选择移民搬迁。④缺乏相关法律法规来指导和规范我国的避灾移民搬迁活动。目前，我国避灾移民政策零散，分散于相关政策和法规中，许多政策相互不配套、不衔接，有些政策还与其他政策法规相抵触或相互矛盾，不利于发挥移民搬迁在防灾减灾和灾后重建中的重要作用。⑤避灾移民搬迁安置规划缺乏或不完善，不仅会使规划难以实现预期目标，而且还会引发严重的社会问题。避灾移民搬迁安置规划目标过多过大，而地方财力有限，难以筹措足够资金满足移民搬迁需要。

　　针对灾害移民的不同形式，本书提出了不同的政策建议。就灾后移民搬迁安置而言有以下几方面。①制定和完善灾后移民搬迁安置的相关法律法规。在政策层面上规范灾后移民搬迁行为，为灾后移民搬迁工作创造良好的政策环境。②做好灾后移民搬迁安置规划。对灾害移民安置地必须进行灾害环境调查和灾害风险评估，做好移民安置地建设规划。搬迁安置移民规模较大时，必须配套编制移民产业发展规划和移民就业发展规划。③因地制宜确定灾后移民安置模式。在迁入地耕地后备资源相对丰富或土地调剂难度较小的地方，可采取"有土安置"的方式安置受灾居民；在耕地后备资源缺乏或土地调剂难度较大的地方，通过"无土安置"方式安置受灾居民。鼓励受灾居民向城镇转移和通过投亲靠友实现自主安置。④加强灾后搬迁移民的后期扶持和社会保障。加强对移民安置地的产业发展和对搬迁移民创业和就业支持，鼓励移民外出务工。加大对受灾搬迁农户的社会保障的支持力度，扩大受灾农户低保人群范围，采取特殊政策落实搬迁农户的养老保险问题。

　　就避灾移民搬迁而言提出以下几点建议。①制定和完善相关法律法规和规划设计标准，使避灾移民搬迁走上法制化和规范化的道路。制定《避灾移民搬迁安置条例》，对移民安置规划、征地补偿、移民安置活动、监督管理、政府职责和相关法律问题进行规范。同时编制《避灾移民搬迁安置规划》，维护避灾移民的合法权益，保障移民安置工作顺利进行。②加强避灾移民搬迁工作的相关机构和制度建设。建议国家组建"扶贫与移民局"，将政府主导的移民（工程移民、扶贫移民、生态移民和灾害移民等）相关工作划归扶贫和移民管理部门统一管理。③完善现行避灾移民规划体系，增强规划的科学性、可行性和持续性。在编制《避灾移民搬迁安置规划》的基础上，编制相关配套规划。科学规划和布局山区农村居民点，避免和减少新的灾害危险区和隐患点的产生。将避灾移民搬迁安置规划纳入区域可持续发展总体规划中进行统筹考虑。④严格确定搬迁对象，防止搬迁对象扩大化。在确定避灾移民搬迁对象时，要进行详细的灾害调查和危险性评估，并进行灾害经济分析，判断避灾移民搬迁的必要性和可行性，防止搬迁对象扩大化。⑤分期分批实施避灾移民搬迁安置规划，保障所有待搬迁居民的生存权和发展权。优先搬迁居住在高危险区的居民和贫困弱势家庭，优先、就近、集中安置避灾移民，尊重群众自愿原则，尊重少数民族文化传统和风俗习惯，同时鼓励处于危险区的居民自主外迁。

本书是国家社科基金项目"我国西部山区农村灾害移民及其相关政策研究"（项目批准号：11BRK001）的最终成果，同时得到了中国西部边疆安全与发展协同创新中心资助。作为课题主要研究人员的茆长宝、何路路、罗勇、张琴和胡刘桃撰写了本书部分章节的初稿。四川大学建筑与环境学院姚建教授、西南科技大学环境与资源学院王青教授和中国科学院成都山地灾害与环境研究所张宇副研究员参与了部分前期工作。在课题结项前，四川省社会科学院郭正模研究员、西南财经大学王学义教授和四川大学王卓教授对研究成果进行了预评审，在此表示感谢。课题的部分工作是本人在澳大利亚阿德莱德大学澳大利亚人口与迁移研究中心（Australian Population and Migration Research Centre）访学期间完成的，在此对访学期间给予巨大帮助但不幸离世的中心主任、世界著名人口迁移研究专家 Graeme Hugo 教授，中心副主任 Helen Feist 博士以及地理、环境与人口系谭燕博士表示诚挚感谢。

在课题研究过程中，四川省绵竹市和邛崃市、陕西省安康市和汉中市以及甘肃省舟曲县等政府和相关部门给予了大力支持。在调研期间，绵竹市国土资源局、清平乡政府、邛崃市南宝乡政府和油榨乡政府、安康市汉滨区大竹园镇政府以及甘肃舟曲县城关镇政府给我们提供了相关数据和资料，我们深表谢意。还需要特别感谢的是课题调研期间走访的相关村干部和受灾搬迁农户，没有他们的支持和配合，我们的研究工作难以顺利完成。课题的完成还得到了四川大学社科处、社会发展和西部开发研究院以及中国西部边疆安全与发展协同创新中心等部门及领导的支持，在此表示感谢。

课题研究的部分内容已通过论文形式公开发表，特此说明。由于时间仓促、学识有限，书中难免有不少问题和错误，敬请读者批评指正。

陈勇

2015 年 7 月 9 日于成都

目　　录

第一章　西部山区自然灾害及其对农村经济社会的影响……………… 1

第一节　山地自然灾害分类及其发生机制……………… 1

第二节　我国西部山区自然灾害现状及其对农村

　　　　经济社会的影响……………… 5

第二章　灾害学视野下的人口迁移相关理论……………… 15

第一节　对自然灾害和灾害移民的新认识……………… 15

第二节　对灾害移民的划分……………… 18

第三节　对灾害移民的相关理论解释……………… 20

第三章　山地自然灾害风险管理与避灾扶贫移民搬迁……………… 28

第一节　山地自然灾害风险管理……………… 28

第二节　山区避灾扶贫移民搬迁……………… 33

第三节　结论……………… 36

第四章　西部山地灾害多发区土地承载力及其迁移区划

　　　　——以陕南三市 28 区县为例……………… 38

第一节　相关概念与研究方法……………… 39

第二节　人口容量分析……………… 43

第三节　2015～2020 年陕南人口容量预测 …………………… 48

第四节　陕南各区县人口迁移区划 …………………………… 52

第五节　结论与政策建议 ……………………………………… 53

第五章　西部山地灾害多发区农户搬迁安置影响因素分析

　　　　——基于四川省绵竹市三个乡镇的调查研究 ………… 58

第一节　研究区概况 …………………………………………… 58

第二节　问卷设计和数据搜集方法 …………………………… 60

第三节　受灾农户灾害风险感知分析 ………………………… 62

第四节　受灾农户不搬迁的原因分析 ………………………… 68

第五节　受灾农户已搬迁原因分析 …………………………… 75

第六节　已搬迁农户可持续生计状况 ………………………… 80

第七节　结论与政策建议 ……………………………………… 88

第六章　西部山地灾害多发区受灾搬迁农户生计重建研究

　　　　——基于四川省绵竹市清平乡的调查研究 …………… 92

第一节　研究区概况 …………………………………………… 92

第二节　灾后农户搬迁安置 …………………………………… 92

第三节　可持续生计理论 ……………………………………… 94

第四节　已搬迁农户生计资本 ………………………………… 95

第五节　因灾搬迁农户面临的主要生计问题 ………………… 99

第六节　结论与政策建议 ……………………………………… 101

第七章　四川汶川地震灾区异地搬迁农户生计脆弱性研究

　　　　——以邛崃市南宝乡金花村和木梯村为例 ………… 105

第一节　研究区概况 …………………………………………… 105

第二节　问卷设计和数据收集方法 …………………………… 106

第三节　生计状况的描述与分析 …………………………………… 109

第四节　生计风险及应对策略 ……………………………………… 122

第五节　生计脆弱性评价 …………………………………………… 129

第六节　结论与政策建议 …………………………………………… 136

第八章　西部山区灾害移民生计重建研究

　　　　——以安康市大竹园镇七堰村为例 ………………… 141

第一节　灾情回顾与人口基本情况 ………………………………… 141

第二节　生计恢复与影响因素分析 ………………………………… 142

第三节　灾后已搬迁农户生计资本变化与发展困境 ……………… 157

第四节　结论与政策建议 …………………………………………… 160

第九章　舟曲特大山洪泥石流灾害受灾农户生计问题研究

　　　　——基于过渡安置期的调查研究 …………………… 165

第一节　灾后移民安置情况 ………………………………………… 165

第二节　对舟曲灾后农村移民安置调查问卷的

　　　　统计分析 …………………………………………………… 168

第三节　受灾农户面临的生计问题 ………………………………… 172

第四节　政策建议 …………………………………………………… 173

第十章　我国历史上自然灾害移民相关政策和经验教训 ………… 176

第一节　历史灾害移民相关概念 …………………………………… 176

第二节　历史灾害移民产生的过程分析 …………………………… 180

第三节　历史上灾害移民及相关政策 ……………………………… 181

第四节　经验教训 …………………………………………………… 188

第十一章 世界各国灾害移民搬迁经验与教训

　　　　——以拉丁美洲典型山地国家为例 …………………… 190

　第一节 巴西 ………………………………………………… 191

　第二节 阿根廷 ……………………………………………… 197

　第三节 哥伦比亚 …………………………………………… 203

　第四节 危地马拉 …………………………………………… 207

　第五节 避灾移民搬迁的经验教训 ………………………… 212

第十二章 我国西部山区农村灾害移民政策分析与评价 ……… 214

　第一节 我国灾害移民政策分类 …………………………… 214

　第二节 我国防灾减灾政策中有关灾害移民的相关规定 …… 215

　第三节 近年我国西部山区农村重大自然灾害人口

　　　　搬迁安置政策 ……………………………………… 221

　第四节 我国西部山区农村灾害移民政策中的主要问题 …… 227

第十三章 改善我国西部山区灾害移民安置效果若干政策建议 … 234

　第一节 关于应急转移安置的政策建议 …………………… 234

　第二节 关于灾后移民搬迁安置的政策建议 ……………… 237

　第三节 关于避灾移民搬迁政策建议 ……………………… 239

第一章
西部山区自然灾害及其对农村
经济社会的影响

　　自然灾害是指危及人类生命财产与生存条件的自然变异现象和过程。其表现类型在很大程度上由区域自然地理条件和人文特征决定。我国是一个典型的山地国家，山地面积占我国国土面积的 52%，山地人口占全国总人口的 18%。[1] 由于其特殊的地形、地貌、地质和水文特点，山区是我国泥石流、滑坡、崩塌及山洪等山地型自然灾害较为集中的分布区和高发区。与全国其他山区相比，我国西部山区，特别是一些岩层破碎、土壤疏松和生态脆弱的中高山区和偏远山区，山地灾害分布广，发生频率高，致灾程度深。灾害不仅给广大山区造成严重的生命和财产损失，而且常常使当地群众和社区陷入贫困和落后状态。与山区城镇相比，山区的广大农村地区，其居民居住更分散，经济基础薄弱，防灾意识差，抗灾能力低，面临更多自然灾害的威胁。

第一节　山地自然灾害分类及其发生机制

一　山地自然灾害分类

山地自然灾害有广义和狭义之分，广义的山地自然灾害指发生在山区的各种自然灾害。在中国发生的各种自然灾害中，除海啸和海侵等少数灾害外，大部分灾害均可发生在山区。狭义的山地自然灾害指发生在山区的各种特有自然灾害，包括泥石流、滑坡、崩塌、山洪和雪崩等，可被称为山地特有灾害（mountain - specific hazard）。与平原/低地灾害相比，山地特有自然灾害具有启动时间快、持续时间短、隐蔽性强、预测难度大、分布分散及破坏力强等特点。同时，山地特有灾害具有链式反应和群发与多发的特征。一种类型山地灾害的发生可能触发其他类型山地灾害的连锁反应，例如，山洪可为泥石流的形成提供水动力，滑坡可为泥石流的形成提供大量的松散土体，山洪和泥石流既可冲刷和侧蚀沟床，也可促进滑坡的活动，而泥石流和滑坡可导致江河与沟道堵塞、溃决性洪水的形成和洪灾的发生。[2]

在广义的山地自然灾害中，除了山地特有灾害外，还有其他类型的自然灾害，如地震、干旱和地面塌陷等。这些灾害既可发生在山区，也可出现在非山区，可被称为山地非特有灾害（mountain - nonspecific hazard）。在山地非特有灾害中，有些灾害发生在山区时，会造成比平原地区更为严重的灾难后果，即山区环境会加重自然灾害的后果。例如，发生在人口密度较高山区的地震，除了造成一般地震灾害损失和人员伤亡外，还会引发山体滑坡和崩塌，形成堰塞湖溃坝等各种次生灾害（如2008 年发生的汶川地震）。有时山地灾害所诱发的次生灾害损失远大于原生自然灾害。不过，也有一些山地非特有灾害在山区发生时，其危害程度远没有平原那么严重，如流域性的大洪水，因持续的时间长，河流上涨缓慢，山区居民有时间进行转移安置，灾害损失小，而对下游地区，特别是对平原地区的居民可能会造成大面积的洪涝灾害，给地处低洼地区居民造成严重损失。发生在 1982 年和 1998 年的长江流域大面积洪灾当属此种情况。

根据致灾因子和承灾体所处的不同位置，可将山地灾害划分为山地启动型灾害（mountain-generated hazard）和山地承接型灾害（mountain-endured hazard）。前者指致灾因子源自山区而承灾体在山外的山地灾害，如在山区形成的洪水，特别是溃坝洪水，除了使山区局部地区受灾外，可能会给山外或下游平原地区造成大面积严重损失。[3] 后者指致灾因子源自山外，而承灾体在山区，如发生在我国东南地区的台风本是一种海洋灾害，在进入我国大陆后，会使我国东南丘陵山区不少地方受灾，特别是台风引发的风暴潮所经过的山区会不断出现山洪、泥石流和滑坡等山地灾害（如 2012 年发生在广东和浙江等地的台风）。

从影响范围看，山地灾害可分为局地灾害（local hazard）与区域灾害（regional hazard）。前者指发生在小区域范围内，影响仅限于局部地区的山地灾害，如滑坡、泥石流、崩塌和山洪等水土灾害；后者指发生在较大区域范围内且影响范围甚广的山地灾害，如地震、干旱、流行病和山火等。如 2008 年我国南方（湖南、贵州和湖北等地）山区的低温雨雪冰冻灾害和 2010 年发生在云南地区的持续性干旱等。对于局地灾害，通过在时间和空间上避让，能较好地减少灾害损失，而区域性的山地灾害可能会造成大范围的灾害损失，必须通过区域合作、国家支持或国际援助才能应对。

二　山地自然灾害发生机制

山区自然灾害频发，其主要原因是山区特殊的自然环境和人文环境的脆弱性（易损性）。[3] 山区自然环境脆弱性主要表现在山区生态环境的不稳定性及其对外界干扰的敏感性，前者包括地质基础、地貌形态和土壤物质的不稳定性；后者包括植被退化敏感性和土壤侵蚀敏感性。[4] 此外，山区生态环境抗干扰能力低下也是山区环境脆弱性的重要表现。所谓抗干扰能力低下，就是在内外因素的扰动下，系统难以恢复到以前的状态。[5]

山区人文环境的脆弱性主要表现在山区社会的边缘性和贫困性。山区社会的边缘性指山区常处于国家和区域政治、经济和文化等各个方面的边缘地带，在国家和区域舞台上没有声音或声音微弱，在与其他区域的经济和文化交流中处于弱势地位，或不能从国家或区域的总体收益中获得应有的份额。山区社会的贫困性不仅表现在山区经济上的贫困，而且体现在山区人口受教育程度低下，山区社会所获得公共服务与主流社会相距甚远，山区社会的科技创新能力低下，山区社会获得足够的通达性（交通、通信和信息等方面）后，容易失去自身的传统文化，即山区社会抵御外来干扰的能力低下。

中国山区自然灾害之所以频繁发生，一个重要的原因就是山区人口多，聚落分布广，人类活动频繁。随着山区人口的扩张，许多村庄、道路和房屋不断建在自然灾害危险区和隐患点上。在山区人口中，常年居住在山区的人口多为老人、小孩和残障人士，这些人群是我国人口中最脆弱的弱势人群，他们在自然灾害面前只能听天由命。山区人口的广泛分布和留守弱势人群的增多无疑增加了山区人文环境的脆弱性。

山区自然环境的脆弱性决定了山区自然灾害事件多样而频繁，山区人文环境的脆弱性决定了山区发生自然灾害的可能性大大增加。在山区，没有脆弱的人文环境及其社会组成要素对自然灾变的暴露，就不会有灾害的发生，自然灾害也就不能演变为灾难。

从山区自然灾变的环境因子、驱动因子和灾害形成过程看，山区自然灾害发生的环境因子有气候、地质（包括岩层）和地形等独立环境因子以及小气候、土壤和植被等非独立环境因子。独立环境因子相对比较稳定，在短期内不易改变；而非独立环境因子会根据独立环境因子的改变而发生变化。自然灾变事件（如泥石流、滑坡和山洪等）会在一定的气象条件下（或极端气候条件下）作用于暴露状态的人类社会（生命、财产和基础设施）。当人类社会的脆弱性上升到一定程度后，自然灾害（如山洪灾害、滑坡灾害和泥石流灾害）必然会发生。目前，除了极端气候事件会诱发山地灾害外，各种来自山区内部和外部的人类活动也会触发山地灾害。山区内部人类活动包括毁林开荒、陡坡耕种、建房修路和修渠引水等，山区外部人类活动包括建坝发电、筑路凿洞（修建跨区域铁路、公路等）、商业采矿、商业伐木和旅游开发等（见图1-1）。

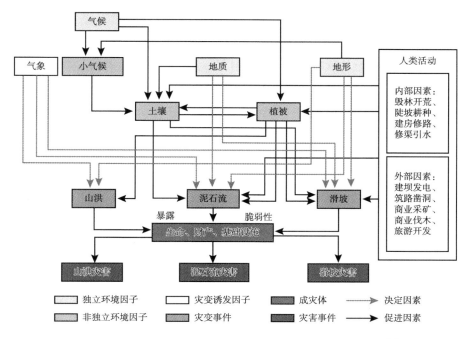

图 1-1 山区水土灾害环境因子、诱发因子及灾害形成过程[3]

第二节 我国西部山区自然灾害现状及其
对农村经济社会的影响

一 我国西部山区自然灾害现状

我国西部山区既面临着大量的特有山地灾害，如泥石流、滑坡、崩塌、山洪、雪崩等，又经常遭受非特有山地灾害的侵袭，这些非特有山地灾害包括地震、干旱、低温冻雨和冰雪灾等。下面以省（区、市）为单位，简要分析我国西部各省（区、市）发生在山区的主要灾害类型及其分布。

1. 地震灾害及其分布

中国是世界上地震最为活跃的国家之一，西部地区是全国地震发生频次最高、强度最大和地震活动分布最为广泛的地区。如果以 A（107.5°N，42.5°E）和 B（103.8°N，22.7°E）两点的连线为界，AB 线以西，单位面积地震发生的次数为 5 次/万平方公里；AB 线以东，除了河北、山西和山东等地外，地震发生的频次都较低。如果以北纬35°N 和东经105°E 两条线为界，将我国地震灾害的分布分为 4 个大区域，西南和西北地区地震最多，华北地区次之，东南（台湾除外）和东北地区最少。[6]西部地区位于欧亚（地中海－喜马拉雅）地震带和环太平洋地震带的交汇处，活动断裂分布范围广，是世界上地震活动最为频繁和强烈的地区之一。地震是西部山区最为常见的灾害类型之一。根据统计，2003～2012 年，我国共发生 125 次灾害性地震，其中 97 次发生在西部地区，比重达到77.6%。在我国地震造成的伤亡人数和直接经济损失中，西部地区分别占全国的99.4%和94.3%（见表 1－1）。由于西部地区的地震大都发生在山区，西部地区由地震造成的人员伤亡和财产损失代表了西部山区的地震灾情。

表 1－1　我国西部各省份地震灾害情况（2003～2012 年）

地区及省份	地震次数（次）	5级以上（含5级）	伤亡人数（人）	死亡人数（人）	直接经济损失（万元）
全　国	125	97	472008	72479	96539777
西　部	97	77	469340	72337	91007300
重　庆	2	0	3	2	4082
四　川	10	4	446102	69270	85892193
贵　州	1	0	14	6	0
云　南	21	19	2948	61	895454
西　藏	10	10	91	12	58444.7
陕　西	0	0	0	0	0
甘　肃	9	5	250	13	86208.21
青　海	7	7	13701	2698	2401099
宁　夏	0	0	0	0	0
新　疆	33	29	5153	269	1563149
广　西	1	0	4	1	2532
内蒙古	3	3	1074	5	104139

资料来源：《中国统计年鉴》（2004 年、2013 年），《中国环境统计年鉴》（2005～2012 年）。

在西部各省份中，新疆、云南、西藏、青海、甘肃和四川是我国地震灾害最为集中的省份，是名副其实的"地震省"。根据统计，2003～2012年，新疆、云南、西藏和四川发生灾害性地震次数均在10次以上，其中，新疆是发生灾害性地震次数最多的省份，达到33次。2008年，四川汶川发生了千年一遇的8级特大地震，2010年，青海省玉树发生了7级地震，2013年，四川芦山发生了7级地震，这三次地震均发生在山区，并对当地和周边地区造成了巨大的人员伤亡和财产损失。

2. 地质灾害及其分布

滑坡和泥石流等地质灾害是西部地区波及范围最广、发生频次最高的灾害类型。[8]中国是世界上典型的山地国家之一，西部地区近七成国土面积为山地，这为滑坡和泥石流等地质灾害的发生创造了条件。多年以来，由于人类活动频繁和对山区资源的不合理利用，西部山区生态环境退化，这在很大程度上加剧了西部山区地质灾害的发生。[9]2003～2012年，全国共发生地质灾害27万余处，西部山区发生滑坡、崩塌、泥石流和地面塌陷的数量分别占全国的22.9%、33.1%、60%和44.4%。虽然除泥石流灾害外，其他地质灾害在西部地区发生的频次不及中东部地区，但在西部山区，地质灾害带来的伤亡人数和直接经济损失分别占全国的75.8%和53.2%。地质灾害已成为西部地区分布最广、频次最高的灾害类型（见表1-2）。

表1-2　我国西部各省份地质灾害情况（2003～2012年）

地区及省份	地质灾害数量（处）	滑坡（处）	崩塌（处）	泥石流（处）	地面塌陷（处）	人员伤亡（人）	死亡人数（人）	直接经济损失（万元）
全　国	273272	197364	54476	11478	4140	13250	7108	4143908.0
西　部	76745	45099	18038	6882	1839	10039	5176	2202767.0
重　庆	11363	9463	1546	166	170	832	279	239142.5
四　川	25404	16413	5973	2140	362	2097	939	624168.9
贵　州	3464	2136	756	139	219	601	364	88089.3
云　南	9422	6670	836	1548	197	1621	685	526222.1

续表

地区及 省份	地质灾害 数量（处）	滑坡 （处）	崩塌 （处）	泥石流 （处）	地面 塌陷 （处）	人员 伤亡 （人）	死亡 人数 （人）	直接经济 损失（万元）
西　藏	1852	431	594	789	23	141	53	65677.9
陕　西	7483	4629	1021	1180	206	968	496	279461.2
甘　肃	9340	2156	3294	347	114	2634	1803	179072.0
青　海	260	172	51	30	5	68	29	11603.1
宁　夏	35	21	6	3	3	2	2	544.0
新　疆	735	323	64	314	29	121	72	120457.1
广　西	7143	2670	3869	155	389	939	444	48519.0
内蒙古	244	15	28	71	122	15	10	19810.0

资料来源：《中国环境统计年鉴》（2005～2012 年）。

根据研究[10]，西部地区地质灾害主要分布在四个区域。①横断山区。该区地质灾害多以地震和暴雨诱发为主，主要分布在怒江、澜沧江、金沙江、雅砻江、岷江、大渡河及其支流，特别集中在断裂带和地震带上，呈带状分布，是我国西部泥石流、滑坡和崩塌灾害分布最为广泛的地区之一。②秦岭大巴山区。该区地质灾害多以暴雨诱发为主，主要分布于汉江和嘉陵江上游及其支流，海拔在 1500 米以下的河谷地带，呈带状和片状分布，是我国西部泥石流和滑坡分布区之一。③黄土高原区。该区地质灾害以暴雨激发而成的黄土泥流和地下水侵润及潜蚀而诱发的厚层黄土滑坡为主，主要分布于渭河、黄河及其支流，或沿地震带分布，是我国黄土泥流、滑坡和崩塌等地质灾害的主要分布区。④青藏高原东南部区。该区地质灾害以冰川泥石流、冰崩、雪崩、崩塌和滑坡为主，主要分布于雅鲁藏布江大拐弯峡谷段、波都藏布江、易贡藏布江、东久河和察隅河等地，多呈带状分布。

就地质灾害灾情而言，西部各省份差异较大。2003～2012 年，四川、重庆、云南、甘肃、陕西、广西发生地质灾害数量较多，年均高于 500 次，其中，四川和重庆年均发生地质灾害数量分别为 2500 余处和 1100 余处，占西部发生地质灾害数量的比重分别为 33.1% 和 14.81% ，属典型的地质灾害省份。青海、宁夏、新疆以及内蒙古发生地质灾害的数量较少，年均发生数量低于 100 次，其中，宁夏发生地质灾害的数量最少，年均仅为 3.5 次。总体来说，西南地区地质构造复杂，大斜坡较多，降水时间相对较长，成为滑坡和泥石流等地质灾害的多发区。

3. 气象灾害及其分布

西部地区各地因气候条件差异大，灾害类型也各不相同。总体而言，干旱和洪涝是西部地区常见的灾害类型。在冷空气影响下，冷冻冰雪和风雹等灾害类型对西部地区影响较大。2004～2011 年，干旱、洪涝、冷冻雪灾和风雹等灾害造成农作物受灾面积分别占全国受灾面积的 51.3% 、25.7% 、43% 和 42.2% ，成灾面积占全国的比重分别达到 71.8% 、29.6% 、44.9% 和 55.3% 。西部农作物受灾后的成灾面积比重较高（见表 1 - 3 ）。

西北地区受干旱半干旱气候控制，加之蒸发量较大，易出现干旱等灾情。2004～2011 年，云南、内蒙古、贵州和甘肃受旱灾影响较为严重，农作物受灾面积均达到 2000 万公顷以上。其中，云南省因旱农作物受灾面积最高，年均近 600 万公顷，年均绝收面积近 150 万公顷；重庆、西藏和青海等五省份农作物受旱灾影响较轻。

西南地区受湿润半湿润气候控制，降雨时间长，雨量大，易出现洪涝等灾情。2004～2011 年，四川和广西两省份洪涝受灾较为严重，农作物受灾面积均达到 1000 万公顷以上。其中，四川省因洪涝农作物受灾面积最高，年均达 300 万公顷，年均成灾面积达 33 万公顷；云南、西藏和青海等六省份农作物受洪涝灾害的影响较轻。

2004～2011 年，新疆、贵州、云南、四川、甘肃、广西、内蒙古和陕西八省份受冷冻与雪灾影响较为严重，农作物受灾面积均达 400 万公顷以上，其中，新疆由冷冻和雪灾造成农作物受灾面积最高，年均达 95 万公顷，年均成灾面积达 10 万公顷；新疆和内蒙古两省份风雹灾害相对较为严重。仅云南和广西两省份受台风灾害的影响。

表1-3 我国西部各省份其他自然灾害受灾面积（2004~2011年）

单位：万公顷

地区及省份	旱灾		洪涝		风雹灾		台风灾		冷冻灾、雪灾		病虫害	
	受灾	绝收	受灾	绝收	受灾	绝收	受灾	绝收	受灾	绝收	受灾	绝收
全 国	42042.8	5490.9	30848.0	3223.4	8089.4	919.7	1918.9	181.7	12117.0	818.0	886.3	104.6
西 部	21582.2	3940.2	7923.9	953.4	3417.0	508.6	266.1	11.8	5205.2	367.6	297.6	35.1
重 庆	796.2	77.0	724.1	71.8	138.8	20.0	0.0	0.0	248.0	14.2	10.8	1.3
四 川	1699.6	154.2	2405.8	266.4	268.0	22.0	0.0	0.0	616.1	29.8	39.3	3.9
贵 州	3295.9	1124.9	587.2	60.2	186.1	34.8	0.0	0.0	722.4	52.2	32.3	3.4
云 南	4735.8	1136.4	425.5	56.0	302.5	30.6	14.9	0.1	699.3	51.7	23.1	2.4
西 藏	49.7	6.5	14.8	0.7	20.9	0.7	0.0	0.0	8.4	2.4	0.8	0.1
陕 西	1122.2	69.9	905.0	140.7	275.5	15.5	0.0	0.0	424.9	15.2	18.0	1.4
甘 肃	2336.8	267.5	400.3	46.5	365.2	57.2	0.0	0.0	561.2	44.1	16.8	1.0
青 海	280.3	11.0	57.7	6.9	132.9	12.8	0.0	0.0	28.2	2.2	1.4	0.3
宁 夏	608.3	71.7	43.7	9.8	136.8	20.1	0.0	0.0	120.6	9.1	0.5	0.1
新 疆	755.1	36.8	279.7	22.4	817.3	151.4	0.0	0.0	760.9	83.7	10.6	0.4
广 西	1921.7	105.7	1313.5	74.8	43.0	2.1	251.2	11.7	526.6	23.2	71.5	8.2
内蒙古	3980.0	878.1	766.1	197.1	730.1	141.2	0.0	0.0	488.5	39.9	72.6	12.7

注：①洪涝中包含滑坡、泥石流灾害对农田损毁。

②2011年洪涝数据中包含台风数据，考虑到西部地区只有广西和云南两省份在2004~2011年受到台风影响，本书将广西和云南两省份2004~2010年台风数值均作为2011年数据，以此为基础对2011年洪涝数据进行剔除调整。

③病虫害仅为2004年的数据。

资料来源：《中国环境统计年鉴》（2005~2012年）。

二　我国西部山区自然灾害对农村经济社会发展的影响

1. 自然灾害对农村经济的影响

自然灾害对我国西部山区农村经济的影响主要表现在对农业生产、农户生计和农村贫困方面的影响。与非农产业不同，农业生产对气候类型和气象条件的依赖性大，与自然灾害的关系密切。与平原地区农业相比，山区农业生产的资源和环境基础更加脆弱。山区耕地资源有限，灌溉条件受地形和地貌的制约。一旦山区农业资源基础和环境条件发生改变，山区农业生产就会受到极大影响。

地震灾害对山区农业生产的影响主要表现在地震常常会导致大量耕地灭失，水源条件发生改变，灌溉设施遭受破坏，农业生态系统受到影响。泥石流和滑坡灾害常常导致大量农田被毁，影响农业生产。干旱对山区农业生产影响极大，持续的大面积干旱不仅会导致农作物生产减产，甚至绝收，还会导致大量牲畜饮水困难，影响畜牧业的发展。严重的洪涝灾害不仅会诱发滑坡和泥石流，还会导致大量农田被淹和农作物受损。山区的冰冻雨雪灾害可使大量农作物死亡，高原山区的雪灾会导致大批牲畜因饥饿和严寒而死亡。

自然灾害对农户生计的影响主要表现在，受灾农户原有的生计资本遭受破坏或减少，生计模式发生改变，增加了农户生计脆弱性。所谓生计，指谋生的手段和方式。农户的生计是建立在"能力"（capability）、"资产"（assets）和"活动"（activities）基础之上的。[11]农户的生计资本包括自然资本、物质资本、人力资本、金融资本和社会资本五大资本。自然灾害不仅会造成农户家庭人力资本减少（即劳动力的伤亡和残疾），而且会使农户的自然资本（耕地和林地等）和物质资本（房屋和生产工具等）遭受损失。在自然资本、人力资本和物质资本减少的情况下，农户的金融资本和社会资本也可能发生改变，如农户在缺乏一定数量的有形资产的情况下，农户的信贷能力可能会降低，即金融资本减少。在生计资本减少的情况下，农户会改变生计策略，即生计模式会发生改变。同时，在缺乏基本的生计资本的条件下，农户生计的脆弱性增加，这就意味着农户在自然灾害的打击下，随时可能陷入贫困。

在我国西部山区，自然灾害与贫困紧密相连。不少山区既是自然环境恶劣区和自然灾害多发区，也是连片贫困地区。世界银行在 20 世纪 90 年代指出，80% 以上的穷人并不是总是穷，而是有时穷，原因是他们难以抵挡自然灾害的袭击，从而陷入贫困或重返贫困的境地。由于生计能力和生计资产有限，在缺乏必要社会保障的前提下，许多农户会在自然灾害的打击下陷入贫困。

2. 自然灾害对农村社会的影响

自然灾害对农村社会的影响包括直接影响和间接影响两个方面。直接影响主要指农村人口的减少和伤残，家庭财产和集体财产的损失以及农村公共与基础设施的破坏。间接影响主要指灾害导致的农村人口的变故和社会的变迁。山区突发自然灾害（包括地震、滑坡、泥石流、洪灾等）往往会导致不少农村家庭失去亲人或使家人受伤、致残。家庭户主或主要劳动力的死亡和残疾会使整个家庭失去经济支柱和主心骨，导致家庭经济收入减少，甚至家庭破裂或解体。儿童因灾伤亡会使整个家庭陷入长期的悲痛，最为不幸的是因灾失独（独生子女）的家庭，父母们不仅要承受长期而巨大的精神创伤，而且要面临老来孤独与老无所靠的窘境。[12]

农村家庭财产主要包括房屋、土地、牲畜和农具等生产生活工具。土地是农业和农村发展的基础，没有土地或土地资源缺乏，农村经济社会就难以有较大发展。在山区农村，房屋是农户家庭最大的财富，牲畜是农户家庭重要的生产工具，房屋的毁损和大量牲畜的死亡无疑会使农户家庭陷入贫困。农村公共基础设施包括分布在农村地区的学校、医院（诊所）、道路、桥梁、电力和通信设施，这些公共基础设施的破坏和毁损会使农村社会陷入封闭落后状态或使农村社会发展失去根基。

自然灾害对农村的间接影响主要指灾害导致农村人口外流和农村社会的衰落。在战争时期或社会动荡年代，大批人口会逃往农村和偏远山区躲避战乱或逃避赋税。在和平年代和经济繁荣时期，大量人口会从偏远山区和农村地区流向大城市和经济较为发达的平原地区。在人口迁移"推－拉"理论中，自然灾害是一种重要的推力，在人口迁移和人口流动中起着十分重要的作用。[13]

与东部和中部相比，我国西部山区面积大，自然环境条件恶劣，农村地区面临更多自然灾害。虽然自然灾害只是人口迁移和人口流动众多"推力"因素之一，但在自然灾害多发区和频发区，这种因素无疑起着十分重要的作用。在我国西北广大山区农村，不少地方干旱缺水，长时期干旱导致的旱灾使众多农户生计难以为继。为了生存和发展，不少农户会选择外出务工或迁移到生产和社会条件较好的地方居住和生活。在我国西南的许多山区农村，特别是云贵高原山区农村，除了会遭遇多年一遇的大面积旱灾外，还会遭遇由暴雨引发的山洪、泥石流和滑坡灾害。虽然这些灾害影响的范围不大，但对受灾家庭而言，其损失却十分巨大。为了彻底摆脱山区自然灾害的威胁，许多农户会选择迁移到环境条件较好的平坝或河谷居住。随着山区人口的外迁和流出，我国西部山区农村出现了耕地撂荒、房屋废弃与人口老化等农村衰败的景象。

3. 自然灾害对农村生态环境的影响

作为自然灾变和过程的自然灾害是自然环境变迁的产物。在我国西部广大山区农村，纯自然的原生环境已变得愈来愈稀少。也即是说，自然灾害不仅会对山区农村人口的生命和财产造成危害和损失，还会对农村人口赖以生存的生态环境造成影响。地震灾害会毁坏农村地区的森林、草地及耕地等各种自然资源，对农村水资源造成污染，导致水源枯竭。山洪灾害频繁发生会破坏地表结构，导致水土流失加剧，使山区生态环境日益恶化，增加了山区农村发生其他山地灾害的可能性。泥石流灾害不仅会对孕育其发生发展的沟谷有强烈的侵蚀性，还会破坏沟源和附近山体的稳定性，而且以其强大的破坏力剧烈地改变河床河谷形态，导致地面物质形态、结构和物质组成发生改变，使河谷环境恶化。[14]滑坡灾害不仅会改变坡面形态，破坏地表植被，而且会造成对下游河道的堵塞和泥沙淤积。干旱灾害既会增加森林火灾发生的可能性，还会使土壤出现荒漠化现象。山区森林火灾会使山区林木资源遭到破坏，改变山区植被和土壤条件，导致整个生态系统的恶化。

总之，自然灾害对农村生态环境的影响是多方面的，它不仅改变着农村地区的原生环境，即农村纯自然生态系统，而且对农村次生环境，即农村地区的大量人工环境造成严重影响。

参考文献

[1] Huddleston, B., Ataman, E., De Salvo, P., Zanetti, M., Bloise, M., Bel, J., Franceschini, G. and d'Osiani, L. F. Towards a GIS – based Analysis of Mountain Environments and Population. Working Paper No. 10, Environment and Natural Resources, FAO. 2003.

[2] 吴积善、王成华、程尊兰主编《中国山地灾害防治工程》，四川科技出版社，1997。

[3] 陈勇、谭燕、茆长宝：《山地自然灾害、风险管理与避灾扶贫移民搬迁》，《灾害学》2013年第28（2）期，第136～142页。

[4] 钟祥浩、刘淑珍、王晓丹等：《西藏生态环境脆弱性与生态安全战略》，《山地学报》2003年第21期（增刊），第1～6页。

[5] 陈勇、陈国阶、王益谦：《山区人口与环境互动关系的初步研究》，《地理科学》2002年第22（3）期，第282～287页。

[6] 高庆华：《中国自然灾害的分布与分区减灾对策》，《地学前缘》2003年第10期（特刊），第258～264页。

[7] 王瑛：《中国农村地震灾害脆弱性研究》，科学出版社，2012。

[8] 唐邦兴、吴积善：《山地自然灾害（以泥石流为主）及其防治》，《地理学报》1990年第45（2）期，第202～209页。

[9] 杜榕桓、刘潮海、谭万沛：《山地灾害发展趋势预测》，转引自丁一汇主编《中国西部环境变化的预测》，科学出版社，2002。

[10] 唐邦兴、柳素清、刘世建：《我国山地灾害的研究》，《山地研究》1984年第2期，第1～7页。

[11] Chambers, R., Conway, R. Sustainable Livelihoods: Practical Concepts for the 21st Century. IDS Discussion Paper No. 296. 1992.

[12] 高燕、王海波：《社会资本视角下的农村"失独家庭"养老问题研究》，《江西农业学报》2013年第25（10）期，第143～146页。

[13] 沈茂英：《汶川地震灾区受灾人口迁移问题研究》，《社会科学研究》2009年第4期，第1～7页。

[14] 乔建平：《西部生态建设中的山地灾害问题》，《山地学报》2000年第18（5）期，第399页。

第二章
灾害学视野下的人口迁移相关理论

　　人口迁移是人类社会永恒的主题。自人类社会形成以来，人类就随着环境的变迁不断进行迁移，并在迁移中进化和发展。在现代社会，大部分人口迁移都源于经济的、社会的或政治的因素。目前，随着人口的增加和人类社会对自然环境影响的加剧，由自然灾害导致的人口迁移也在不断增多。所谓灾害移民，就是指各种灾害导致的人口被迫迁移（displacement）。[1]灾害移民既可以指因灾而迁移的人口，也可以指因灾而引起的人口迁移行为。过去，学术界对人口迁移问题进行了大量研究，从灾害学的角度对人口迁移问题的研究却不多见。近年来，随着自然灾害对人类造成的危害日趋严重，虽然人们对灾害移民问题有所重视，但有关灾害移民理论的研究还很缺乏，或者说，灾害移民问题的解决需要新的理论来指导。

第一节　对自然灾害和灾害移民的新认识

一　自然灾害是人地关系不协调的反映

1. 自然灾害不是简单的自然事件或过程，而是人地关系不协调在人类社会的反映

　　自然灾害是起源于生物圈、岩石圈、水圈和大气圈，给人类生命和财产造成威胁和损失的极端事件。自然灾害是自然环境演变达到临界状态后而出现的自组织现象，是自然界中的一种突发事件。自然灾害主要有地震灾害、气象灾害、海洋灾害、生物灾害和森林草原火灾等。国外学者将自然灾害分为水文气象灾害和地球物理灾害（或地质灾害）两大类。前者包括飓风、龙卷风、洪灾和沙尘暴等，后者包括地震、火山爆发、海啸、泥石流和滑坡等。对于自然灾害，长期以来在灾害学中一直存在着这样的认识：灾害（hazard）或者灾难（disaster）是一个自然事件或过程，会带来人类社会基本功能的破坏；自然灾害是"上帝的行为"（The acts of Gods）或"命运使然"（Fate）。为此，人类对治理或减少自然灾害的努力一直囿于对致灾体的研究和治理。随着对灾害研究的不断深入，人类对自然灾害的认识也在不断地发生变化。20世纪80年代初期，一种有关灾害的新认识出现了，即认为灾害不仅是一种自然现象，而且也是一种社会现象；灾难不仅有其自然属性，而且还有其社会属性。灾害是一种自然现象叠加在人类社会，使人类社会基本功能遭受破坏的现象，多数自然灾害可以用社会的不平等和依附现象加以解释，而不仅用偶发的自然环境特征加以刻画。

有人将过去的灾害研究称为行为范式（behavioral paradigm），将新的灾害研究称为结构范式（structural paradigm）。[2] 前者关注灾害发生的自然环境原因，强调灾害治理的技术方法和人类行为在灾害治理中的作用；后者更加关注灾区的社会环境（包括灾区人口的社会分层结构和空间分布）和自然与社会间的相互作用，强调弱势群体将面临更多灾害风险。从本质上看，自然灾害是地球表层中人地关系不协调的结果，是人类未能成功适应自然环境的反映。从人地关系的角度看，"地"是第一性的、本源的、无意识的自然存在体，而"人"是第二性的、衍生的、有意识的、具有社会属性的群体。灾害作为一个自然事件或过程不因"人"的出现而出现，但作为一个社会事件或结果因"人"的出现而产生。对灾害的预防和治理不仅是技术问题，而且是涉及自然科学、技术科学和人文社会科学的综合问题。

2. 灾害是致灾因子作用于处于脆弱状态的受灾体而出现的结果

目前，脆弱性（或易损性）已成为灾害研究的一个重点领域，[3]是结构范式的重要研究方向，有人甚至将"脆弱型研究"视为一门重要的科学。[4]所谓脆弱性，是指个体或群体预测、应对或防御自然灾害及灾后恢复重建的能力。脆弱性主要由承灾体的暴露（exposure）、敏感性（sensitivity）和恢复力（resilience）构成，[5]它决定了人们在自然或社会事件中面临风险的程度。[6]脆弱性将人类与环境关系同社会力量、社会制度和文化价值观念联系到了一起。脆弱性的根源在于人类的思想、社会和经济存在缺陷。承灾体的脆弱性与致灾事件（或致灾因子）结合导致灾害（或灾难）（见图2-1）。在相同的社会条件下，不同的人群（包括不同阶级、不同种族、不同民族、不同性别和不同年龄的人群）面临同样的灾害事件，承受的灾难或遭受的损失会大不相同。同样，由于社会经济条件不同和知识水平的差异，不同人群对灾害的认识也各不一样，他们对灾难的反应不尽相同。例如，有的人会因灾而迁，而有的人不会因灾难发生而向外迁移。从某种意义上说，灾害反映了人类社会适应自然环境和社会环境的某种特征和能力大小。[7]

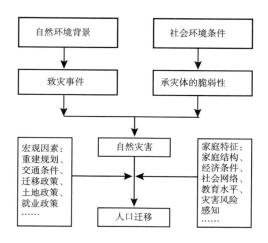

图 2 - 1　灾害移民发生结构

二 灾害移民是人类面临自然灾害的一种适应性反应

人类在地球上出现以后，一直在与环境发生作用，并不断地适应着环境的变化。环境变化在促使人类增强自身适应能力的同时，人类也在不断地进行迁徙，即所谓由生态推动的原始型人口迁移（primitive migration）。[8]作为原始型人口迁移的灾害移民是人类面临自然灾害而进行的一种适应性反应和重要的生存策略。[9]根据《2008年世界灾害报告》，受灾害影响的人口在过去10年中（1998～2007年）大大增加了，达到了28亿人，平均每年受到灾害直接影响的人口达到了2.8亿人，远远高出受战争冲突影响的人口，其主要原因不是灾害频次升高了，而是人类的脆弱性与过去相比大大增加了。人口数量不断增长，更多的人口，特别是发展中国家的人口被迫迁移到或居住在危险地带，大量人口暴露在灾害影响范围内。由于可利用的资金和资源缺乏，许多人口的承灾能力弱，抗灾水平低下。

目前，环境变化和自然灾害导致的人口迁移不断增多。自1998年开始，自然灾害导致的人口迁移数量超过了因战争和其他冲突而出现的迁移人口数量。[10]2004年，发生在印度洋的海啸使大量沿海建筑和房屋毁于一旦，大批居民被迫迁往内陆较高地带。[11]2005年，美国南部遭受卡特妮娜飓风袭击，超过100万人被迫离开家园，到2007年，大部分人仍没有回到家乡。当然，自然灾害的发生和人口迁移并没有必然的因果联系。由于灾后救援迅速和灾后重建工作顺利，世界上不少地方发生的自然灾害并没有带来大规模的人口迁移。[12]一个典型的例子就是2004年发生在孟加拉国北部的热带风暴，由于灾后居民得到了充分的救援和帮助，几乎没有发生明显的人口外迁。

第二节 对灾害移民的划分

对自然灾害引起的人口迁移，可根据不同的标准，划分不同的类型。自然灾害一般分为缓发型灾害和突发型灾害。由灾害引起的人口迁移也同样可分为缓发型灾害移民和突发型灾害移民。不过，从目前的相关研究来看，一般将缓发型灾害移民归为环境退化移民。[13]因此，本书所指的灾害移民主要是指突发型自然灾害引起的人口迁移。

根据灾害移民在灾害发生后是否可以返回原居住地生活，可将灾害移民划分为可返回移民和不可返回移民。①可返回灾害移民。此类移民在灾害结束后，可返回原居住地进行灾后重建，并继续生活在原地。世界上每年都有大量因自然灾害而被迫转移和迁移的人口。这些人口中的大部分在灾害结束后可返回原居住地继续生活。②不可返回灾害移民。此类移民在遭受严重自然灾害后，原居住地环境已发生严重破坏，无法再返回原来的家园，只能迁往别处或永远迁居他乡。例如，居住在海岸或河岸的居民，在遭受海岸和河岸侵蚀后，一般很难返回原居住地生活。在孟加拉国，每年均有大量的人口因洪灾和河岸侵蚀而被迫流离失所，沦为难民。

根据人口迁移的不同时间，可将灾害移民分为避险型人口迁移和受灾型人口迁移。①避险型人口迁移，或称为避险型灾害移民，指出现在灾害发生前的人口迁移。处于灾害危险区的人口在灾害发生前就意识到或被告知灾害即将发生而进行预防型迁移。例如，2005 年秋季，许多居住在美国南部路易斯安那州和密西西比州临近墨西哥湾的居民为了躲避卡特妮娜飓风的袭击，被迫向北部迁移。正是大规模的避险型人口迁移或转移，使灾害造成的伤亡人口降到了较低的限度。②受灾型人口迁移，或称为受灾型灾害移民，主要指灾害发生后的人口迁移。受灾型人口迁移包括逃难型人口移动（flight）、应急转移安置或疏散（evacuation）以及永久人口搬迁（resettlement）。根据人口学对迁移的定义，只有跨过一定的行政区域界限的人口移动才能称为人口迁移。因此，逃难型人口移动，从严格意义上讲，不能称为人口迁移。应急转移安置或疏散就是在灾害发生后，迅速地有组织地将受灾人口从受灾地点或灾区转移出来，减少自然灾害造成的人员伤亡。应急转移安置常常是暂时性，不需要永久迁移，待灾区的房屋和基础设施重建以后即可迁回原地居住。在某些情况下，受灾居民可能会因为种种原因自愿迁移到别的地方居住，这样的迁移就变成了永久性灾害移民。永久人口搬迁就是有组织地将灾区人口安置到安全地带居住，其目的是减少人口对自然灾害的暴露，降低人口的受灾风险。

第三节　对灾害移民的相关理论解释

灾害移民是因自然灾害和技术灾害而进行的人口迁移，属于三大环境移民之一。[13]对环境移民，目前国内外有较多的研究。国外一般将环境移民称为环境难民（environmental refugee）[14]或生态移民（ecomigration）。[15]不过，国外的"生态移民"与我国的"生态移民"在内涵上并非完全一致。对环境移民的起因、规模和应对策略，国外学术界和政界一直存在着争论。[16]虽然环境移民因环境变化而起，但在许多情况下，环境变化并不是充分条件。除了环境变化这一直接诱因外，一个国家或地区的政治、经济和制度状况在很大程度上决定了迁移是否发生、迁移的规模以及迁移持续的时间。作为环境移民形式之一的灾害移民也有类似的特点。从理论上对灾害移民的相关问题进行探讨，不仅有助于我们对此类移民有更深入的了解和更全面的认识，而且对于制定相关的灾害移民政策，以期减少灾害对人类社会造成的损失有积极的指导意义。

一　"压力阈值"模型和"地点效用"理论

过去，许多经典的人口迁移理论都考虑到环境因素，其重要性并不突出。Wolpert是最早研究人口迁移模型中的非经济因素的学者之一。[17]他提出的"压力阈值"模型认为，环境因素对迁移决策的影响深远，迁移是对压力做出的反应。原居住地的"压力因子"（stressors）包括污染、拥挤和犯罪等不利环境因素（disamenities）。所有的压力因子加在一起会产生一种巨大的压力，当压力超过一定的阈值时，人们自然会想到迁离该地。不过，人们在迁居前，会对迁移目的地的"地点效用"（place utility），即环境状况进行评价，然后决定是否迁移。"地点效用"理论是行为地理学研究的重要内容。该理论认为，一个家庭在迁移前，会在其行动空间（action space）内寻找可能的居住地，并对每个地点进行满意度评价，然后决定是否迁移以及最终迁移的地点。"压力阈值"模型和"地点效用"理论与传统迁移理论中的"推－拉"理论一致。"压力阈值"模型中的压力相当于"推－拉"理论中的"推力",而"地点效用"类似"推－拉"理论中的"拉力"。处于灾区的居民在灾害发生前或发生后,大都会有意或无意地根据原居住地的"压力"状况和潜在迁移目的地的"效用"进行评价,然后做出迁移决策。

二 "价值预期"模型

"价值预期"模型由 DeJong 和 Fawcett 于 1981 年提出,[18]其主要思想是:个人和家庭迁移动因是基于某种目标的价值函数,这种目标会伴随着迁移行为的发生而实现。"价值预期"模型的构成要素是目标及其期望值,包括财富、地位和归属等,同时也包括舒适的居住环境和有利于身心健康的居住氛围。当然,迁移是否发生还与个人和家庭特征(包括经济状况等)、社会和文化价值观、个人性格和区域间的经济机会差异有关。作为一种重要的环境要素,灾害在微观迁移决策中起着重要作用。根据对马来西亚受洪灾威胁的村民调查,能够进行迁移的家庭一般都比较富裕,虽然一些贫穷的家庭也进行迁移,但迁移的目的地常常与以前的居住环境一样受洪灾威胁,因为只有在这些地价便宜的地方,他们才能负担得起居住和生活的费用。有人对1970 年秘鲁大地震后不同人群的迁移进行了调查,[19]调查显示,许多灾民在地震后陷入了贫困,不少年轻人更愿意在大城市寻找就业机会。还有人对美国灾后居民的迁移意愿进行了研究,[20]结果表明,自然灾害导致迁移的主要人群是老年人、女性单亲家庭、少数民族家庭以及经济状况差和受教育水平低的家庭。总之,社会弱势家庭是自然灾害后最容易迁移的人群,而经济富裕的家庭由于在灾前对房屋采取了防灾措施(如安装了防灾窗户和屋顶),灾害造成的损失少,他们只需要对房屋稍加维修和加固即可重新居住,因此,这类人群在灾后迁移的可能性小。

三 环境经济理论

新古典微观经济学强调人力资本和预期经济收益在迁移决策中的作用。[21]迁移是一种投资行为,是对人力资本的投资。当迁移后的预期收益大于迁移成本时,人们会做出迁移决策。在具有潜在自然灾害风险的地区,人们自然会意识到居住在灾区会承担着潜在的灾害风险成本。由于这种风险成本的存在，在其他条件相同的地方，人们会选择在非灾区生活。从环境经济学的角度看，环境是一种商品。在基本生活条件得到满足后，人们对环境这种商品赋予了更多的价值。在现代社会，一个环境舒适、景观优美、没有污染和远离灾害的地方，其房地产价值远远高于其他地方。在饱受污染困扰和时刻面临灾害威胁的地方，即便房价低廉，许多人也不愿意在这里居住和生活。同样，一些人宁愿工资收入低，也愿意生活在环境较好的地方；另一些人为了获得较高的收入，甘愿生活在环境较差或具有较大环境风险的地方。环境作为一种商品或一种居住成本，在人们的迁移决策中起着重要的作用。正是由于环境经济的作用，在同一城市，往往富人趋向于居住环境优美的区域，而穷人则大都集中于环境较差的地带。随着时间的推移，城市就自然形成了富人区和穷人区。与普通商品不同，环境具有不可移动性，为了享受这种商品，人们只能从一个地方迁移到另一个地方。自然灾害往往与特定的区域环境联系在一起，并成为附着在区域的负环境产品，如果不进行人为干预消除灾害隐患，那么这类区域环境的市场价值就相对较低，人们也不会乐于居住在这样的区域中。

四　风险感知理论

风险（risk）指人们承受危险性后果的可能性。风险包括不利事件的发生及其后果的严重程度。所谓"风险感知"（或称"风险感知"，risk perception），就是人们对风险的特征和严重性进行的主观判断，或个体对存在于外界各种风险的感受和认识。[22,23]对灾害风险感知的研究始于 19 世纪 60 年代，Starr 进行了衡量科技发展带来的风险和利益的研究，其首次提出了"风险感知"（risk of perception）这一术语，后经 Slovic 等的研究得到了很大发展。风险感知研究涉及的领域包括心理学、地理学、社会学、政治科学和人类学。总体而言，对灾害风险感知的心理学研究最普遍，其起源于经验研究中的可能性评估、效用评估及决策过程研究。影响人们对风险感知的因素包括个体因素（如年龄、性别和职业等）、风险沟通（即风险事件在影响区域的传播情况）、风险性质及个体知识结构（即人们对风险认识程度）等。

在对灾害风险感知的研究中，比较普遍的研究方法是心理测量范式及文化理论。

（1）心理测量范式。该范式最初由 Slovic 提出，[23] 其研究的重点是揭示偏好（the revealed preference）和表述偏好（the expressed preference）。揭示偏好研究的主要问题是"多大程度的安全才算是足够安全"，并认为通过尝试错误，人们对于任意一个与风险相关的事件，在利弊平衡中能够达到一个基本的理想状态，从而当风险来临时，个体可以利用以往的经验或数据获得一个"可接受"的风险水平，这就实现了利弊均衡模式。表述偏好主要是对被调查者进行问卷调查并以此搜集大量信息，这种方式可以更加迅速地获得被调查者关于风险感知的信息，操作灵活，不局限于某一具体领域，并且可以对搜集的数据进行统计分析。不论揭示偏好还是表述偏好，都说明了风险感知具有可量化和可预测的性质。

心理测量范式（the psychometric paradigm）采用一个分类表（taxonomic）来考察人们对灾害的理解和预测，分类测量表的前提是假设个体总能对各种问题做出有一定价值的回答。心理测量范式包括 9 个维度：①对风险的承担是否是自愿的；②不幸后果出现的迅捷程度；③对风险的了解程度；④是慢性风险（chronic risk）还是灾难性风险；⑤是一般风险还是忧虑风险；⑥后果的严重性；⑦具体风险程度评估；⑧风险的可控程度；⑨风险的新奇性（是否是新风险）。该范式要求对这 9 个维度中的每一等级进行赋值处理。以上这些维度表明，Slovic 等对灾害赋予了某种"人格特征"（personality of hazards），这是对风险感知的一种更加深刻的表述。尽管灾害风险事件是客观的，但由于存在个体特征差异，灾害风险事件对不同个体产生的影响并不相同。心理测量范式所采取的方法包括心理测量、等级评估、态度测量、单词联想及情景法。

一直以来，心理测量范式占据着灾害风险感知研究的主导地位，其在解释和预测灾害风险感知方面取得了很大成功。Sjöberg（2004）认为心理测量范式得以广泛推行，是因为该模型操作简单（体现为 9 个维度），同时他认为该范式也存在诸多不足。[24] 这些不足主要体现在：①错误地将均值作为数据分析的基础，从而使模型只能解释 20% ~ 25% 的灾害风险感知变量及公差；②模型的解释力大部分在于解释变量中的忧虑项（dread），忧虑项只是灾害风险感知的结果而非原因，不应将其作为解释变量；③信任（trust）是模型中很薄弱的解释变量，对信任应该进行具体化测量而不是一般性评估；④模型忽视了重要感知差异和变量，对个人（微观）层面和一般意义上的灾害评价是不相同的，两者在灾害水平和相互关系上都存在差异；⑤模型认为灾害具有人格特征，即该模型假设所有个体是通过同一种方式来评价灾害，这就导致了忽视社会、文化或其他机制对灾害评价产生影响的可能性。

（2）文化理论。该理论由 Douglas 首创，认为来自不同社会背景（包括具有不同社会属性和处于不同社会群体）的人们具有不同的风险感知。在某些特定的情况下，个体对灾害的感知很大程度由文化和社会背景决定。因此，要了解人们对灾害的感知情况，首先要了解人们所依存的社会结构和文化信仰等，了解社会文化因素对人们的感知逻辑会产生重要影响。根据 Wildavsky 等关于风险的文化理论，[25] 人们能够"预知和说明哪一种人将感知到哪一种潜在危险及其危害程度"。

在灾害风险感知理论中，文化理论研究方法重视社会文化因素对受灾体灾害风险感知的影响，而心理测量范式研究方法注重灾害给受灾体造成的心理影响，从而反过来影响受灾体对灾害的感知。因此，文化理论是在研究方法上对心理测量范式的补充。

人们在遭遇灾害时是否会做出迁移决策，在很大程度上与其对灾害的风险感知有关。有的人对灾害的风险感知强烈，有些人对灾害的风险感知不那么强烈，还有一些人甚至对灾害的风险漠不关心，因此，居住在灾害风险区的人们，面对潜在的灾害风险，有的人会做出迁移决策，有的人因种种原因不愿迁移。根据风险感知理论，人们对灾害风险的评价或判断，除了受个人知识水平、阅历和经历等因素的影响外，还与人们的心理因素和对环境的认知有关。对灾害风险的感知促使人们产生一种潜在的迁移意向。迁移意向是迁移的一个必要条件，而非充分条件。人们是否会做出迁移决策，除了与其家庭人口和经济条件等微观因素相关，还与国家经济状况、社会体制和迁移政策等宏观因素相联系（见图2-1）。

有学者对居民不迁离灾区的主要原因进行了如下总结：[18]①根本没有意识到灾害；②虽然对灾害已有意识，但并没有想到其危害；③虽然想到了危害，但感觉不会给自己带来损失；④虽然可能带来损失，但损失不会严重；⑤虽然损失严重，但已经或正打算采取减灾措施；⑥虽然想到了损失，但损失不会超过所获取的好处；⑦在居住地问题上别无选择。

在发展中国家，受灾地区总是居住着大量的贫穷家庭，因为在居住地的问题上，他们没有更多的选择。在发达国家，有些富裕家庭会继续居住在受灾地区，因为他们对可能出现的损失早有预料，并认为这些损失与他们从现住地获得的好处相比微不足道；也有一些富裕家庭会在灾后迁离灾区，搬迁到灾害风险小，且环境更为优美的地方居住和生活，因为他们完全有能力承担迁移的费用。

参考文献

[1] 陈勇：《对灾害与移民问题的初步探讨》，《灾害学》2009年第24（2）期，第138~144页。

[2] Smith, K. Environmental Hazards：Assessing Risk and Reducing Disaster. London：Routledge. 2004.

[3] Cutter, S. L., Boruff, B. J., Shirley, W. L. Social Vulnerability to Environmental Hazards, Social Science Quarterly. 2003, 84 (2)：242-261.

[4] Hogan, D. J. and Marandola, E. Jr. Vulnerability to Natural Hazards in Population-Environment Studies. Background Paper to the Population - Environment Research Network (PERN) Cyberseminar on Population and Natural Hazards, November 2007：5-19.

[5] Turner, B. L., Kasperson, R. E., Matsone, P. A., et al. A Framework for Vulnerability Analysis in Sustainability Science. Proceedings of National Academy of Sciences. 2003, 100 (14)：8074-8079.

[6] Blaikie, P., T. Cannon, I. Davis and B. Wisner. At Risk：Natural Hazards, People's Vulnerability and Disasters. London：Routledge. 1994：9-48.

[7] Oliver - Smith, A. Theorizing Disasters：Nature, Culture, Power. Susanna

M. Hoffman and Anthony Oliver – Smith. Catastrophe and Culture: The Anthropology of Disaster, Santa Fe, New Mexico: The School of American Research Press. 2002: 23 – 47.

[8] Petersen, W. A General Typology of Migration, American Sociological Review. 1958, 23: 256 – 265.

[9] Hugo, G. Environmental Concerns and International Migration. International Migration Review, 1996. 30 (1): 105 – 131.

[10] Keane, D. The Environmental Causes and Consequences of Migration: A Search for the Meaning of "Environmental Refugees". Georgetown International Environmental Law Review, 2004, Winter. http: //findarticles. com/p /articles /mi_ qa3970 /is_ 200401 /ai_ n9353848, Accessed on July 13, 2008.

[11] Reuveny, R. Ecomigration and Violent Conflict: Case Studies and Public Policy Implication. Human Ecology. 2008, 36: 1 – 13.

[12] Paul, B. K. Evidence Against Disaster – induced Migration: The 2004 Tornado in North – central Bangladesh. Disaster. 2005, 29 (4): 370 – 385.

[13] Bates, D. C. Environmental Refugees? Classifying Human Migration Caused by Environmental Change. Population and Environment. 2002, 23 (5): 465 – 477.

[14] Myers, N. Environmental Refugees. Population and Environment. 1997, 19: 167 – 182.

[15] Wood, W. B. Ecomigration: Linkages Between Environmental Change and Migration // Zolberg, A. R. and Benda, P. N. Global Migrants, Global Refugees. Berghahn, New York. 2001: 42 – 59.

[16] Black, R. Environmental Refugees: Myth or Reality, UNHCR Working Paper No. 34. 2001.

[17] Wolpert, J. Migration as an Adjustment to Environmental Stress, Journal of Social Issues. 1966, 22 (4): 92 – 102.

[18] Hunter, L. M. Migration and Environmental Hazards. Population and Environment. 2005, 26 (4): 273 – 302.

[19] Osterling, J. P. The 1970 Peruvian Disaster and the Spontaneous Relocation of Some of its Victims: Ancashino Peasant Migrants in Huayopampa. Mass Emergencies. 1979, 4: 117 – 120.

[20] Morrow – Jones, H. A. , Morrow – Jones, C. R. Mobility due to Natural Disaster: Theoretical Consideration and Preliminary Analyses. Disasters. 1991, 15 (2): 126 – 132.

[21] Todaro, M. Internal Migration in Developing Countries. Geneva: ILO. 1976, 25 – 46.

［22］谢晓非、徐联仓：《风险感知研究概况及理论框架》，《心理学动态》1995 年第 3（2）期，第 17～22 页。

［23］Slovic，P. Perception of Risk. Science. 1987，236：280－285.

［24］Sjöberg，L. Explaining Risk Perception：An Empirical Evaluation of Cultural Theory. Risk Decision and Policy. 2004，2（2）：113－130.

［25］Wildavsky，A.，Dake，K. Theories of Risk Perception：Who Fears What and Why? Daedalus. 1990，119（4）：41－60.

第三章
山地自然灾害风险管理与
避灾扶贫移民搬迁

山地是地球表面一个独特的地貌类型和地理单元。由于山地是一个三维系统，其自身的势能作用使山地系统异常复杂和动态多变，即山地系统具有复杂性和动态性的特点。正因为如此，山区是一个自然灾害多发频发的区域。山区自然灾害不仅会给山区造成严重的人员伤亡和巨大的财产损失，而且常常会使当地社区和群众陷入贫困状态。与城镇相比，分布于山区的广大农村地区，由于居住分散，经济基础弱，防灾意识差，抗灾能力低，面临更多自然灾害的威胁。为了摆脱山区自然灾害威胁和消除山区贫困，需要从灾害风险管理的角度来认识和研究山区避灾扶贫移民搬迁的重要性和必要性，以期推动山区社会的可持续发展。

第一节　山地自然灾害风险管理

一　山地自然灾害风险及风险管理分类

所谓风险，就是非期望事件发生的概率及其不利后果。[1]山地自然灾害风险指位于山区社会在未来某一确定的时期里可能遭受的潜在生命、健康、生计、资产和服务等方面的损失。与平原地区和大城市的自然灾害风险（密布性风险，intensive risk）相比，山地自然灾害风险属于广布性风险（extensive risk），即大量分散的人口或经济活动频繁或持续地暴露在中低强度的灾变（hazard）中，这种灾变通常造成的人员伤亡和财产损失不大，影响的地域范围广，受影响人口规模大。[2]

自然灾害风险管理指"运用行政命令、组织和工作技能及能力实施相关政策，调动社会和社区的应对能力，减少自然灾害和相关的环境和技术灾害所造成的影响"。[3]山地灾害风险与山区自然环境和人文环境的脆弱性密切相关。与平原/低地相比，山地（尤其是山区农村地区）面临的自然灾害风险种类多，程度深，管理难度大。

根据已有研究，灾害风险管理可分为前瞻型和补救型两种类型。[4]前瞻型风险管理（prospective risk management）指在潜在风险产生之前，通过政府、私人部门、非政府组织、家庭和个人实施新的发展项目来达到管理灾害风险的目的。这种管理实际上是一个地区发展战略规划和项目规划的一部分，也是该地区环境管理的一部分。这些规划和项目在风险产生前就已经实施，避免了风险的产生和灾害的发生。补救型风险管理（corrective risk management）指对已存在的灾害风险进行管理。这些灾害风险是过去社会发展和行为的产物，如将人类住区（聚落）建在洪泛区内，所建设的医院缺乏必要的抗洪标准，社区与外界的联系仅有一条可能被滑坡堵断的道路，农业生产不适应目前的气候条件或无法抵御极端气候的影响。补救型风险管理可进一步分为进步补救型风险管理（progressive corrective risk management）和保守补救型风险管理（conservative corrective risk management）。前者通过促进当地社会经济发展、赋予人民更多权力和减少贫困等方式来达到减少灾害风险的目的；后者通过加固河岸、修筑护坡和夯实房屋基础等工程措施，或强化应急管理措施等社会手段来减少灾害风险。如果前瞻型风险管理和补救型风险管理均无法实施，那么风险区就会出现所谓的残留风险（residual risk）。如果是这种情况，风险区就无法避免灾害的发生。此时，只能依靠人道主义救援行动来拯救受灾群众。

从地方层次灾害风险管理实施的主体看，可将山地灾害风险管理分为：基于地方或社区的灾害风险管理（local or community based risk management）

和基于地方或社区层面的灾害风险管理（risk management at local or community level）。前者指管理的主体是山区地方与基层组织或社区成员，管理规划的制定和实施均由地方与基层组织或社区成员完成；后者指管理的主体是外部机构或外来人员，虽然山区地方组织与基层组织或社区成员也参与管理，但他们在风险管理各环节和过程中只起辅助作用。[5-6]

二 山地自然灾害风险管理及其与灾害移民的关系

从政府的角度看，山地自然灾害风险管理主要包括灾前准备和灾后响应的政策和措施。灾害风险管理贯穿灾害循环（hazard circle）的各个环节，包括灾害预防（防灾）（prevention）、灾害减缓（减灾）（mitigation）和灾害准备（备灾）（preparedness）3个灾前管理环节，应急响应（emergency response）1个灾中管理环节，恢复与重建（recovery and reconstruction）和发展（development）2个灾后管理环节（见表3-1）。防灾属于前瞻型风险管理的范畴；减灾指将风险纳入土地利用总体规划、部门规划、建筑规范、法律法规和减灾教育之中，包括灾害风险转移，即通过人寿保险和财产保险，或通过启动相应的金融工具（发行自然灾害债券、建立防灾基金）等方式达到减轻自然灾害损失的目的；备灾指通过建立自然灾害预警机制，做好应急规划和建立应急网络，最大限度减少灾害损失；应急回应包括人员紧急疏散、临时安置、动员救灾物资和实施人道主义援助等；恢复与重建包括清理废墟、修缮房屋、恢复公共服务、重建重要基础设施、恢复日常生活和各种生产活动等；发展就是需要在未来的发展规划中充分考虑灾害风险和受灾地区的社会脆弱性。[7]

表3-1 山区农村聚落自然灾害风险管理及其人口搬迁措施

措施	灾前管理			灾中管理	灾后管理	
内容	防灾	减灾	备灾	应急回应	恢复与重建	发展
工程技术措施	灾害风险评价、灾害脆弱性评价、灾害识别	实施减灾工程措施（包括生物措施），加固基础设施	建立灾害预警系统和风险沟通体系。制定灾害应急预案	启动应急预案，发布灾害信息	清理废墟、修缮房屋、恢复公共服务。恢复和重建重要基础设施	城市化和区域规划技术评估

续表

措施	灾前管理			灾中管理	灾后管理	
内容	防灾	减灾	备灾	应急回应	恢复与重建	发展
社会经济措施	通过实施社会经济发展计划,增强国家和社区的抗风险能力	对人员和财产进行灾害保险。建立防灾和减灾基金	宣传防灾减灾知识、提高防灾减灾意识	拨付救援资金、分发救援物质	恢复日常生活和各种生产活动	增强国家和社区的灾害抵抗恢复力、减少灾害脆弱性
人口搬迁措施	合理规划人口空间分布格局、引导人口合理流动和迁移,促进人口分布符合人口生态功能区划	实施避灾移民搬迁计划:将居民从重大频发灾害风险区和隐患点搬迁到生态安全地带	制定紧急转移预案,预留人员紧急转移场地,准备应急物质	紧急转移安置受灾人员,给转移人员提供临时救助和心理抚慰	实施临时搬迁安置计划,参与恢复重建规划和活动	实施灾后永久搬迁计划,推动搬迁后可持续生计能力建设,实现人居环境可持续发展

　　灾害移民指突发性自然灾害引起的人口迁移,包括避灾移民（或避险移民）和灾害移民,即灾前移民和灾后移民（后者包括临时性和永久性移民）。广义的灾害移民还包括逃难型人口移动（flight）和应急转移（evacuation）。[8]避灾移民（preventive migration）或避灾搬迁（preventive resettlement）发生在自然灾害出现之前,是灾害风险管理中防灾工作的一部分。灾害移民（post-disaster migration）或受灾搬迁（post-disaster resettlement）是自然灾害发生后在原地无法继续居住,不得不采取的一种适应性策略。灾后逃难型人口移动（flight）和应急转移（evacuation）出现在灾中应急回应阶段,是人类面对自然灾害的一种本能反应和临时权宜之计,是应对突发性自然灾害的一种调适反应（adjustment reaction）。与灾后重建（或灾害移民搬迁）相比,避灾移民搬迁有着诸多优势,通过避灾移民搬迁,能大大减轻人员伤亡、财产损失和公共基础设施毁损[4]（见表3－2）。

表 3－2　山区农村避灾移民搬迁与灾后重建的比较优势[4]

灾后影响		货币形式		非货币形式	
		直接成本	间接成本	直接成本	间接成本
人员伤亡	死亡	－ 预期的经济活动 － 丧葬费用	－ 收入损失 － 照顾死者家属的费用	－ 家属的心理创伤 － 家庭和社会联系的中断	－ 对死者家属（鳏、寡、孤、独）造成的社会影响
	受伤、致残	－ 医疗费 － 因病缺工损失	－ 失业造成的收入损失	－ 受伤、残疾 － 人力资本存量减少	－ 对伤者造成的心理影响
私人财产损失	房屋	－ 投资损失 － 加固维修与重建成本 － 清理废墟成本	－ 临时安置成本 － 净值损失成本 － 失去信贷成本	－ 失去住房	－ 造成的心理和社会影响
	屋内财产	－ 个人财产（家具、衣服、家用电器等） － 产品的替代成本	－ 将救援物品带给受害者成本 － 投资损失	－ 失去服务的损失 － 依赖外来援助	－ 心理影响
	牲畜	－ 投资损失	－ 出售获得的收入损失	－ 牲畜	－ 心理影响
	土地	－ 投资损失	－ 与土地相关的经济活动损失	－ 私人财产损失	－ 造成的心理和社会影响
	生产性资产	－ 机器、设备和工具的损失 － 生产资产的替代成本	－ 生产获取的收入损失	－ 生活条件和生活质量的下降	－ 心理压力和其他心理负担
集体财产损失	集体房屋	－ 集体房产损失 － 房屋替代成本		－ 社会网络损失导致社会资本的减少	－ 社会文化现状的改变
	集体土地（包括耕地、林地和水域）	－ 投资损失	－ 与土地相关的经济活动损失	－ 私人财产损失	－ 造成的心理和社会影响

灾后影响		货币形式		非货币形式	
		直接成本	间接成本	直接成本	间接成本
集体财产损失	其他集体资产	- 投资损失 - 加固维修与重建成本 - 清理废墟成本	- 临时设施成本	- 失去对相关设施的使用和服务	- 社会活动中断
公共基础设施毁损	学校、医院、道路、水源、电力、通讯等	- 投资损失 - 加固维修与重建成本 - 清理废墟成本	- 修建临时设施成本 - 服务中断而带来的成本	- 失去公共基础设施的使用和服务,学校停课,医院停业	- 发病率上升,人力资本存量减少
	生产设施:包括农业、采掘、贸易和服务业设施	- 投资损失 - 加固维修与重建成本 - 清理废墟成本	- 净值损失 - 收入减少 - 劳动生产率降低 - 失业 - 生产中断 - 从外部产品输入导致的成本增加	- 商品和服务供应的减少	潜在的社会冲突

第二节　山区避灾扶贫移民搬迁

　　山区避灾扶贫移民搬迁既是扶贫工作的重要举措，又是山区灾害风险管理的重要内容。关于贫困，世界银行在其发布的《1990年世界发展报告》中指出，贫困不仅指收入和消费水平的低下，而且指教育、健康、营养和其他人文发展要素处于较低的水平。后来，世界银行在《2000/2001年世界发展报告：与贫困作斗争》中又对贫困进行了补充，指出，除了上述内容外，贫困还指对灾害的脆弱性和对风险的暴露以及在政治生活中没有声音和权利，这些因素严重限制了人们过上有尊严生活的能力。从某种意义上讲，在一定的条件下，贫困就是灾害，灾害意味着贫困，这种贫困与灾害互为因果的关系在偏远山区和农村地区尤其明显。[9-11]山区贫困与山地自然环境的脆弱性、山区聚落的偏远性与难通达性密切相关，[12]同时也与山地自然灾害多发频发紧密相连。山区人口居住在山区，面临比平原/低地更多的自然灾害，在遭受自然灾害之后，很多人顷刻陷入贫困。山区人口可利用的资本和外援少，他们一旦陷入贫困，很难摆脱贫困，或难以从困境中恢复过来，因此，山区的贫困往往属于慢性贫困（chronic poverty），且具有连片分布特征。

贫困山区是我国新一轮扶贫工作的重点，也是扶贫工作的难点。过去，虽然我国在山区扶贫工作中投入了大量的资金，但扶贫效果并不理想。许多农村家庭在脱贫之后，一旦遭遇自然灾害又会重新陷入贫困。为了从根本上消除山区贫困和减少山地灾害的发生，需要在我国贫困山区，特别是自然灾害多发频发的贫困山区，实施避灾扶贫移民搬迁工程。避灾扶贫移民搬迁是减少自然灾害暴露的重要手段之一。没有灾害暴露，就没有灾害发生的自然条件，自然灾害也就不会发生或较少发生。在没有或少有自然灾害的环境中谋求发展，发展的机会和潜力会大大增加，或者说，在远离自然灾害的环境中，脱贫之后重新陷入贫困的可能性大大降低。

虽然避灾扶贫移民搬迁给山区农村的发展带来了机遇，但与其他非自愿移民搬迁一样，也面临潜在的风险（见表3-3）。如果规划不当或组织工作做得不好，避灾扶贫移民搬迁工作不仅达不到脱贫的目的，而且还会给山区农村带来新的贫困和其他发展问题，或者说，虽然避灾扶贫移民搬迁能有效地减轻贫困和避免自然灾害风险，但移民搬迁本身也具有一定的社会风险，[13-14]因此，在没有其他更好的防灾减灾办法和扶贫手段时，才可启动避灾移民扶贫搬迁计划。[15]即便如此，在避灾扶贫移民搬迁过程中也要遵循两个基本原则。一是就近原则。能够在本村组范围内搬迁安置的，不宜跨村组安置；能够在本县、乡搬迁安置的，不宜跨县、乡安置；在条件许可的情况下，尽可能在本地区安置。二是自愿原则。避灾扶贫移民搬迁必须尊重人们的意愿，切忌强迫或由政府部门替老百姓做决定，否则会带来严重的社会问题。

表 3-3　山区农村避灾扶贫移民搬迁面临的风险和机遇

以及实现可持续发展的关键外部条件

相关问题	潜在风险	发展机遇	实现可持续发展的关键外部条件
经济发展	- 人均土地资源（耕地、林地和草地等）减少，耕地质量下降 - 可利用的免费可再生公共资源（如水源、非木材林业资源等）减少 - 传统生计方式发生改变，老年人口难以适应，预期收益减少 - 失业和就业不充分加剧 - 收入下降	- 荒地开发和对退化土地的整治，土地资源增加 - 生产条件（水源充足、土地平整、机械化成为可能）得到改善 - 新的生计方式替代原有生计方式，预期收益增加 - 就业机会增加，人力资源得到更加充分开发 - 可利用的市场条件改善 - 收入增加	- 政策保障（稳定） - 资金保障 - 基层组织保障（廉洁、高效） - 人均获得的土地资源数量 - 生产用水条件得以保障
社会发展	- 现金支出增加 - 贫富差距日益扩大 - 发病率和死亡率增加 - 原有社会网络解体 - 移民群体被边缘化 - 社会冲突增加 - 传统与民族文化淡化和丢失	- 绝对贫困人口减少，贫困发生率降低 - 居住条件改善，人均住房面积增加 - 道路、通讯等基础设施改善 - 医疗条件改善 - 学龄儿童教育条件改善，教育质量提高 - 传统建筑风貌与地方特色得以保护和传承	- 政策保障（稳定） - 资金保障 - 基层组织保障（廉洁、高效） - 生活用水数量和质量得以保障
人居环境改善	- 边际土地资源的开发导致水土流失加剧和环境污染 - 房屋、道路修建过程边坡开挖导致滑坡、泥石流和崩塌等地质灾害增多 - 土地资源开发导致对植被的破坏 - 人口聚集导致居住环境恶化	- 滑坡、泥石流和崩塌等地质自然灾害消除或减少 - 生产和社会污染得以治理 - 搬迁居民的环境保护意识得以提高	- 政策保障（稳定） - 资金保障 - 基层组织保障（廉洁、高效） - 移民基本的生态环境素养

第三节　结论

山区是一个多灾多难的区域。山地特殊的地质地貌和独特的气象水文特征决定了山区是一个内部结构严重不稳、外部环境极其复杂和致灾事件频繁发生的地区。山区众多的人口和聚落分布、大量的资源开采与利用、众多的产业布局和扩展及不断的道路修建与改建等人文因素决定了山区是一个承灾体密集、灾变风险广布和灾害事件频发的区域。同时，由于交通不便、聚落偏远、社会封闭、经济基础差及社会发展缓慢，山区是一个贫困人口多、贫困发生率高、贫困程度深、返贫现象突出与扶贫难度大的区域。山区自然灾害与贫困相互交织，互为因果。加强山区自然灾害风险管理和加大山区脱贫致富力度是山区政府和群众面临的两项重要任务。

为了从根本上解决山区自然灾害和贫困问题，跳出受灾—贫困—扶贫—再受灾—再扶贫的怪圈，建议国家在山区广大农村地区进行自然灾害隐患点普查的基础上，有计划分阶段地逐步实施山区农村避灾扶贫移民搬迁计划。与其他灾害风险管理措施和扶贫计划相比，避灾扶贫移民搬迁具有众多优势：减少山区自然灾害脆弱性和贫困脆弱性；减少人员伤亡和财产损失；减轻国家和社会所给予的灾后救援和恢复重建援助负担；减少各种经济活动因灾中断蒙受的各种间接损失；避免家庭因灾害发生所承受的心理创伤；调动国家和社会投入山区的各种防灾、避灾、扶贫和发展资金，统一规划，集中使用，提高资金使用效率，为山区农村地区的长远发展和可持续发展奠定基础。

参考文献

[1] 刘燕华、葛全胜、吴文祥：《风险管理——新世纪的挑战》，气象出版社，2005。

［2］ Correa E. Preventive Resettlement of Populations at Risk of Disaster: Experiences from Latin America. Washington, D. C. : The World Bank: GFDRR. 2011.

［3］ UNISDR（United Nations International Strategy for Disaster Reduction）. UNISDR Terminology on Disaster. Geneva: UNISDR. 2009.

［4］ Correa E. , Ramirez F. , Sanahuja H. Populations at Risk of Disaster: A Resettlement Guide. Washington, D. C. : The World Bank: GFDRR. 2011.

［5］ Maskrey A. Revisiting Community – based Disaster Risk Management. Environmental Hazards. 2011, 10: 42 – 52.

［6］ Lavell A. Local Disaster Risk Reduction: Lessons from the Andes ［M］. Lima: Technical Secretariat of the Andean Community. 2009.

［7］ Cutter S. L. , Boruff B. J. , Shirley W. L. Social Vulnerability to Environmental Hazards . Social Science Quarterly. 2003, 84（2）: 242 – 261.

［8］ 陈勇：《对灾害与移民问题的初步探讨》，《灾害学》2009 年第 24（2）期，第 138～144 页。

［9］ 丁文广、陈东梅：《农村贫困地区的灾害风险管理研究》，《干旱区资源与环境》2010 年第 24（5）期，第 69～73 页。

［10］ Sabates – Wheeler R. , Devereux S. , Mitchell T. , et al. Rural Disaster Risk – Poverty Interface . Paper Prepared for Global Assessment Report on Disaster Reduction, IDS. 2008.

［11］ 王国敏：《农业自然灾害与农村贫困问题研究》，《经济学家》2005 年第 3 期，第 55～61 页。

［12］ 陈国阶、方一平、陈勇等：《中国山区发展报告——中国山区聚落研究》，北京：商务印书馆，2007。

［13］ 何永彬：《云南省山区移民与发展研究》，《资源开发与市场》2011 年第 27（9）期，第 838～841 页。

［14］ Cernea M. The Risk and Reconstruction Model for Resettling Displaced Populations. World Development. 1997, 25（10）: 1569 – 1587.

［15］ Chan N. W. Flood Disaster Management in Malaysia: An Evaluation of the Effectiveness of Government Resettlement Schemes. Disaster Prevention and Management. 1995, 4（4）: 22 – 29.

第四章
西部山地灾害多发区土地
承载力及其迁移区划

——以陕南三市 28 区县为例

粮食是人类生存和发展的物质基础。随着全球人口的增长以及后备耕地资源日渐缩小，粮食安全问题引起世界各国的高度关注。中国是人口大国，中国的粮食问题始终是国内外学者关注的焦点问题。[1-3]土地资源承载力的实质是研究人口消费与食物生产、人类需求以及资源供给间的平衡关系问题。[4]从粮食的生产供给与消费需求视角研究区域人口承载力是土地资源承载力研究的重要内容之一。随着承载力理论研究的发展，仅考虑粮食作为一种自然因素而忽略人类自身文化等社会因素对人口承载力制约的不足日渐显现。[5]1986 年 Hardin 提出了文化承载力的概念，[6]指在各种社会系统条件下，尤其是与资源消费有关的社会模式下的人口承载力，这一概念有效克服了人口承载力研究中忽略人类自身文化等社会因素的不足。[7]在此基础上，Rees 与 Wackernagel 提出用于评价区域可持续发展水平的生态足迹方法，[8]引起广泛关注，并被应用于区域人口容量的评价。[9-10]总体而言，目前人口容量的研究正逐步从单要素向多要素过渡。[11]

陕南秦巴山区是我国典型的山地灾害多发区，也是我国典型的连片贫困区，耕地资源数量少，优质高产耕地资源稀缺。随着陕南经济发展，有限的耕地资源受到经济发展带来的空间挤压和多发山地灾害的双重压力，粮食产量呈下降趋势且波动性较大，粮食已成为制约陕南人口承载力的重要影响因素之一。本书以可持续发展理论和承载力理论为基础，从耕地粮食视角出发，引入科技、消费、贸易、政策制度等社会文化因素，构建陕南人口容量评估模型，并提出虚拟人口容量、现实人口容量等概念；使用情景分析法对陕南人口容量进行评估与预测，在此基础上将陕南 28 个区县划分为 5 种人口迁移功能区，为陕南灾害移民规划的制定和相关政策的实施提供参考。

第一节　相关概念与研究方法

一　相关概念与分析路径

由于粮食购入实现"使用"的区域外耕地资源称为虚拟土地资源。[12]由虚拟土地资源承载的人口容量称为虚拟人口容量（virtual population carrying capacity）。其实质是区域购入粮食在一定消费水平下所承载的人口规模。现实人口容量（real population carrying capacity）系指区域内土地资源的粮食产出在一定消费水平下所能承载的最大人口规模。

我国西部山地灾害多发区的耕地资源有限，同时受山地灾害的影响，粮食产量波动性很大，粮食的生产供给成为限制区域人口容量的主要因素。同时，经济发展过程中耕地、消费、贸易等政策因素将对粮食生产产生重要影响，并直接影响区域人口容量。为体现有关耕地、消费、贸易等政策因素对粮食生产的影响，本书拟采用情景分析法，分析不同政策情景下的粮食生产与人口容量，分析路径见图 4 - 1。

二　研究方法与数据来源

1. 研究方法

（1）人口容量

基于耕地粮食视角下的人口容量系指在一定粮食消费水平下，区域粮食

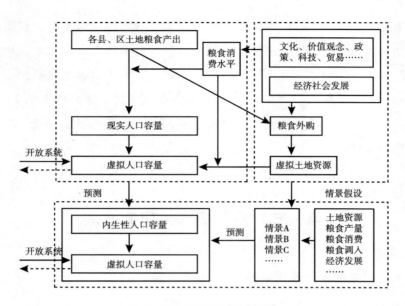

图4-1　人口容量分析路径

所能供养的最大人口规模。按照粮食供给的来源，人口容量可分为虚拟人口容量和现实人口容量，人口容量是虚拟人口容量和现实人口容量之和。其公式如下：

$$P_L^o = W_L^o / W_{pi} \tag{4-1}$$

$$P_L = W_L / W_{pi} \tag{4-2}$$

其中：

$$
\begin{aligned}
W_{pi} = F_z + \sum_{i=1}^{i} \lambda_i F_i &= \frac{P_u\left(F_{uz} + \sum_{i=1}^{i}\lambda_i F_{ui}\right) + P_r\left(F_{rz} + \sum_{i=1}^{i}\lambda_i F_{ri}\right)}{P_u + P_r} \\
&= \frac{(P_u F_{uz} + P_r F_{rz}) + \left(P_u \sum_{i=1}^{i}\lambda_i F_{ui} + P_r \sum_{i=1}^{i}\lambda_i F_{ri}\right)}{P_u + P_r}
\end{aligned}
\tag{4-3}
$$

公式（4-1）和（4-2）中，P_L^o 为虚拟人口容量，P_L 为现实人口容量，W_L^o 为区域粮食调入量，W_L 为区域粮食产出量，W_{pi} 为区域人均粮食消费量；公式（4-3）中，F_z 为区域人均粮食直接消费量，F_i 为人均消费其他第 i 种食物的粮食折算量，λ 为其他人均消费第 i 种食物的耗粮系数[1],[13] P_u 为城镇人口数量，P_r 为农村人口数量，F_{uz} 为城镇人均粮食直接消费量，F_{rz} 为农村人均粮食直接消费量，F_{ui} 为城镇人均消费第 i 种食物的粮食折算量，F_{ri} 为农村人均消费第 i 种食物的粮食折算量。

则区域土地资源人口容量为：

$$P_c = W_L / W_{pi} + W_L^o / W_{pi} = (W_L + W_L^o) / W_{pi}$$
$$= \frac{(P_u + P_r)(W_L + W_L^o)}{(P_u F_{uz} + P_r F_{rz}) + (P_u \sum_{i=1}^{i} \lambda_i F_{ui} + P_r \sum_{i=1}^{i} \lambda_i F_{ri})} \quad (4-4)$$

（2）人口盈余/赤字规模

$$P_{s/d} = P_c - P \quad (4-5)$$

公式（4-5）中，$P_{s/d}$ 为人口盈余/赤字规模，P_c 为人口容量，P 为总人口规模。当 $P_{s/d}$ 为正时，表明区域土地资源人口容量呈盈余状态，且 $P_{s/d}$ 值越大，区域人口发展空间越大；当 $P_{s/d}$ 为负时，表明区域土地资源人口容量为赤字状态，且 $P_{s/d}$ 绝对值越大，区域人口发展空间越小。

（3）人口承载力指数[14]

$$P_I = P / P_c = P / (P_L + P_L^o) = P W_{pi} / W_L + W_L^o \quad (4-6)$$

公式（4-6）中，P_I 为人口承载力指数。当 $P_I > 1$ 时，表明人口处于超载状态；当 $0.9 < P_I \leq 1$ 时，表明人口处于均衡状态；当 $P_I \leq 0.9$ 时，表明人口处于盈余状态。

（4）人口盈余率/赤字率

$$P_{si/di} = P_{s/d} / P_c = (P_c - P) / P_c = [(W_L + W_L^o) / W_{pi} - P] / [(W_L + W_L^o) / W_{pi}]$$
$$= [(W_L + W_L^o) - P W_{pi}] / (W_L + W_L^o)$$
$$= 1 - P W_{pi} / (W_L + W_L^o)$$
$$= 1 - P_I \quad (4-7)$$

公式（4-7）中，$P_{si/di}$ 为人口盈余率/赤字率。$P_{si/di} \geq 0.1$ 表明人口处于

---

① 其中，肉、蛋、奶、水产品耗粮系数分别为 3、1.8、0.5 和 1.2。

盈余状态，且盈余率越大，区域人口发展空间越大；$0 \leqslant P_{si/di} < 0.1$ 表明人口处于均衡状态；$P_{si/di} < 0$ 表明人口处于赤字状态，赤字率绝对值越大，区域人口发展空间越小。

（5）粮食距平指数

$$FR_i = (G_i - \bar{G})/\bar{G} \qquad (4-8)$$

公式（4-8）中，FR_i 为粮食距平指数，G_i 为第 i 年粮食实际产量，$\bar{G}$ 为研究期粮食平均产量。FR_i 越大时，粮食产量波动越剧烈，反之越小。

人口承载力指数和人口盈余率/赤字率评价标准见表4-1。

表4-1　人口承载力指数和人口盈余率/赤字率评价标准

状态	描述	P_I（万人）	$P_{si/di}$
盈余状态	富裕盈余	$(0, 0.4]$	$[0.6, 1)$
	较富盈余	$(0.4, 0.6]$	$[0.4, 0.6)$
	一般盈余	$(0.6, 0.8]$	$[0.2, 0.4)$
	轻微盈余	$(0.8, 0.9]$	$[0.1, 0.2)$
均衡状态	一般均衡	$(0.9, 0.95]$	$[0.05, 0.1)$
	临界均衡	$(0.95, 1]$	$[0, 0.05)$
超载状态	轻微超载	$(1, 1.1]$	$[-0.1, 0)$
	一般超载	$(1.1, 1.3]$	$[-0.3, -0.1)$
	较严重超载	$(1.3, 1.4]$	$[-0.4, -0.3)$
	严重超载	$(1.4, \infty)$	$[-\infty, -0.4)$

2. 数据来源

本书粮食产量、人口、粮食播种面积等数据来源于：①《陕西统计年鉴》（1991~2011年）；②《陕西六十年 1949~2009》；③《汉中市国民经济和社会发展第十二个五年规划纲要》；④《安康市国民经济与社会发展第十二个五年规划纲要》；⑤《商洛市国民经济和社会发展第十二个五年规划纲要》。

第二节　人口容量分析

一　陕南粮食产量分析

1. 陕南粮食总产量趋势分析

1990～2010 年，陕南地区粮食总产量呈现波动下降趋势（见图 4 – 2）。1990 年，陕南粮食总产量达到 331.63 万吨，为研究期粮食总产量最高的一年。2010 年，陕南粮食总产量降至 278.27 万吨，较 1990 年减少 53.36 万吨，年均减少近 3 万吨。1994 年、1995 年、2007 年陕南粮食总产量跌入灾害性谷底，粮食总产量分别降至 237 万吨、236 万吨和 219 万吨，这在一定程度上影响陕南粮食供给的安全性。

1990～2010 年，陕南粮食总产量呈现 4～6 年的波动周期。研究期间，陕南粮食总产量拟合曲线表明 1990～1995 年、2001～2007 年呈现下降趋势，1996～2000 年、2008～2010 年呈现上升趋势，整体表现为 4～6 年波动周期。

1990～2010 年，陕南粮食总产量波动幅度整体呈现下降趋势，且稳定性较差。1990～2000 年，陕南粮食总产量的波动幅度整体为正（1994 年、1995 年除外），2001～2010 年粮食总产量波动幅度整体为负（2005 年、2006 年除外），表明 1990～2000 年陕南粮食总产量较 2001～2010 年高，这与陕南粮食总产量拟合方程结论相符，即陕南粮食总产量整体呈现下降趋势。同时，陕南粮食总产量波动幅度较大，表明陕南粮食生产稳定性较差，这给陕南地区粮食仓储设施提出较高要求。

2. 陕南人均粮食产量趋势分析

1990～2010 年，陕南地区人均粮食产量呈现波动下降趋势，其下降趋势较粮食总产量下降趋势更为显著。陕南粮食人均产量由 1990 年的 379.3 千克降至 2010 年的 299 千克，减少 80 多千克。受陕南粮食总产量影响，

1994 年、1995 年、2007 年陕南人均粮食产量出现灾害性谷底。期间，人均粮食产量分别降至 268 千克、266 千克和 237 千克。同时，由于人口规模的增长，陕南人均粮食产量拟合曲线的显著性为 0.502，高于粮食总产量的曲线拟合值 0.405，表明陕南人均粮食产量的下降趋势较粮食总产量的下降趋势更为显著。

　　1990 ~ 2010 年，陕南人均粮食产量波动期及波动幅度，与粮食总产量波动周期及波动幅度相符。陕南人均粮食产量的下滑，在一定程度上加大了陕南人口承载压力。

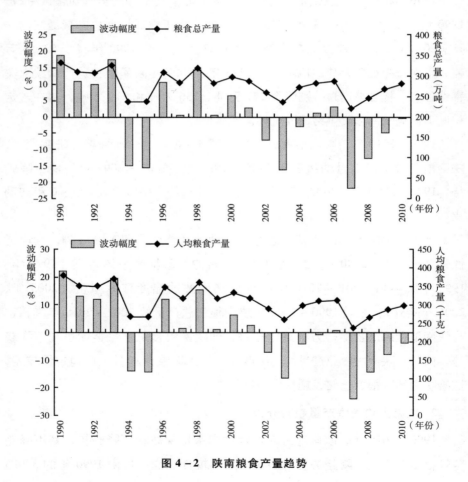

图 4 - 2　陕南粮食产量趋势

二 陕南各区县人口容量分析

1. 温饱状态①下陕南各区县 2007～2010 年人口容量②分析

温饱状态下，陕南各区县 2007～2010 年人口容量相对较大，压力较小（见表 4-2）。2007～2010 年，汉台区、城固县、汉滨区、宁陕县、旬阳县等 17 个区县人口处于超载状态，其人口承载力指数均低于 1.1，人口赤字率均低于 0.1，属轻微超载状态。其中，汉滨区人口赤字规模最大，为 4.84 万人，占其人口规模的 5.5%，其人口承载力指数为 1.052，人口赤字率为 0.052，属轻微超载状态。商州区、山阳县、汉台区人口赤字规模超过 2 万人，占其总人口规模的 5.96%、5.17% 和 5.22%。其余超载的南郑县、城固县、留坝县、宁陕县等 13 个区县人口超载规模均不超过 2 万人。洋县、勉县、镇安县等 11 个区县人口呈现盈余状态。其中，洋县人口盈余规模最大，达到 8.99 万人，占其总人口规模的 20.8%，其人口承载力指数为 0.837，人口盈余率为 0.163，属轻微盈余状态，人口发展空间较大。镇巴县、洛南县人口盈余规模均超过 4 万人，其余 8 个区县人口盈余规模均在 4 万人以下。

表 4-2 陕南各区县 2007～2010 年人口容量

单位：万人

区县	温饱状态			小康状态		
	虚拟人口容量	现实人口容量	人口盈余/赤字规模	虚拟人口容量	现实人口容量	人口盈余/赤字规模
汉台区	16.292	35.869	−2.662	12.219	26.902	−15.702
南郑县	3.224	50.437	−1.446	2.418	37.828	−14.861
城固县	2.373	48.856	−1.509	1.780	36.642	−14.316
洋 县	0.000	53.244	8.993	0.000	39.933	−4.318
西乡县	5.406	33.711	−1.996	4.054	25.283	−11.775

---

① 温饱状态下人均粮食消费标准为 300 千克/年；小康状态下人均粮食消费标准为 400 千克/年。

② 计算结果为各区县 2007～2010 年的均值。

续表

区县	温饱状态			小康状态		
	虚拟人口容量	现实人口容量	人口盈余/赤字规模	虚拟人口容量	现实人口容量	人口盈余/赤字规模
勉 县	0.293	45.833	3.777	0.219	34.375	-7.754
宁强县	3.472	28.784	-1.563	2.604	21.588	-9.627
略阳县	2.993	16.190	-0.975	2.245	12.143	-5.770
镇巴县	0.514	29.971	4.469	0.386	22.478	-3.152
留坝县	0.476	3.882	-0.092	0.357	2.911	-1.181
佛坪县	0.490	2.674	-0.160	0.368	2.006	-0.951
汉滨区	21.543	73.004	-4.841	16.157	54.753	-28.477
汉阴县	0.259	32.585	2.618	0.194	24.439	-5.593
石泉县	0.000	22.119	3.844	0.000	16.589	-1.686
宁陕县	0.628	6.591	-0.227	0.471	4.943	-2.032
紫阳县	0.674	35.211	1.770	0.505	26.408	-7.201
岚皋县	0.000	21.036	3.549	0.000	15.777	-1.710
平利县	0.000	24.783	1.390	0.000	18.587	-4.805
镇坪县	0.000	9.043	3.114	0.000	6.783	0.853
旬阳县	4.063	39.350	-1.862	3.047	29.513	-12.715
白河县	1.461	18.698	-0.776	1.096	14.023	-5.815
商州区	14.641	37.587	-2.660	10.981	28.190	-15.717
洛南县	1.441	48.523	4.770	1.080	36.392	-7.721
丹凤县	8.085	20.777	-1.472	6.063	15.583	-8.687
商南县	4.104	18.872	-0.904	3.078	14.154	-6.648
山阳县	7.429	34.483	-2.146	5.572	25.862	-12.624
镇安县	0.000	32.602	3.027	0.000	24.452	-5.123
柞水县	1.144	14.062	-0.264	0.858	10.546	-4.065

　　温饱状态下陕南各区县间虚拟人口容量差距较大。汉滨区、汉台区、商州区、丹凤县虚拟人口规模较大，分别达到21.54万、16.29万、14.64万和8.09万人，占其总人口规模分别为36.5%、24.7%、28.5%和28.5%，人口粮食消费的外部依赖性很大。洋县、石泉县、岚皋县等6个区县人均粮

食产量相对较高，其人口粮食消费无外部依赖性。其余区县均存在一定程度的虚拟人口容量，但规模相对较小。

温饱状态下陕南各区县现实人口容量差距较大。汉滨区位于汉中平原，粮食产量高，其现实人口容量最大，达到 73 万人，占其人口总量的 83.63%；南郑县、洋县两区县现实人口容量均达到 50 万人；镇平县、宁陕县、留坝县、佛坪县现实人口容量较小，均不足 10 万人。其中佛坪县现实人口容量最小，仅为 2.67 万人，这在很大程度上决定了佛坪县人口容量。2007～2010 年，佛坪县人口容量仅为 3.16 万人。

2. 小康状态下陕南各区县 2007～2010 年人口容量分析

小康状态下，陕南各区县 2007～2010 年人口容量相对较小，压力较大。2007～2010 年，仅镇坪县人口处于盈余状态，且人口盈余规模较小，仅为 0.853 万人，其人口承载力指数为 0.883，人口盈余率为 0.117，属轻微盈余状态。除镇坪县之外其余 27 个区县人口规模均处于超载状态，人口承载力指数均位于 1.1 以上，人口赤字率均位于 0.1 以上。其中，汉滨区人口赤字规模最大，达到 28.48 万人，占其人口总量的 32.6%，其人口承载力指数达到 1.402，人口赤字率达到 0.402，属严重超载状态；汉台区、南郑县、城固县、西乡县、旬阳县、商州区、山阳县人口赤字规模均超过 10 万人。洋县、石泉县、岚皋县等 6 个区县粮食产量虽可满足各县温饱状态下的粮食消费需求，但在小康状态下则表现为一定程度上的赤字，该赤字规模较小。在小康状态下，由于人均粮食消费水平的上升，各区县人口压力增大。

小康状态下陕南各区县虚拟人口容量整体规模较小，且各区县间差距较大。汉滨区、汉台区、商州区虚拟人口容量较大，分别达到 16.16 万、12.22 万和 10.98 万人，占其总人口容量的 18.51%、27.38% 和 21.35%，人口粮食消费的外部依赖性较大。

小康状态下陕南各区县现实人口容量差距较大。小康状态下粮食消费水平的提升使得陕南各区县现实人口容量均表现为不同程度的缩小。其中，汉滨区现实人口容量最大，为 54.75 万人，占人口总量的 62.72%；南郑县、城固县等 5 个区县现实人口容量均达到 30 万人；佛坪县现实人口容量最小，仅为 2.01 万人。

第三节　2015～2020年陕南人口容量预测

一　预测情景设定

1. 各区县粮食播种面积

近年来，随着陕南地区退耕还林工程、工业化进程的推进以及农业产业结构的调整，陕南各区县粮食播种面积呈现下降的趋势。2005～2010年，汉中市粮食播种面积由2005年的30.17万公顷下降至2010年的28.59万公顷，安康市、商洛市粮食播种面积也由2005的31.96万公顷和23.86万公顷分别下降至28.75万公顷和22.19万公顷。随着退耕还林工程、工业化进程的进一步推进和农业产业结构的进一步调整，陕南地区粮食播种面积仍将呈下降趋势。本书参考汉中、安康、商洛三市"十二五"社会经济发展规划纲要，确定各市粮食播种面积变化趋势，并以此作为各市所辖区县粮食播种面积变化的衡量依据。结果表明，2015年汉中、安康、商洛三市粮食播种面积较2010年分别下降了4.4%、7.2%和3.8%。以此为基础，计算各区县2015～2020年粮食播种面积。

2. 单位面积粮食产量情景设定

随着水稻、小麦等粮食种植技术的进步以及肥料投入增加，陕南地区单位面积粮食产量仍有上升空间。参考陕西省粮食产量变动趋势①，对陕南单位面积粮食产量进行如下设定：①2015年较2010年增长12.5%；②2020年较2015年增长10%。

3. 人均粮食消费量情景设定

梅方权等学者研究发现，[15-16]人均粮食消费量达到400千克/年，可基

---

① 笔者计算，1978～2010年，陕西省粮食单位面积产量（千克/平方公顷），年均增速为3.3%；1978～1998年和1999～2010年，粮食单位面积产量年均增速分别为4.1%和3.4%；2005～2010年粮食单位面积产量年均增速降至2.3%。

本满足我国人口的热量和营养需求。本书以 400 千克/年人均粮食消费量作为实现小康生活的标准。陕南地区受耕地资源数量、质量以及人口规模的限制，人均粮食消费量相对较低，目前陕南地区人均粮食消费量仅为温饱水平（300 千克/年）或接近温饱水平。为此，对陕南地区人均粮食消费量进行如下设定：①2015 年，陕南全区人均粮食消费量达到 350 千克/年；②2020年，陕南全区人均粮食年消费量实现小康水平，人均粮食消费量达到 400 千克/年。

4. 粮食调入情景设定

粮食调入一方面有利于提升区域粮食消费安全度，另一方面亦有利于减轻区域粮食生产压力、提升区域人口容量、扩展区域经济发展空间。但粮食调入亦非越多越好。国内众多学者从支付能力、粮食安全等方面进行了研究，[17-18]认为 6%~10% 的粮食对外依存度是粮食调入的最适区间。陕南秦巴山区是我国典型的连片贫困区域，泥石流、滑坡等灾害频发，粮食亩产量较低，经济发展较为落后，其粮食对外依存度不宜过高。其中，汉台区、汉滨区、商州区分别为汉中市、安康市、商洛市政府所在地，经济发展基础相对较好，人口吸纳能力较强，相较于地区县而言，其粮食对外依存度可适度提高。本书以西安市粮食对外依存度为基础，配置汉台区、汉滨区、商州区2015~2020 年粮食对外依存度。对陕南各区县粮食调入进行如下设定：①2015 年，陕南各区县粮食对外依存度为 8%；汉台区、汉滨区、商州区粮食对外依存度为 40%；②2020 年，陕南各区县粮食对外依存度为 10%；汉台区、汉滨区、商州区粮食对外依存度为 50%。

二　人口规模预测

人口规模预测是承载力状态分析的基础工作之一。在短期人口规模预测中，灰色预测模型具有较高的精确度。[19]本书运用灰色预测模型对陕南各区县 2015~2020 年人口规模进行预测。预测过程如下。

假设存在数列 X_t^0，对 X_t^0 进行一次累加，得到 X_t^1，则预测期人口 P_f 为：

$$P = \hat{x}_t^1 - \hat{x}_{t-1}^1 (t = 1, 2, \cdots, n) \tag{4-9}$$

其中：

$$\hat{X}_t^1 = \left(X_1^0 - \frac{u}{a} \right) e^{-a(t-1)} + \frac{u}{a} (t = 1,2,\cdots,n)$$

其中 $\hat{X}_t^1$ 为累加序列拟合值，a，u 为待定系数，可由最小二乘法求得：

$$\hat{a} = \begin{bmatrix} a \\ u \end{bmatrix}^T = [B^T B]^{-1} B^T y_n$$

其中 B、y_n 分别为：

$$B = \begin{bmatrix} -\frac{1}{2}[x_1^1 + x_2^1] & 1 \\ -\frac{1}{2}[x_2^1 + x_3^1] & 1 \\ -\frac{1}{2}[x_3^1 + x_4^1] & 1 \\ -\frac{1}{2}[x_{t-1}^1 + x_t^1] & 1 \end{bmatrix}$$

$$y_n = [X_2^0, X_3^0, X_4^0, \cdots, X_N^0]^T$$

灰色预测模型建好后，需进行关联度和精确度检验，及关联度（ξ）、后验差（c）以及小误差概率（p）的检验。当 $\xi > 0.6$ 时，认为模型有较好的关联度。当 $p > 0.95$ 且 $c < 0.35$ 时，模型精确度最好，预测效果亦最好；当 $p \leqslant 0.7$ 且 $c \geqslant 0.65$ 时，模型精确度差，不能用于预测。

三 陕南各区县 2015～2020 年人口容量分析

2015 年，陕南各区县人口盈余/赤字规模位于 -6.25 万～9.81 万人之间，整体处于一般超载至轻微盈余状态（见图 4-3），且各区县差异较大。丹凤县、宁陕县、山阳县等 12 个区县均处于人口超载状态，其人口赤字规模位于 0.24 万～6.25 万人之间，其人口承载力指数位于 1.05～1.25 之间，属轻微或一般超载。汉台区、汉滨区、商州区由于购入粮食规模的增加，其人口盈余规模分别达到 1.06 万人、9.32 万人和 3.33 万人，人口承载力指数位于 0.92～0.98 之间，属轻微盈余状态。同期，洛南县、洋县由于粮食产量增加以及人口规模的缩小，人口亦呈现盈余状态，人口盈余规模分别达到 9.801 万人和 9.814 万人，人口承载力指数分别为 0.822 和 0.819，亦属轻微盈余状态。柞水县、留坝县、勉县等 12 个区县均处于人口盈余状态，人口盈余规模位于 0.14 万 ~ 4.29 万人之间，其人口承载力指数位于 0.67 ~ 0.98 之间，属轻微或一般盈余状态。

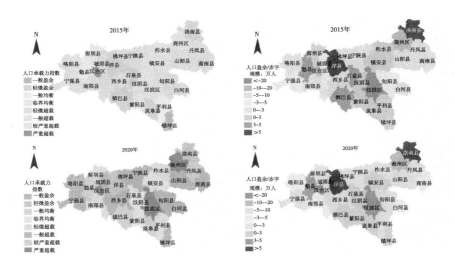

图 4 - 3　陕南各区县 2015 年和 2020 年人口盈余/赤字规模

2020 年，陕南各区县人口盈余/赤字规模位于 - 9.34 万 ~ 9.73 万人之间，人口盈余规模缩小，人口赤字规模扩大，人口承载压力上升。其中，城固县人口赤字规模达到 9.34 万人，人口承载力指数为 1.19，属一般超载状态。山阳县、西乡县人口赤字规模分别上升至 8.39 万人和 7.93 万人，人口承载力指数亦分别升至 1.21 和 1.22，均属一般超载状态。丹凤县、柞水县、白河县、旬阳县等 12 个区县人口均呈现超载状态，人口赤字规模位于 0.03 万 ~ 7.90 万人之间，人口承载力指数位于 1.01 ~ 1.33 之间，整体属轻微或一般超载状态。汉台区、汉滨区、商州区由于粮食购入增加，其人口盈余规模较 2015 年略有上升，但仍属轻微盈余状态。洛南县、洋县人口承载力指数分别为 0.890 和 0.894，属轻微盈余状态，但其人口盈余规模则分别降至 5.61 万人和 5.28 万人，人口盈余规模缩小。镇安县、勉县、石泉县等9个区县人口呈现盈余状态，其人口盈余规模位于0.02万~3.92万人之间，亦呈缩小趋势，人口承载力指数位于0.91~1.00之间，属一般均衡或临界均衡状态。

2015~2020年，陕南各县人口盈余规模整体缩小，人口赤字规模扩大，人口承载力指数呈上升趋势，表明陕南地区及各区县人口盈余空间整体缩小，人口承载压力上升。

第四节　陕南各区县人口迁移区划

在陕南各区县人口承载力指数和人口盈余/赤字规模分析基础上，将陕南各区县人口分布状态分为Ⅰ迁出区、Ⅱ迁出区、Ⅲ稳定区、Ⅰ迁入区和Ⅱ迁入区五种类型。其中，Ⅰ迁出区是指粮食生产供给压力大，且人口承载力指数高、人口赤字规模大的区县，包括丹凤县、西乡县和山阳县，主要以人口迁出为主；Ⅱ迁出区是指粮食生产供给压力相对较大，且人口承载力指数相对较高、人口赤字规模较大的区县，包括宁强县、旬阳县和城固县，这一类区县可适当迁出部分人口；Ⅲ稳定区是指粮食生产供给与消费处于均衡或接近均衡的状态，且人口盈余/赤字规模接近零的区县，包括略阳县、南郑县、宁陕县和柞水县等9个区县，这一类区县以人口稳定发展为主；Ⅰ迁入区是指粮食生产供给压力小，且人口承载力指数最低、人口盈余规模最大的区县，包括汉滨区、商州区、汉台区、洋县、洛南县和镇坪县，这一类区县人口发展空间大，主要以迁入为主；Ⅱ迁入区是指粮食生产供给压力相对较小，且人口承载力指数相对较低、人口盈余规模相对较大的区县，有勉县、镇巴县和紫阳县等7个区县，这一类区县可适度迁入部分人口。

在坚持就近迁移等原则基础上，确定Ⅰ迁出区、Ⅱ迁出区的人口迁移方向。丹凤县可选择洛南县、商州区作为其人口潜在迁移区县；山阳县、旬阳县可选择镇安县、商州区作为其人口潜在迁移区县；西乡县可选择石泉县、汉阴县、镇巴县、洋县和紫阳县作为其人口潜在迁移区县；城固县可选择洋县、汉台区作为其人口潜在迁移区县；宁强县可选择勉县作为其人口潜在迁移区县。

陕南2015~2020年人口迁移区划见图4-4。

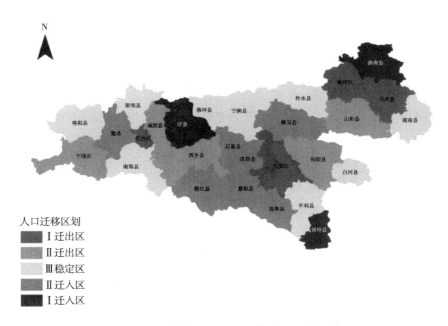

图4-4 陕南2015~2020年人口迁移区划

第五节 结论与政策建议

一 结论

（1）1990~2010年，陕南粮食总产量、人均粮食产量均呈波动下降趋势，且人均粮食产量的下降趋势较粮食总产量的下降趋势更为显著。1990~2010年，陕南粮食总产量、人均粮食产量均以4~6年为周期呈波动下降趋势。同时，陕南人均粮食产量的拟合曲线显著性为 0.502，高于粮食总产量的曲线拟合值 0.405，表明陕南人均粮食产量的下降趋势较粮食总产量的下降趋势更为显著。

（2）温饱状态下，陕南各区县 2007~2010 年人口容量相对较大，粮食消费压力相对较小。其中，除汉滨区、汉台区、商州区、丹凤县虚拟人口容量较大，其他 24 个区县虚拟人口容量较小或无虚拟人口容量，人口外部依赖性小。小康状态下，陕南各区县 2007~2010 年人口容量相对较小，仅镇坪县人口出现小规模盈余，其他区县均出现人口赤字，人口承载压力较大。

（3）2015~2020 年，陕南各区县整体人口盈余规模缩小，人口赤字规模扩大，人口承载力指数呈上升趋势，人口承载压力上升。2015 年，陕南各区县人口容量整体处于一般超载至轻微盈余状态。2020 年，陕南各区县人口容量整体处于轻微超载至严重超载状态。其中，汉滨区、镇安县、勉县等 12 个区县人口呈现盈余状态，其人口盈余规模为 0.02 万~9.73 万人；丹凤县、山阳县和西乡县等 16 个区县人口呈现超载状态，城固县、山阳县和丹凤县人口赤字规模分别达到 9.34 万人、8.39 万人和 7.90 万人，超载程度较为严重。

（4）2015~2020 年，陕南 28 个区县人口分布状态分为 I 迁出区、II 迁出区、III 稳定区、I 迁入区和 II 迁入区五种类型。丹凤县、西乡县和山阳县属 I 迁出区，主要以人口迁出为主；宁强县、旬阳县和城固县属 II 迁出区，可适度迁出人口；略阳县、南郑县、宁陕县等 9 个区县属 III 稳定区，以人口稳定发展为主；汉滨区、商州区等 6 个区县属 I 迁入区，以人口迁入为主；勉县、镇巴县和紫阳县等 7 个区县属 II 迁入区，以适度迁入人口为主。

二 政策建议

1. 扩大粮食仓储设施建设，提高粮食供给安全性

陕南是我国西部典型山地灾害多发区，耕地数量少、优质耕地资源稀缺，有限的耕地资源受经济发展带来的空间挤压和多发山地灾害的双

重压力，粮食产量波动性很大。这给陕南地区粮食的稳定供给带来较大挑战。扩大粮食仓储设施建设，提高粮食仓储密度和效度，调节丰、贫年粮食流通，缓解灾年粮食生产的波动性，提高粮食供给消费的安全性。

2. 合理规划科学使用，有效保护耕地资源

陕南地区耕地数量少，优质耕地资源稀缺。随着陕南扶贫经济的发展以及农业产业结构的调整，有限的耕地资源受到多重压力，尤其是粮食播种面积呈现持续下降的趋势。为了有效保护耕地资源，提高人口容量，首先要控制工业化对耕地资源的侵占，建立有序、合理的耕地使用规划，减少乃至杜绝耕地资源无序非法使用，稳定耕地资源数量；其次要科学合理使用耕地资源，稳定耕地资源质量，综合有效保护陕南有限的耕地资源。

3. 鼓励外出务工，减轻耕地人口压力

外出务工一方面可减少陕南各区县常住人口规模，在事实上减轻陕南耕地的人口压力；另一方面可以扩大农民收入渠道，减轻人口对耕地资源的依赖度，稳定提升粮食播种面积和粮食消费安全性。

4. 建立高效粮食流通体系，提升虚拟人口容量

受耕地等资源的限制，一定时期内陕南各区县现实人口容量上升空间有限。而粮食资源的流通可在一定程度上快速弥补现实人口容量的不足，在短期内通过提高虚拟人口容量进而实现提升整个区域人口容量的目的。高效粮食流通体系的建立，既要立足省内，又要放眼全国；既要方便粮食的省内流通，又要方便省外粮食的流入，为缓解陕南耕地压力，提升陕南人口容量提供保障。

5. 全局协调，促进人口空间合理分布

陕南整体人口承载力压力较大，且区县间的差异较大。城固县、山阳县、丹凤县严重超载，人口压力大。而汉滨区、商州区、洋县等区县人口盈余规模较大，人口压力小，这为人口空间合理再分布提供了可能。但由于涉及跨县迁移等问题，陕西省必须从整体出发、全局协调，依据人口迁移功能区划，并按就近原则，制定合理的人口空间再分布规划，提高人口空间分布的合理性。

参考文献

［1］Brown L. R. Who Will Feed China? Wake – up Call For a Small Planet . New York：Norton. 1995：9 – 10.

［2］陈锡康、郭菊娥：《中国粮食生产发展预测及其保证程度分析》，《自然资源学报》1996 年第 11 （3）期，第 197～202 页。

［3］谢俊奇、蔡玉梅、郑振源等：《基于改进的农业生态区法的中国耕地粮食生产潜力评价》，《中国土地科学》2004 年第 18 （4）期，第 31～37 页。

［4］封志明：《土地承载力研究的过去、现在与未来》，《中国土地科学》1994 年第 8 （3）期，第 1～9 页。

［5］彭立、刘邵权、刘淑珍等：《汶川地震重灾区 10 县资源环境承载力研究》，《四川大学学报》（工程科学版），2009 年第 41 （3）期，第 294～300 页。

［6］Hardin, G. Cultural. Carrying Capacity：A Biological Approach to Human Problems. BioScience. 1986, 36：599 – 606.

［7］Seidl I., Tisdell C. Carrying Capacity Reconsidered：From Malthus Population Theory to Cultural Carrying Capacity. Ecological Economics. 1999, 31：395 – 408.

［8］Wackernagel M., Rees W. E. Perceptual and Structural Barriers to Investing in Natural Capital：Economics from an Ecological Footprint Perspective. Ecological Economics. 1997, 20：3 – 24.

［9］彭希哲、刘宇辉：《生态足迹与区域生态适度人口》，《市场与人口分析》2004 年第 10 （4）期，第 9～15 页。

［10］陈勇、茆长宝、程琳：《基于地区生态足迹差异的生态适度人口研究》，《生态环境学报》2009 年第 18 （2）期，第 560～566 页。

［11］高晓璐、陈田、樊杰：《汶川地震灾后重建地区的人口容量分析》，《地理学报》2010 年第 65 （2）期，第 164～176 页。

［12］刘红梅、王克强、石芳：《中国粮食虚拟土地资源进口的实证分析》，《中国农村经济》2007 年第 11 期，第 26～33 页。

［13］封志明：《中国未来人口发展的粮食安全与耕地保障》《人口研究》2007 年第 31 （2）期，第 15～29 页。

［14］封志明、杨艳昭、张晶：《中国基于人粮关系的土地资源承载力研究》，《自然资源学报》2008 年第 23 （5）期，第 865～875 页。

［15］梅方权：《21 世纪前期中国粮食发展分析》，《中国软科学》1995 年第 11 期，第 99 ~ 101 页。

［16］卢良恕、刘志澄：《中国中长期食物发展战略》，农业出版社，1993。

［17］刘晓梅：《我国粮食安全战略与粮食进口规模》，《宏观经济研究》2004 年第 9 期，第 16 ~ 18、41 页。

［18］傅龙波、钟甫宁、徐志刚：《中国粮食进口的依赖性及其对粮食安全的影响》，《管理世界》2001 年第 3 期，第 135 ~ 140 页。

［19］茆长宝、程琳：《两种人口预测模型精确度比较》，《南京人口管理干部学院学报》2009 年第 1 期，第 29 ~ 32 页。

第五章
西部山地灾害多发区农户搬迁
安置影响因素分析
——基于四川省绵竹市三个乡镇的调查研究

本章以灾害风险感知理论作为研究的理论基础,探讨灾害导致的移民搬迁决策和搬迁行为,具体包括我国西部山区受灾农户家庭主要成员的灾害风险感知情况,对搬迁安置这一政策的认知情况、接受程度,及最终所采取的实际搬迁行为。由于个体特征差异,人们对灾害的态度及采取的后续行动存在明显的差异。

第一节 研究区概况

绵竹市位于四川盆地西北部,幅员 1245.3 平方公里。全市辖 19 个镇、2 个乡,2011 年该市总人口为 505962 人,其中女性人口 251784 人,男性人口 254178 人;农业人口 372590 人,占总人口的 73.6%,非农业人口 133372 人,占总人口的 26.4%。绵竹市地貌特征明显:地势西北高,东南低,高差悬殊;西北部为山地,东南部为平原,由西北至东南逐渐倾斜,海拔高度为 504 米至 4405 米;该市境内的绵远河是沱江的正源,河流纵横,支流众多。全市地形大致分为山地、平原两大部分,分别占全市总土地面积的 52.08% 和 47.92%。绵竹市境内地质构造复杂,处于四川东部地台区与西部地槽区的过渡地带，西北部山区属于龙门山断裂带，东南部平坝属于四川中台坳、川西台陷、成都新生代断陷。该市属四川盆地中亚热带湿润气候区，降水充沛。由于特殊的自然环境和地理环境，绵竹市属于自然灾害频发区，2008年汶川地震之前，洪涝、干旱是该市频发的自然灾害。2008年，绵竹市是汶川地震灾害的极重灾区，工业经济支柱（东汽、剑南春、龙蟒集团）遭受重创，全市直接经济损失超过1000亿元，其中汉旺镇、清平乡及天池乡受灾极为严重。

清平乡地处绵竹市西北部，距市区32公里，幅员302平方公里，是绵竹市面积最大的乡镇，辖5个行政村，35个村民小组。2010年，全乡总人口6156人，其中农业人口5436人。2008年，全乡受灾人数6156人，其中死亡278人，经济损失达70.82亿元。灾后，该乡的农房重建户达1800户，接受搬迁安置的农户123户，以本乡内跨村安置为主。2010年，该乡发生了特大山洪泥石流灾害，全乡受灾人口达5888人，其中死亡8人，经济损失达72780万元。灾后，通过统规自建、货币安置、乡内分散自建等几种方式对645户受灾群众进行了安置。

汉旺镇位于绵竹市中北部，幅员78.9平方公里，辖11个行政村、4个社区，辖区内流动人口2.5万人，户籍人口6万人，其中农业人口2.5万人，非农业人口3.5万人。2008年汶川地震后，在江苏省无锡市的援建下，汉旺镇进行受灾群众的集中安置，接收了大部分本市其他乡镇的受灾群众，安置对象主要为因灾失地，不能原址重建的农户（包括来自天池乡、清平乡、金花镇、九龙镇清泉村和遵道镇太平村的村民）。截至2010年安置工作结束，汉旺镇共接收和安置了1049户受灾农户。

孝德镇地处绵竹市南大门，属平原地带，幅员82平方公里，辖16个行政村、4个行政区，全乡总人口6.2万人。2008年，汶川地震后，在江苏省苏州市的对口援建下，孝德镇进行了新镇建设，总规划面积达2.2平方公里，主要包括集中安置区及基础设施的建设，实现了4000多名受灾群众的集中安置。原清平乡湔沟村王家坪小组农户（共58户）搬迁至孝德镇高兴村进行集中安置，成立了王家坪小区，属于本市跨乡安置。该镇原来的射箭台村、大乘村及石墙村三村合并为年画邨（幅员7.5平方公里，村民小组

26 个，总人口 6164 人）。2011 年，年画邨被评为国家 4A 级旅游景区。年画邨为农户集中安置点，规划面积达 110 亩，户均 200 平方米左右，共安置受灾农户 96 户。

第二节 问卷设计和数据搜集方法

一 问卷设计

本研究采用 KAP 方法进行问卷设计和数据收集。作为一种重要的数据搜集方法，KAP 方法早在 20 世纪 70 年代就开始运用于计划生育方面的研究工作。[1] 目前，该方法已成为心理学、健康领域、人口学等领域的重要研究方法，主要考察人们对某一事物（行为、技术、观念等）的认知程度、态度及相应行为（即知 knowledge，信 attitude，行 practice）。其主要特征是注重对具有不同行为特征的对象进行研究，分析什么原因导致不同对象对同一事物具有不同态度和行为，以及这些态度如何影响行为。因此，用 KAP 方法对受灾农户关于自然灾害和避灾搬迁安置的认知、态度及应对行为进行研究，可以清晰地认识导致不同农户具有不同行为模式的主要因素，以及这些因素对搬迁安置行为的影响程度。

根据研究需要及 KAP 方法要求，将调查研究对象分为受灾已搬迁农户和受灾未搬迁农户，并根据调查对象及研究内容设计 KAP 调查问卷。KAP 问卷设计包括四个部分。

①被调查者的基本情况。包括被调查者的人口学特征及其家庭特征，如文化程度、职业、民族等情况。

②对灾害的感知以及对搬迁安置的认知程度。是否能正确认识到灾害发生的可能性，如什么情况下易发生什么样的灾害，如何及时避险，以及对搬迁安置的性质、优点的认识程度。此部分问卷答案需要进行赋值处理。

③对搬迁安置所持的态度。态度并不表明相应的行为一定发生，灾害移民搬迁安置涉及一系列中间障碍因素，比如，有的受灾已搬迁农户并不完全

接受搬迁安置，只是迫于经济或其他的原因而进行搬迁安置。

④对实际已经发生的搬迁安置情况的调查。KAP方法注重对不同行为者的研究。在本研究中，主要分析什么因素导致受灾已搬迁农户和受灾未搬迁农户不同的迁移决策和迁移行为。

二　数据收集方法

课题组先后三次到达调研地点。2011年8月，对调研点受灾农户的安置情况进行了实地走访、观察并拍摄相关图片，从当地政府取得相关统计数据。2011年10月，设计了关于已搬迁农户和未搬迁农户灾后生计状况的调查问卷，并在绵竹市清平乡受灾农户中（包括已搬迁农户和未搬迁农户）展开调查，搜集到关于受灾农户现有生计资本情况的问卷47份。2012年9月，设计了我国西部山区受灾农户搬迁安置情况调查问卷，选择了绵竹市清平乡、汉旺镇及孝德镇三个乡镇作为调研点，对已搬迁农户和未搬迁农户在灾害风险感知方面的差异、对搬迁安置的态度和行为进行了调查，共收集已搬迁农户有效问卷126份。由于未搬迁农户居住在山区，分布分散，因此搜集的未搬迁农户有效问卷仅有18份。

基于KAP方法的受灾农户搬迁安置问卷，以农户（已搬迁和未搬迁）为调查单位，主要调查内容包括农户家庭的人口情况、灾害风险感知情况、对搬迁安置的态度及具体的搬迁行为。通过与相关政府单位取得联系，对调研点基本情况进行了解并展开预调查，确保问卷设计简洁有效。具体调查安排如下：在市政府及相关部门收集相关资料，然后走访镇（乡）政府和村委会相关领导，了解农户搬迁安置整体情况。采取入户调查方式对农户家庭主要成员的灾害风险感知情况、对搬迁安置所持的态度及具体采取的搬迁安置行为进行调查和记录，以确保数据的完整性、真实性和可溯性；用SPSS统计软件进行数据的录入和分析，数据录入分为主表录入和附表录入，主表是以家庭为数据输入单位，以户主作为家庭成员代表，附表是以调查涉及的家庭个体成员为数据输入单位，主要包括基本的人口信息，如性别、年龄和职业等。

此次调研工作全过程（情况了解、预调查、搜集资料、问卷设计、实地调查、数据统计、数据分析）大致耗时两年，搜集的资料包括官员录音、图片资料、统计年鉴、乡镇农村基层统计套表以及问卷数据。由于灾害发生已久，未搬迁农户居住分散，此次调研工作搜集的未搬迁数据仅有 18 份，但通过深入的个案访问，我们获得了关于未搬迁农户更为全面的信息，对未搬迁农户的情况有了比较完整的了解。

调研数据搜集情况见表 5 – 1。

表 5 – 1 调研数据搜集情况

调研点	问卷数量（份）		涉及人口数（人）	主要自然灾害	调研涉及村落	安置方式
	已搬迁农户	未搬迁农户				
清平乡	44	8	193	地震、泥石流	湔沟村、棋盘村、盐井村、院通村、圆包村	乡内跨村安置
汉旺镇	48	0	143	地震	青龙村	乡内跨村安置
孝德镇	34	10	162	地震	高兴村、年画邨	跨乡安置、乡内跨村安置
合　计	126	18	498			

第三节　受灾农户灾害风险感知分析

一　灾害风险感知的主要内容

灾害风险感知包括两个维度，一个是影响个体灾害认识的因素，主要有灾害经历、受教育程度以及灾害知识的传播；另一个是基于以上因素所形成的个体对地方危险性、自身暴露性的认识以及对灾害的预期。[2-5]由于对灾害认识上的差异，不同个体对灾害会有不同的看法和观点，并最终形成有差别的个体灾害风险感知。根据研究需要及研究假设，本书建立以下灾害风险感知体系（见图 5 – 1）。

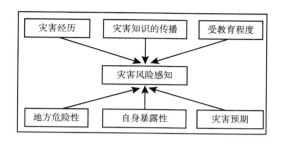

图 5 - 1　农户灾害风险感知体系

受灾农户的灾害风险感知包括家庭主要成员对灾害发生原因和防灾避灾知识的知晓程度、对灾害的预期以及通过何种方式了解防灾避灾知识。由于灾害风险感知的考察对象是个体，在实际问卷调查中，被调查者被限定为家中中年男性（多为户主）或其妻子，他们对各种信息的了解程度要强于家庭中的其他成员。他们的观点和对灾害的认知能有效地影响家庭中其他成员的态度，从而对家庭中的重要决策起主导作用。因此，农户家庭中主要成员（主要指户主）对灾害的感知能在很大程度上代表整个农户家庭对灾害的感知。

二　受灾农户的灾害经历

灾害经历主要是指被调查者是否经历过自然灾害。对受灾农户灾害经历的考察主要包括经历过什么灾害以及距今的时间距离，若距今时间较近则可以认为该个体对灾害更敏感。

自 2008 年以来，绵竹市发生的自然灾害主要有地震和泥石流灾害。就三个调研点而言，孝德镇和汉旺镇发生的自然灾害主要是地震，清平乡发生的自然灾害除了地震，还有泥石流灾害。调查发现，2008 年汶川地震之前，当地村民几乎没有经历过任何较大型自然灾害。问卷中，主要用"以前是否经历过这样的灾害"和"如果经历过，发生时间距今有多少年"两个问题考察受灾群体的灾害经历。根据调查数据，有 84.1% 的已搬迁农户及94.4% 的未搬迁农户对前一个问题的回答是"没有经历过"，因此，可以判断调研地区的绝大多数受灾农户没有经历过大型的自然灾害，已搬迁农户和未搬迁农户在这方面的差别不大。

三 农村人口受教育程度

文化程度是影响人们对灾害认识的重要因素，文化程度较高的人能更加正确地认识周围的环境，对新信息有着更强的知晓度。需指出的是，文化程度高并不意味着个体对灾害更敏感，文化程度高的人能更加正确地认识关于灾害的某些常识，如灾害发生的原因、正确的避灾方法等，容易接受多方面的而不是单一的信息，能够辩证地看待、评估风险事件以及做出适当的反应。对文化程度的考察以个体为单位，在搜集的 144 份问卷中，共涉及农户家庭成员 498 人，其中已搬迁人口 432 人，未搬迁人口 66 人。被调查者的受教育水平的数据统计结果见表 5－2。

表 5－2　被调查者的受教育水平

单位：人，%

类别	未受教育		文盲		小学		初中		高中及以上	
	人数	占比	人数	占比	人数	占比	人数	占比	人数	占比
已搬迁人口	17	3.9	94	21.8	102	23.6	139	32.2	80	18.5
未搬迁人口	1	1.5	15	22.7	19	28.8	22	33.3	9	13.6
合　计	18	3.6	109	21.9	121	24.3	161	32.3	89	17.9

调研点地处我国西部山区，经济并不发达。就总体情况而言，该地区人口平均文化程度以小学和初中为主，分别占 24.3% 和 32.3%；文盲率比较高（21.9%）；高中及以上文化程度的人口占总调查人数的 17.9%。其中"未受教育"表示没有达到受教育年龄。在调查样本中，有 3.9% 的已搬迁人口以及 1.5% 的未搬迁人口未达到受教育年龄；"文盲"是指没有接受过正规教育，未搬迁人口的文盲率（22.7%）略高于已搬迁人口（21.8%）；未搬迁人口中有 28.8% 具有小学文化水平，33.3% 具有初中文化水平，分别高出已搬迁人口 5.2 个百分点和 1.1 个百分点；但是具有高中文化的已搬迁人口多于未搬迁人口，在已搬迁人口中共有 80 人拥有高中文化，未搬迁人口相应的数字仅为 9 人，前者高出后者近 5 个百分点。

总体而言，已搬迁人口和未搬迁人口在受教育水平上总体相当，虽存在一定差异，但这种差异并不明显。因此，无法判断受教育水平会影响人们对灾害的认识。

四　灾害知识的传播

灾害知识的传播主要包括两个方面：从主观角度出发，考察农户家庭（以户主作为代表）如何主动地获取关于灾害的信息和知识；从客观角度出发，考察客观环境（本书中是指政府）为农户家庭成员获取灾害信息和知识提供了哪些便利。问卷中，设计了四个关于灾害知识传播的问题。

统计结果为：对于问题"灾害发生后，政府是否组织过相关的防灾避灾宣传活动？"有27.8%的未搬迁农户户主和13.5%的已搬迁农户户主表示政府并未组织过防灾避灾的宣传活动；对于"如果有，你或者你家人是否参加过这样的学习活动？"未搬迁农户和已搬迁农户中参加过政府宣传活动学习的农户比例分别为52.4%和44.4%，共74个户主表示自己或者家人参加过这样的学习；"如果参加过，觉得收获大吗？"主要考察户主参加防灾避灾宣传学习活动后的收获，统计结果见表5－3。

表5－3　农户户主参加防灾避灾宣传学习的收获

单位：人，%

选项	人数	占比	累计占比
没有组织过或未参加学习	64	44.4	44.4
没有学到什么东西	25	17.4	61.8
有一些收获	47	32.6	94.4
收获很大	8	5.6	100.0
合　计	144	100.0	

44.4%的受调查农户表示政府没有组织过或者自己没有参加过相关的学习；在参加了学习的农户中，有17.4%的农户觉得学习之后没有什么收获，32.6%的农户觉得参加后学到一些知识，仅有5.6%的农户认为参加防灾减灾知识学习后收获很大。对于问题"你了解防灾减灾知识的主要途径是？"问卷设计了"听别人说的""孩子在外工作见识多听他说的""电视广播"

"政府宣传"四种途径，结果显示，受调查者家庭主要通过政府宣传以及电视广播两种方式了解防灾减灾的知识，具体为：已搬迁农户主要是通过政府宣传（38.1%）和电视广播（34.1%）了解防灾减灾知识，未搬迁农户也主要是通过政府宣传（61.1%）和电视广播（22.2%）获得防灾避灾知识。

笔者了解到，自2008年汶川地震发生以来，所有灾区地方政府都组织过关于防灾避灾知识的宣传学习活动，方式主要包括小型讲座、派送宣传单等，但我们的调查结果表明，这些宣传活动在民众中的影响小，以至于有受调查者认为政府根本没有组织过相关的宣传活动。此外，已搬迁农户和未搬迁农户获取灾害信息和知识的途径没有显著差异（都是政府宣传和电视广播）。

五 农户对地方危险性和自身暴露性的认识

对地方危险性和自身暴露性的认识是影响个体灾害预期的直接因素。由于灾害经历和受教育水平不同，受灾农户对所处区域的地方危险性和自身暴露性的认识存在差异。为了更好地说明已搬迁农户和未搬迁农户对地方危险性和自身暴露性认识上的差异，本书用"现住地周边是否存在安全威胁"、"是否有相应的应灾措施"以及"是否担心灾害发生"三个问题来考察农户对地方危险性和自身暴露性的认识。

关于现住地周边是否安全，已搬迁农户和未搬迁农户存在很大差异。84.9%的已搬迁农户户主认为自己家目前居住的地方很安全，不可能发生灾害，72.2%的未搬迁农户户主认为自己家现住地周边存在着灾害威胁，并且主要担心地震和泥石流两种灾害威胁，两者存在很大的反差。38.9%的未搬迁农户户主回答"没有任何避灾的措施"，认为由于所住区域很危险，即使采取防范措施也是无济于事的。针对"是否担心灾害发生"，我们设计了"不担心""有一点担心""很担心"三个答案。在回答"很担心"的农户户主中，未搬迁农户高达72.2%，其中不少农户表示"吹点大风、下点大雨，晚上都睡不着觉"。

总的来说，大多数未搬迁农户认为自己居住的地方并不安全，且没有任何防灾措施，与此不同的是，绝大多数已搬迁农户认为自己目前居住的地方比较安全，不担心灾害的发生。由此可见，由于现有居住条件的差异，已搬迁农户和未搬迁农户对地方危险性和自身暴露性的认识存在很大差异。

六　对灾害预期的分析

灾害预期是指个体对即将发生的灾害的一种预估，主要包括感觉什么时候会再次发生灾害、发生什么灾害等。调查问卷设计了三个问题："现在是否担心会有自然灾害发生？""觉得最有可能发生的自然灾害是什么？""觉得这样的灾害多久之后会发生？"统计结果如下：首先，72.2% 的未搬迁农户认为现住地周边存在着灾害威胁，并认为最可能发生的自然灾害是地震（25%）和泥石流（22.9%），仅有 20.6% 的已搬迁农户表示目前"很担心"灾害的再次发生；其次，关于灾害可能发生的时间，44.4% 的未搬迁农户认为灾害在最近三年之内还会发生，仅 8.7% 的已搬迁农户户主认为最近几年会再次发生大型的自然灾害。

从以上分析可知，灾害经历、受教育程度、灾害知识的传播是影响受灾农户对灾害认识的主要因素。灾害认识的对象有地方危险性、自身暴露性及灾害预期，并最终形成灾害风险感知。根据调研观察及数据可知，2008 年汶川地震以前，未搬迁农户和已搬迁农户都未经历过大型的自然灾害，也缺乏相关的防灾避灾经验，灾害经历相同；在受教育程度方面，两者的总体情况相当，主要以小学和初中文化程度为主，文盲率较高；在灾害知识的传播方面，从客观上来看，两者都接受了同样的政府防灾避灾宣传，但是两者对政府宣传教育工作的评价存在较大的差异，主要原因是多数未搬迁农户认为政府没有进行相关宣传工作或者自己从宣传工作中收获少，相反地，已搬迁农户给出的回答多是正面的；在对地方危险性和自身暴露性的认识上，已搬迁农户和未搬迁农户差异较大，主要原因是已搬迁农户现居住在集中安置区，周围环境安全，房屋抗灾性强，对灾害的担忧较少，而未搬迁农户仍居住在灾害危险区域，加之房屋未得翻修，故非常担心灾害的发生。总的来看，未搬迁农户对灾害的敏感程度要强于已搬迁农户，并且这种差异主要是由灾害发生后二者所处环境不同所致。

第四节　受灾农户不搬迁的原因分析

我国西部山区自然灾害多发，将居住在危险地带的居民搬迁到安全地带居住是我国西部山区防灾避灾的有效方法。汶川地震灾害后，我国西部山区进行了大规模的受灾群众搬迁安置工作，搬迁安置工作多采取"政府扶持，农户自愿，自力更生"的原则。根据我们的调查，目前仍有一部分受灾群众居住在应当搬迁而未搬迁的区域。在我们的实地调研中，未搬迁农户主要来自孝德镇的原大乘村（现年画邨）和清平乡的盐井村。这些未搬迁受灾农户之所以未搬迁，除了对灾害的感知和认识等原因外，最主要的原因在于家庭经济状况较差，无法承担搬迁费用。汶川地震灾害发生后，绵竹市政府对搬迁安置区的房屋进行了统一规划设计（单套面积在 70 平方米至 150 平方米不等）。按照规定，所建房屋按成本价出售给受灾农户。农户购房时可以享受政府安置补贴，但补贴之外的资金需要农户补足差价。通过调查，我们发现，不少贫困农户无力支付安置房差价而未能搬迁，据此，我们认为经济因素是造成受灾农户做出不搬迁决策最主要的因素。在农户可持续生计理论中，缺乏资金可划归为金融资本范畴，下面就未搬迁农户的金融资本存量进行讨论。

一　未搬迁农户家庭经济特征

灾害发生后，受灾农户获得的资金帮助主要来自中央政府拨款、地方政府扶持、红十字会资助以及对口援建四个渠道。就整体情况来看，受灾农户享受的按人口计算的灾后补助标准一样，所以人口比较多的农户家庭一般能够获得较多的资金补助。政策扶持贷款额度以家庭为单位，一般每个家庭都能获得 3 万元左右的低息贷款。此外，清平乡、汉旺镇、孝德镇分别由江苏省江阴市、无锡市、苏州市援建，援建市不同，在援建政策上也会有一些差别。根据调查，农户购买安置房的资金主要来自安置补助、银行贷款、自有存款及借款四个渠道。

首先，安置补助。由于发生过两次大型的自然灾害，并且损失严重，因此清平乡在安置补贴上有着比较特殊的政策。2008 年汶川地震灾害后，清平乡对受灾房屋采取了加固和重建两种补救方式。2010 年特大山洪泥石流之后，清平乡对之前（指 2008 年汶川地震后）房屋重建的农户家庭给予 3 万元/人的补助，对房屋加固的农户家庭给予 2.4 万元/人的补助。汉旺镇在 2008 年汶川地震灾害后，对每个受灾户按 2.9 万元/户的标准进行补助（其中有 3000 元由援建市发放）。孝德镇在 2008 年汶川地震灾害后，对每个受灾户按 2.6 万元/户的标准进行补助。安置房的成本价在各乡镇中存在一定差异，清平乡为 960 元/平方米，汉旺镇和孝德镇为 860 元/平方米。安置房单套面积在 70 平方米至 150 平方米不等，其中以 120 平方米居多。三个调研点的安置补助金不发放至农户手中，而直接用于抵扣购房金。因此，只有接受搬迁安置才能享受安置补助，未搬迁农户在重新决定搬迁后也可以享受安置补助金。

其次，银行贷款。政府扶持银行贷款必须以家庭为单位，且要求贷款家庭的贷款人年龄在 45 周岁以下，贷款额度最高为 3 万元，贷款期满 3 年后开始征收利息。根据调研观察，除个别老年人家庭，所有受灾农户基本都能获得政府扶持贷款。因此在这方面，已搬迁农户和未搬迁农户没有太大差别。

再次，自有存款。自有存款是指农户自身拥有的可以用于支配的资金，是农户家庭经济实力的重要体现。这笔资金能帮助农户应对自然灾害等突发事件，对农户有着重要意义。但是，存款的多少由家庭的收入和支出决定。由于不同农户家庭的劳动力数量及就业情况不同，农户之间的收入情况也因此存在较大差异。在问卷中，对未搬迁农户自有存款的考察主要设计了问题"你家不采取搬迁措施的原因是什么"。在未搬迁农户中，有 15 位户主表示"想搬但没钱搬，买新的安置房需要花太多钱"，他们没有钱来支付安置房的差价。我们所调查的 18 户未搬迁农户的人口共计 66 人。灾害发生前，仅有 25 人有正规工资收入，这 25 人中 20 人打工、2 人是个体户、3 人是其他（如自己做小生意），另外的 41 人中，有 25 人在家做家务、照顾田地庄稼，其余多为无劳动能力的小孩和老人。

调研点地形以山区为主，农业生产难以形成规模，家庭农业生产只能满足自家人口的基本生活需要，不能作为创收来源。因此，灾害发生前，未搬迁农户经济收入有限，家庭日常生活支出、子女教育、赡养老人等开支巨大，家庭负担沉重，故没有足够的存款用于购买安置房。在调查的126个已搬迁农户中，有51位受访户主告诉我们，他们有存款，未从亲戚处借钱。这说明，在已搬迁农户中，家庭自有存款的农户比例远远高于未搬迁农户。当面临同样自然灾害时，已搬迁农户比未搬迁农户更易于做出搬迁决策。

最后，借款。除了安置补助、贷款和自有存款外，借款是受灾农户购买安置房资金的重要组成部分，也是农户家庭经济实力的重要体现。在搜集的18份未搬迁农户问卷中，有14位户主表示自己家无法从亲戚处借到钱，理由多是"亲戚也没钱""亲戚也受灾了"等。与此形成对比的是，在126户已搬迁农户中，有75户表示是从亲戚处借款筹集资金，有的农户借款甚至高达5万元。调查显示，未搬迁农户和已搬迁农户在自有存款和借款方面存在较大差异，这一差异也是导致二者做出不同搬迁决策的主要原因。

总之，未搬迁农户和已搬迁农户在安置补助以及银行贷款方面差异较小，二者在经济实力上的差异主要体现在自有存款和借款两个方面，并且这种差距是导致面对同样灾害事件而出现已搬迁农户和未搬迁农户两个群体的主要原因。

二 未搬迁农户对搬迁安置的态度

在所搜集的18份未搬迁农户问卷中，我们对未搬迁农户对搬迁安置的态度做了详细的调查。调查内容主要包括：灾害损失是否可以避免；搬迁对避灾是否有作用；如果有用，其作用具体是什么；搬迁安置好的原因是什么。运用SPSS软件对数据进行分析得到的统计结果见表5-4至表5-8。

从未搬迁农户对搬迁安置所持态度可以看出，有15位未搬迁农户户主表示自家目前居住的地方不安全，占未搬迁农户总数的83.3%；有10人认为采取有效措施可以避免灾害损失，占未搬迁农户总数的55.6%；有15人

表5-4　未搬迁农户对地方危险性的认识

单位：人，%

你认为你家现在住的地方安全吗？			
选项	人数	占比	累计占比
很安全	2	11.1	11.1
一般安全	1	5.6	16.7
不安全	15	83.3	100.0
合　　计	18	100.0	

表5-5　未搬迁农户对自身暴露性的认识

单位：人，%

你认为灾害损失可以避免吗？			
选项	人数	占比	累计占比
不可以避免	8	44.4	44.4
可以避免	10	55.6	100.0
合　　计	18	100.0	

表5-6　未搬迁农户对搬迁安置的态度（一）

单位：人，%

你认为搬迁对避免再次受灾是否有作用？			
选项	人数	占比	累计占比
没有作用	3	16.7	16.7
有作用	15	83.3	100.0
合　　计	18	100.0	

表5-7　未搬迁农户对搬迁安置的态度（二）

单位：人，%

你认为搬迁安置可以避免再次受灾，是因为什么？			
选项	人数	占比	累计占比
原来的房子、土地全都没有了，搬迁可以换一个新环境	3	16.7	16.7
安置区经专家评估过，是安全的	1	5.6	22.2
原来住的地方很危险，只有搬到新的地方才能避免灾害	12	66.7	88.9
其他	2	11.1	100.0
合　　计	18	100.0	

表 5 - 8　未搬迁农户对搬迁安置的态度（三）

单位：人，%

你之所以认为搬迁安置好是因为什么？			
选项	人数	占比	累计占比
原来住的地方什么都没有了，没有其他地方可去	2	11.1	11.1
是新房子，还有补贴	1	5.6	16.7
安置区更安全，可以安心地生活、工作	15	83.3	100.0
合　计	18	100.0	

认为搬迁可以避免再次受灾，占未搬迁农户总数的 83.3%，原因主要是"原来住的地方很危险，只有搬到新的地方才能避免灾害"（占 66.7%）。总的来说，有 83.3% 的未搬迁农户是因为"安置区更安全，可以安心地生活、工作"而认可搬迁安置的。通过以上的分析，我们可以看出几乎所有未搬迁农户对搬迁安置持肯定的态度。在调查中，我们了解到，所有未搬迁农户都向我们表达了强烈的搬迁意愿，他们希望能在不久的将来搬迁到集中安置区去居住。

在调研点，搬迁安置工作以本乡安置为主，搬迁距离并不远，故不存在农户因为"距离远""舍不得老房子"而不愿意搬迁的情况，像黄仲勇家这种情况的未搬迁农户很多，他们都是因为当时（2009 年）出不起钱来补足安置房的差价就没搬，到目前为止他们也没攒到足够的钱进行搬迁，加之之前规划的安置区已住满，新的安置区迟迟没有规划，所以到现在也没搬走。值得指出的是，几乎所有未搬迁农户都并不将修缮房屋列入计划，主要是因为看着很多以前的邻居都搬走了，能够享受更好的基础设施，所以自己也想搬走，加之所住之地日益成为边缘区域，居住环境远远不如安置区，所以未搬迁农户都将搬迁到安置区作为自己家庭一项非常重要的计划，故而在自己目前的住房上不舍得花一分钱。

根据以上研究可知，我国西部山区受灾未搬迁农户在家庭经济特征上具有如下特点：所有未搬迁农户都表示自己希望搬迁，他们的搬迁意愿非常强烈；家庭负担重，收入有限，存款少甚至没有，难以从亲朋处借到钱。这些特点都使得未搬迁农户在政府进行搬迁安置工作时不能补足新房差价，故不能搬迁。综上，可以推断未搬迁农户之所以存在并不是因为他们不愿意搬走，而是因为他们搬不起。

三　耕地数量对未搬迁农户搬迁行为的影响

我国是一个农业大国，土地对于农民有着非常特殊的意义和重要性。我们认为未搬迁农户家庭土地数量与其之所以做出不搬迁决策有很大的关系，本书着重考察了未搬迁农户家庭的土地数量以及主要作物品种。自20世纪90年代开始，调研点就实施了退耕还林政策，耕地大量减少，汶川地震灾害使原本有限的土地再次缩减，许多农户家庭的耕地损毁严重。就整个调研点来看，几乎没有可以用于种植粮食的土地，仅有的土地主要用于种植供自己家庭消费的蔬菜。

问卷设计了三个问题来考察未搬迁农户家庭的土地情况："是否有可以用于生产的土地""如果有，面积是多少""这些土地主要用于哪方面的生产活动"。在接受调查的18个未搬迁农户的户主中，有9位户主表示自己家现在还有可以耕种的土地，但数量都不多，其余户主均表示由于受灾，所以家里没有土地。未搬迁农户拥有土地量一般较少，但这仍要视调研点具体情况而定，比如清平乡的未搬迁农户一般只有几分地，孝德镇的未搬迁农户一般平均每户有2亩地左右，并且这部分土地主要种植蔬菜和粮食，都用于自己家消费。在清平乡，由于先后两次受灾，耕地数量急剧减少，故多数受灾农户仅有少量土地，甚至没有土地，几乎所有有土地的农户都将土地用于种植蔬菜，这样可以减少自己家庭在日常蔬菜购买上的支出。汉旺镇的集中安置区被纳入城镇建设，在规划时只设计了绿化用地，新安置区没有任何耕地，加之受灾人群是由汉旺镇原来的山地地区搬迁至平坝地区，山地地区的耕地在2008年汶川地震中被全部损毁，因此不存在土地与搬迁关系问题。孝德镇的搬迁距离并不远，许多已搬迁农户可以每天返回原住地的耕地进行耕作，但是他们的种地积极性并不高，种植的粮食和蔬菜主要供自己家庭消费，并不计划出售。未搬迁农户亦是如此，平时就在自家土地上种一些蔬菜粮食，除了满足自家需要外，他们并不认为土地对改变自己目前的生活状况有多大作用。我们认为，若能够搬迁，他们不会眷恋原有的土地。

案例1

调查时间：2012年9月22日

调查地点：绵竹市清平乡YJ村6组

调查对象：未搬迁农户户主刘某某

刘某某，今年60岁，小学文化，妻子今年56岁，儿子33岁，孙子8岁，儿媳在2008年地震中遇难，现在家中共有4口人。2008年地震后，刘某某一家将房屋重建在盐井村（当时经专家评估为安全区），2010年特大山洪泥石流发生之后，刘某某一家并没有搬走，至今一直居住在盐井村。他向我们表示其实他家是很想搬走的，但由于没有钱，所以就没有搬。

问：地震前你们家靠什么收入为生？

答：我在矿里上班，我儿子在电厂打工。

问：那还是很好嘛，收入怎么样？

答：我们矿里一年只能上5个月班，其他时候是"洪水假"（清平乡磷矿开采一年中大概有6个月为停采期），一年一万块都挣不到。我儿子就在这乡头电厂上班，一个月才800块钱。儿媳生了孩子就在家里带孩子。她（指妻子）就种种菜什么的。那时候日子还是好过，比有些家好很多。

问：那还是有钱存嘛，怎么没有搬呢？

答：我以前的老房子是2003年才修的，地震后就没有了（房子损毁），后来我们就搬到这里（盐井村），搬房子和买家具花了很多钱，家里的钱也没有了，后来又遭了泥石流，2011年政府叫我们搬，家里都没钱了，搬过去啥子都没得，啥子都要置（指买家具等），当时我想到这家里还能住，加上也没钱，所以就没有搬，将就住，就是有点危险。

问：那现在家里的人情况怎么样呢？

答：我还是就在矿里上班，儿子也还在电厂，工资一个月有1500元，老婆嘛，就带孙儿，种一下菜什么的。

问：你家的地现在还有多少？

答：全给水打了（被泥石流淹没），现在只有两三分了，还能有好多，就是种点菜，也够了，只要不买菜吃就行，现在这个菜贵得很呀。

问：那没想过从搬走的邻居家弄点地来种呀，多种点毕竟好吧？

答：种地有啥子好，钱都赚不到，种点菜来吃就够了。现在哪个还种地嘛，人些（指其他人）都不想种地，就想出去找活干，那才赚钱呢，而且我们这里净是坡坡，也种不出什么名堂来。

问：其他邻居也是这样的吗？

答：我们这里没多少人还想着种地，主要是种地挣不到钱，现在没有搬的人都是因为缺钱，哪个还有心情去种地哦。一般都是就种点菜来自家吃，种粮食的人少得很。

可见土地对于调研点受灾农户而言并无太大的吸引力。这里的未搬迁农户种地的积极性很低，这种积极性不是取决于土地数量的多少，而是取决于未搬迁农户对土地价值的评估。他们种地只是出于日常生活所需，认为种地对于实现真正的生活目标（如搬到安置区去）、改变自己的生活状况并无多大作用，不看好土地的效益，从而种地的积极性并不高。我们认为，耕地的多少对未搬迁农户在做出搬迁与否决策时所起到的影响并不大，他们在做搬迁决策时更多地考虑自身的经济承受能力，即是否有足够的资金，如果有足够的资金就搬，不会考虑"不搬还可以种地""土地丢了可惜了"等。这样看来，若有搬迁的资金，未搬迁农户不会眷恋自己的土地。

第五节　受灾农户已搬迁原因分析

一　"安全第一"是已搬迁农户选择接受安置的首要动机

在我国西部受灾地区，大多数受灾农户选择接受安置，在政府的统一安排下，离开原来长期居住的地方，住进政府统一规划建设的集中安置区。随着我国山区自然灾害的日益频繁和避灾移民搬迁人数的增多，我们不得不关注这个特殊的群体。已有研究表明，受灾群众在面临灾害时选择搬迁出于多种考虑，如为了避免再次受灾、对搬迁后生活的预期、从众心理等。下面就受灾农户搬迁的原因进行分析。

1. 已搬迁农户搬迁动机的数据搜集情况

由于搬迁农户数量较多且集中安置，对已搬迁农户的调查变得相对比较容易。此次调研搜集的已搬迁农户问卷为 126 份。为更好地对调查数据进行分析，我们假设户主的态度和看法代表全家人态度和看法，实际上，正是由于家中成员态度达成一致，全家才做出最后的搬迁决策。

2. 已搬迁农户对搬迁安置的态度

与前文中对未搬迁农户的考察一致，我们设计了四个问题考察已搬迁农户对搬迁安置的态度，SPSS 统计结果见图 5 – 2 至图 5 – 5。

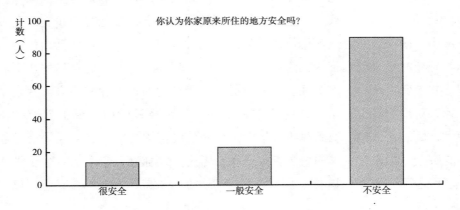

图 5 – 2　已搬迁农户对原住地地方危险性的认识

有 89 位已搬迁农户户主表示他们家原来住的地方并不安全，占总数比例为 70.6%。有 97.6% 的已搬迁农户户主（123 人）表示搬迁对避免再次受灾有作用，主要原因是他们认为安置区很安全，"原来住的地方很危险，只有搬到新的地方才能避免灾害"（72 人，占已搬迁农户户主总数的57.1%）。就对搬迁安置的态度而言，有 97 位户主认可搬迁是因为"安置你认为搬迁对避免再次受灾是否有作用?

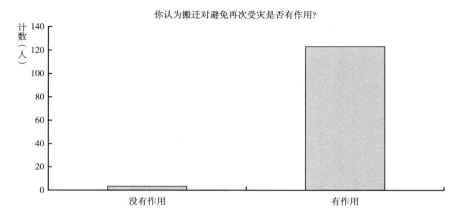

图 5 - 3　已搬迁农户对搬迁安置的态度（一）

如果有,你认为搬迁安置可以避免再次受灾是因为什么?

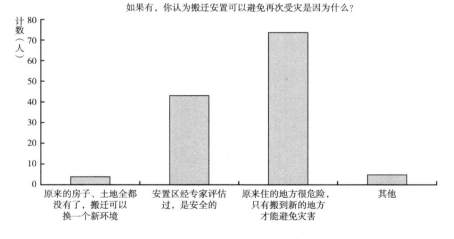

图 5 - 4　已搬迁农户对搬迁安置的态度（二）

区更安全"（占77%），有12位户主认可搬迁是因为"原来的房子没有了，只能搬"（8.7%），有11位户主认可搬迁安置是因为"是新房子，还有补贴"（7.9%），另有1位户主认可搬迁是因为"新地方好挣钱，还方便"（0.7%）。如此看来，出于对安全因素的考虑，大多数受灾农户选择进行搬迁，他们普遍认可搬迁这一措施，一旦经济条件允许，有搬迁的经济实力，他们都会做出搬迁的决策。

你之所以认为搬迁安置好是因为什么？

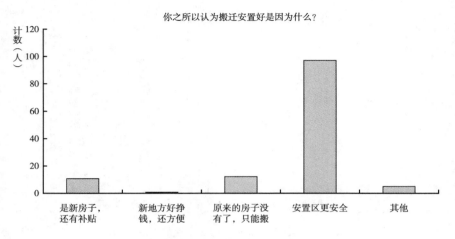

图 5 – 5 已搬迁农户对搬迁安置的态度（三）

3. "安全第一"的考虑对已搬迁农户实际搬迁行为的影响

在问卷中，我们设计了"你之所以接受搬迁安置是因为什么"的问题并提供了"觉得搬迁后生活会比以前好""想离开原来那个伤心的地方""害怕灾害再次发生，想搬到安全一点的地方去"三个答案，SPSS 统计结果见图 5 – 6。

你之所以接受搬迁安置是因为什么？

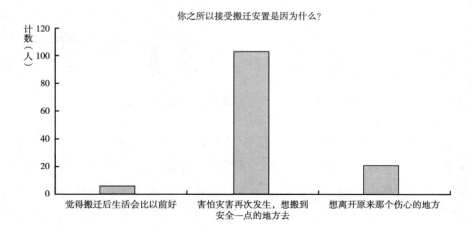

图 5 – 6 已搬迁农户的实际搬迁动机

在农户户主阐述自己家当时选择搬迁的原因中，"害怕灾害再次发生，想搬到安全一点的地方去"是大多数农户户主给出的原因（103 人，占全部已搬迁农户的 81.7%），即他们是出于对安全的考虑而选择搬迁的。

可见主要出于对安全因素的考虑，已搬迁农户对搬迁安置几乎都持肯定态度，他们认为搬迁是防灾避灾的最好方法。在做出实际搬迁决策时，他们考虑的首要因素也是安全因素。受灾农户在面临灾害时，他们首先考虑的是"如何保命"，没有过多考虑搬迁后的生活情况会怎样。不论从数据结果来看，还是根据调查过程中的观察，受灾农户在选择搬迁时考虑的首要因素是安全，他们在考虑搬迁与否时表现出"安全至上"的态度，因此我们可以推断安全因素是促使受灾农户进行搬迁的首要动机。

二　非农就业对搬迁决策的影响

在农村地区，非农就业能帮助从业者家庭获得比其他家庭更多的资源，如信息的通达性、人脉关系以及稳定的收入等，因此非农就业对受灾农户选择搬迁产生着很大影响。为更好进行分析，本书将被调查人口职业分为农业就业者（种地）、非农就业者（教师、医生、护士、村乡镇干部、个体户）、无职业者（非经济活动人口，如学生、丧失劳动能力的人口）三种类型，将所有受调查者分为已搬迁人口和未搬迁人口两种，SPSS 统计结果见表 5 - 9。

表 5 - 9　被调查者的实际搬迁行为

单位：人，%

职业	是否搬迁	人数	在被调查人口中所占比例（%）
农业就业者	是	123	24.7
	否	26	5.2
非农就业者	是	164	32.9
	否	26	5.2
无职业者	是	139	27.9
	否	20	4.0
合计		498	100

在已搬迁人口中，非农就业者最倾向于搬迁，人数为 164 人，占被调查人口的 32.9%，其中的教师、医生有较高知识文化水平，对事情有更客观的认识，并且工作地点的可变性大，搬迁不会对其工作造成太大影响，村、乡镇干部能够最先知悉政府出台的政策方针并且做出判断。无职业者的人数为 139 人，占总数的 27.9%，他们多是学生或不具备劳动能力的小孩和老人，随着家人搬迁而搬迁。农业就业者中选择进行搬迁的人数是 123 人，占被调查人口的 24.7%。

不同职业从业者按倾向于选择搬迁的比例排序为：非农就业者、无职业者、农业就业者。虽然可能存在样本数量不足造成的误差，但被调查人口都是采取了实际搬迁行为的人，加之在农村地区，教师、医生、护士、干部等职业的从业者并不多，所以以上的数据仍然具有说明性。

通过描述统计分析，未搬迁农户和已搬迁农户在就业情况上存在较大差别。在实际的搬迁行为中，与农业就业者相比，非农就业者更多地选择了搬迁，他们普遍具有以下特征：经济实力比农业就业者强，灾害发生后有能力应对灾害并更快地进行生产生活状态的恢复；工作受灾害的影响较农业就业者小，搬迁对其而言只是换一下工作环境，并不会影响收入；知识水平高，见多识广，能够对是否采取某一行动做出有效的判断。因此，已搬迁农户中有更多非农就业者，这些非农就业者更倾向于做出搬迁决策，从而影响其家庭，使得非农就业者搬迁比例高。

第六节　已搬迁农户可持续生计状况

一　已搬迁农户家庭非农就业

在三个调研点中，清平乡的劳动力所从事的非农工作有在本乡磷矿上班、从事当地服务业、在本市打工等，也有少数人在乡政府和当地企业从事管理工作。对调研点的调查显示，非农就业与农户搬迁有很大关系，主要原因表现在两个方面：一是非农劳动使从业者拥有稳定的收入和较为广泛的人脉关系，能够帮助农户积累金融资本和社会资本，有利于农户在做搬迁与否决策时选择搬迁；二是自然灾害会对农户所拥有的自然资本造成损害，如耕地资源的灭失等，会对农业生产造成非常不利的影响。非农劳动受自然灾害的影响较农业劳动少，从而使农户在考虑搬迁时会更少考虑是否失业。因此，本书将对已搬迁农户家庭的非农就业情况进行分析。

调研中，我们获得未搬迁农户家庭调研问卷18份，调研家庭成员共计66人；获得已搬迁农户家庭调研问卷126份，调研家庭成员共计432人。对家庭成员就业情况的调查包括灾前从事的主要职业及相应月收入、灾后从事的主要职业及相应月收入。基于前面的理论假设，我们这里主要分析灾前的就业情况。

未搬迁农户和已搬迁农户的非农就业情况见表5-10。

表5-10　未搬迁农户和已搬迁农户的非农就业情况

单位：人，%

农户类型	就业类型	具体职业	人数	合计	占比
未搬迁	农业就业	种地	25	25	37.9
	非农就业	打工	22	24	36.3
		个体户	2		
		教师、医生、护士	0		
		村、镇干部	0		
	未就业	学生	8	17	25.8
		无职业	6		
		其他	3		
	合计		66	66	100
已搬迁	农业就业	种地	123	123	28.5
	非农就业	打工	146	162	37.5
		个体户	6		
		教师、医生、护士	6		
		村、镇干部	4		
	未就业	学生	67	147	34.1
		无职业	62		
		其他	18		
	合计		432	432	100

注：①占比是指某项工作的人数与总人数之比。
　　②无职业指没有劳动能力，如婴儿和老人。
　　③其他指临工，没有固定工作，每个月工作天数少。

根据调查，调研点非农就业的职业构成主要包括打工、个体户、教师、医生、护士及村、镇干部。在未搬迁农户中，有24人为非农就业，占总数的36.3%；在已搬迁农户中，有162人为非农就业，占总数的37.5%，前者低于后者1.2个百分点。在未搬迁的66人中，有25人从事农业，如种地，占总数的37.9%；在432个已搬迁农户中，有123人从事农业，占总数的28.5%，前者高于后者接近10个百分点。由此可见，已搬迁农户的农业就业比例远远低于未搬迁农户的农业就业比例。"其他"主要是指家庭中的非劳动人口，即不从事任何劳动工作的人，如学生、家庭妇女（主要从事家务）以及丧失或没有劳动能力的人口（如幼儿和年迈老人）。对于此项，已搬迁农户的比例为34.1%，高出未搬迁农户（25.8%）8.3个百分点。这可能是因为受灾人口在搬迁后往往会出现部分人失业的情况。

综上所述，已搬迁农户的非农就业比例高于未搬迁农户的非农就业比例，已搬迁农户的农业就业比例远低于未搬迁农户的农业就业比例。但是，已搬迁农户中的非劳动人口所占比例高于未搬迁农户中的非劳动人口比例。

二 已搬迁农户家庭成员灾前灾后就业比较

工作是人们获得收入最重要的方式，考察已搬迁农户家庭成员的就业情况对农户搬迁后生活状况的分析有重要作用。在实际调查中，以家庭为单位，我们获得了已搬迁农户家庭成员在灾害前后的就业情况（见表5-11）。

表5-11 灾害前后已搬迁农户家庭成员就业情况

就业状况	灾前		灾后		变化趋势
	人数	占比	人数	占比	
无职业	60	13.9	73	16.9	增加
种地	123	28.5	83	19.2	减少
学生	67	15.5	48	11.1	减少
打工	146	33.8	144	33.3	减少
个体户	6	1.4	27	6.3	增加
教师、医生、护士	6	1.4	5	1.2	减少
村、乡镇干部	4	0.9	5	1.2	增加
其他	20	4.6	47	10.9	增加
合　计	432	100.0	432	100.0	

根据调查，已搬迁农户家庭成员的就业情况在灾害前后有增加或减少的变化趋势。"其他"主要指打零工或从事家务劳动者，他们没有固定工作，哪里有需要就去哪里干活，工作时间很少，这一类型劳动力普遍处于"半闲置"状态。已搬迁人口中就业人数比例增加的行业有"无职业""个体户""村、乡镇干部""其他"四种，按增加幅度大小排序为：其他，个体户，无职业，村、乡镇干部。已搬迁人口中就业人数比例减少的行业有"种地""学生""打工""教师、医生、护士"四种，按减少幅度大小排序为：种地，学生，打工，教师、医生、护士，其中变化幅度最大的两个行业是"其他"和"种地"。我们可以看出，灾害发生后，在已搬迁农户家庭成员中，从事农业生产的人数大幅度减少，灾害前为 28.5%，灾害后为 19.2%，减少了 9.3 个百分点。农户在灾害中丧失了农业生产资料，灾后他们不得不另谋出路。有的人获得了更好的工作，有的人仍然游走在失业的边缘。非农就业主要包括打工、个体户、教师、医生、护士和村镇干部，其比重由灾前的 37.5% 上升至灾后的 42%，增加了 4.5 个百分点。通过分析，可以看出灾害前后已搬迁农户家庭成员的就业情况出现了以下变化：农业就业显著减少，非农就业有所增加，劳动力闲置和半闲置现象增多。

三　已搬迁农户搬迁前后家庭收入的变化

前文已阐述已搬迁农户家庭成员的就业情况发生了很大的变化，要考察他们的真实生活情况，还需要看搬迁前后收入情况的变化。

从表 5-12 可知，在被调查的已搬迁农户的 432 名家庭成员中，搬迁前没有任何收入的人数为 210 人，占总人口的 48.6%，搬迁后没有收入的人数为 192 人，比重为 44.4%；在有收入的家庭成员中，月收入在 1000 元以下的人数搬迁前为 95 人，比重为 21.8%，搬迁后为 80 人，比重下降为 18.6%；月收入在 1000~1999 元的人数搬迁前为 75 人，比重为 17.4%，搬迁后为 79 人，比重增加到了 18.1%；月收入在 2000~2999 元的人数搬迁后较搬迁前有所下降，但月收入在 3000~4999 元的人数和比重搬迁后较搬迁前大大增加；在搬迁前，月收入在 5000~9999 元

表 5 – 12 搬迁前后各项收入的人数及比例

收入	搬迁前			搬迁后		
	人数（人）	占比（%）	累积占比（%）	人数（人）	占比（%）	累计占比（%）
0 元	210	48.6	48.6	192	44.4	44.4
1～999 元	95	21.8	70.4	80	18.6	63.0
1000～1999 元	75	17.4	87.8	79	18.1	81.1
2000～2999 元	40	9.2	97.0	38	8.8	89.9
3000～3999 元	8	1.9	98.9	22	5.1	95.0
4000～4999 元	2	0.5	99.4	13	3.0	98.0
5000～9999 元	2	0.5	99.9	5	1.2	99.2
10000 元以上	0	0.0	99.9	3	0.7	99.9
合　计	432	99.9		432	99.9	

的人数仅为 2 人，占 0.5%，搬迁后，这个高收入段的人数增加到了 8 人，占总人数的 1.9%；搬迁前没有月收入 1 万元以上的人群，搬迁后已经增加了 3 人。

综上，多数已搬迁人口在搬迁之后月收入有较大增长，高收入组人数增多，这一变化趋势多是由于安置区服务业的发展（如农家乐）。但是，无收入人口数量在搬迁前后都占较高的比例（搬迁前是 48.6%，搬迁后是 44.4%），这一情况应该引起各级政府的关注。在以家庭为单位进行统计时，可以看到多数已搬迁农户家庭在搬迁后总收入都有所增长。

为全面分析移民搬迁前后变化，本书又以家庭为单位统计了每个家庭成员总收入在搬迁前后的变化趋势。从表 5 – 13 可知，有 26 户已搬迁农户家庭月总收入（各成员月收入之和）较灾害前减少了，占总户数的 20.6%；有 18 户已搬迁农户家庭的月总收入在灾害前后并没有变化，占总户数的 14.3%；其余的 82 户已搬迁农户家庭的月总收入较灾前有所增加，占总户数的 65.1%。

表 5 – 13　已搬迁农户家庭灾害前后月总收入变化

单位：户，%

变化情况	户数	占比	累计占比
减少	26	20.6	20.6
不变	18	14.3	34.9
增加	82	65.1	100.0
合计	126	100.0	

四　已搬迁农户生活上面临的困难

农户搬迁后生产和生活环境发生变化，遇到的问题和面临的困难较多，需要进行自我调整以适应新的环境。截至调研时，已搬迁农户在新的家园已生活了 4 年。研究他们目前面临的问题和困难，探索解决这些问题和困难的办法对搞好我国今后西部山区灾害移民搬迁安置工作具有重要意义。为此，针对已搬迁农户在生产和生活上的困难，我们在问卷调查中设计了以下几个选项：没有困难；和邻居相处困难；现在经济压力比以前大；其他。

从表 5 – 14 可知，没有农户表示自己和邻居相处困难，这是因为所有已搬迁的农户搬迁的距离并不远，属于市内跨乡镇搬迁或同乡镇内搬迁，而且多数搬迁户还是和以前的邻居住在一起；有 35 户搬迁农户表示目前没有什么困难，有 65.9%（83 户）的已搬迁农户表示目前生活上的主要困难是"现在经济压力比以前大"。当问及具体是哪些问题导致经济压力大时，农户们普遍表示是现在的生活开支较大，什么东西都需要购买，日常生活开销增加。通过多次调查及深入的个案研究，我们认为，已搬迁农户家庭的经济负担主要来自 4 个方面：首先，债务压力大，多数已搬迁农户是靠银行贷款及借款实现搬迁的，搬迁之后，他们承担着较重的债务压力；其次，日常生活开销增大，灾害发生前农户家庭的生活所需几乎可以自给自足，搬迁之后由于条件限制，他们平日所需的蔬菜和生活燃料均需要从市场上购买，这部分开支不少，增加了已搬迁农户的经济负担；再次，发展服务业给部分农户带来了资金压力，受灾农户搬迁之后，许多人不再从事农业生产，而是在安置区发展服务业，而从事这些"创收"的行业需要一定的资金投入，他们虽然可通过各种方式筹集一定数量的资金，但这无疑会增加农户的债务风险和经济压力。

表 5 - 14　已搬迁农户在生产和生活上存在的困难

单位：户，%

选项	户数	占比
没有困难	35	27.8
和邻居相处困难	0	0
现在经济压力比以前大	83	65.9
其他	8	6.3

案例 2

调查时间：2012 年 9 月 21 日

调查地点：绵竹市清平乡 QP 村 4 组

调查对象：已搬迁农户户主周某某

周某某，44 岁，全家 5 口人，妻子 43 岁，儿子 22 岁，儿媳 20 岁，孙子 1 岁。搬迁后他家住三楼，楼上楼下都是以前的邻居。2010 年底，他们一家从棋盘村搬到院通村居住。周某某在磷矿里工作，每月工资约 3000 元，但每年只能上 6 个月班；妻子在家带孙子；儿子在乡里的路政局修路，每个月工资 1500 元；儿媳在甘肃玉树打工，每月工资大概 1500 元。在调研点，周某某一家算是过着小康日子，但当问起家中目前的生活情况时，他向我们讲述了很多困难。

问：现在家里的生活情况怎么样？

答：住得比以前好，就是存不到钱。

问：你们家的人都做什么工作？

答：我嘛就在这磷矿上班，儿子在乡头路政局修路，（儿）媳妇在外面打工，我老婆就在家里带孩子。

问：那已经很好了嘛，怎么会存不到钱？

答：搬下来的时候，买房子，买家具，装修那些，借了很多钱，银行还有贷款，好久才还得清哦！

问：借了多少？贷了多少？

答：借了3万多块钱，贷了3万块钱。

问：现在生活上主要有些什么困难？

答：就是钱不够用。平时光那个小娃儿（孙子）吃奶粉都不知道要花好多钱，他们（指儿子和儿媳）的工资都拿来买营养品了。我的工资就存点来还账，先把亲戚的还了，再还贷款。我们矿里49岁就要退休，我也干不了几年了。还想存点钱老了用，哪能存得起钱！

问：现在花钱的地方多还是以前（灾害前）花钱的地方多？

答：现在呀不得了，菜叶叶都要买，一天至少都要买10块钱的菜（指蔬菜），还不包括肉，我们一家一天都要吃二三十块钱的菜。现在啥子不花钱，你看这间屋（说着便引我们去厨房），做饭用电饭煲，做菜用液化气。哪像以前，都去山上找柴，不用花钱。现在一个月光电费都要好几十，液化气一个月都要用一罐。

问：老家还有可以种的土地没？

答：还有两分地。就是种点蔬菜，但还是不够，还是要买。现在也喂不了猪，吃肉都靠买。

问：那谁回去种呢？

答：只有她（妻子）有空，有的时候她带着小娃儿回去栽点菜，下午就回来。

在调研点，像周某某这样的已搬迁农户不在少数，搬迁使他们的居住环境较以前有很大改善，但也给他们带来了较大的经济负担。用周某某的话说，债一天还不清就一天都过得不舒坦。

根据调查资料和数据看，受灾农户搬迁后，家庭居住环境和居住条件有较大的改善，对自然灾害的担忧大大减少；家庭成员就业表现为农业就业减少、非农就业有所增加、劳动力半闲置状况依旧；家庭总收入有所增加，但生活开支较搬迁前有较大的增加；多数家庭因搬迁产生或多或少的债务，大多数已搬迁农户承受着较大的经济压力和生活压力。

第七节　结论与政策建议

一　结论

本书采用 KAP 模型（即"知信行"模型），在对绵竹市三个乡镇受灾已搬迁和未搬迁农户进行调查的基础上，对影响受灾农户搬迁安置行为的诸多因素进行了系统分析，初步得出以下结论。

1. 未搬迁农户的灾害风险感知程度高，搬迁意愿强烈

以农户为基础的调查显示，无论是受灾未搬迁农户，还是受灾已搬迁农户，其家庭成员的文化程度总体水平都差别不大。由于调研点农户很少外出，加之汶川地震灾害发生前，当地未发生大型自然灾害，可以判断，调研点受灾农户的灾害经历总体上一致，即受灾已搬迁农户和受灾未搬迁农户均没有经历过大型自然灾害。

在对自身暴露性和地方危险性的认识方面，未搬迁农户普遍认为自己目前的居住地很危险，灾害随时可能会发生，但没有任何防灾避灾设施。由于深知目前居住地危险，未搬迁农户愿意搬到较为安全的集中安置区居住。他们认可搬迁安置这一防灾避灾方法，并且愿意搬迁。汶川地震已过去 5 年，他们至今没有能够搬出去，既不是因为"不觉得危险"，也不是因为"舍不得家园"。他们迫切希望能搬到集中安置区居住。

2. 经济因素是未搬迁农户没有搬迁的主要原因

通过数据分析及案例研究发现，未搬迁农户没有搬迁的主要原因是，他们没有足够的资金补足安置房的差价，即他们无力搬迁或者说搬不起。灾害发生前，他们承担着较重的家庭负担，如赡养老人、子女教育、日常生活开支等，加之收入有限，他们没有足够的经济实力购买安置房。灾害发生后，虽然有安置补助及银行贷款扶持，但因为没有足够的资金补足差价，又无法从别处借款，他们无力接受搬迁。因此，未搬迁农户因为自身"金融资本

缺乏"而没有搬迁。

3. 家庭可耕地数量并不对农户搬迁决策造成影响

农村居民世代以土地为生，土地对农民的生产生活至关重要。但是对于我国西部山区受灾农户而言，土地对他们的吸引力很小。在考虑是否搬迁时，家庭所拥有土地数量的多少往往不会对他们的搬迁决策产生太大的影响。他们在进行搬迁决策时，考虑得更多的是"是否有钱进行搬迁"，而不是"家里还有土地，所以不搬迁"。即使在原住地"留下"之后，他们仍然以搬出去为主要生活目标，种地只是为了满足日常生活所需，因为他们认为"种地赚不到钱"，无助于实现家庭的生活目标。大多数未搬迁户白天在外面找活干或在临近的厂里上班，空闲时在地里种植少量的蔬菜供自家食用。因此，家庭可耕地数量并不对农户搬迁决策产生太大影响。

4. "安全第一"是农户选择搬迁的首要动机

通过对已搬迁农户的搬迁安置态度及实际搬迁行为的调查分析，可以看出，绝大多数已搬迁农户认可搬迁安置，认为搬迁是防灾避灾的有效方法。在实际搬迁行为中，搬到新的地方意味着有更安全的居住环境，但搬迁对世代生活在农村的居民而言具有很大挑战。如果没有发生灾害，他们无须"背井离乡"，但出于"安全考虑"，他们仍然选择离开世代生活的家园。对于受灾农户而言，比起对搬迁后生活预期的考虑，他们关注更多的是"安全"。他们认为，只要能确保全家平安，就可以搬迁。因此，可以判断，已搬迁农户选择搬迁首先考虑的是安全因素。

5. 家庭非农就业能够促进农户选择搬迁

从非农就业情况看，在已搬迁农户中，非农就业的比例（占已搬迁样本总数的37.5%）略高于未搬迁农户（占未搬迁样本总数的36.3%），但没有显著差异。在实际搬迁行为中，比起农业就业者，非农就业者更多地选择搬迁，这是由于他们有固定收入、经济实力强、工作受地域环境限制小。这些非农就业者会推动其所在家庭做出搬迁决策。因此，家庭非农就业可以促进受灾农户选择搬迁。

6. 已搬迁农户在搬迁后面临较大的生活压力

尽管已搬迁农户总体上非农就业比例较高，且多数农户搬迁后家庭收入较搬迁前有所增加，但是他们普遍表示搬迁后生活压力比搬迁前更大。主要表现在收入增长有限而生活支出增大及负债压力大两方面。日常消费的蔬菜和家庭能源消费均需购买，这与搬迁前蔬菜自给自足和能源来自当地森林资源有很大的差别。搬迁时产生的借款和贷款需要农户偿还，这对于收入十分有限的农户家庭而言，是个不小的压力。根据具体的数据分析和经验观察，已搬迁农户在新家园虽住得安全，但其生活压力却比以前大大增加。

二　政策建议

做好搬迁安置工作是我国灾后重建工作的重点，而搬迁安置工作的展开需根据待搬迁农户的家庭经济情况分别做出有针对性的安排。

对于已搬迁农户，我们需要更多关注其就业和收入状况。在灾后恢复重建工作中，让农户住在安全的地方固然重要，但从长远来看，让农户在新家园过上与以前相同或好于以前的安稳生活更加重要。因此，重建工作需要下大力气帮助农户增加就业和经济收入。解决已搬迁农户就业和经济收入问题是帮助已搬迁农户在新家园"稳得住"的重中之重。

对于未搬迁农户我们应持续不断地给予更多的关怀和帮助，让他们认识到自己并没有被"遗忘"或者被"边缘化"。在政府财力允许的条件下，为他们修建更多和更廉价的安置房，使他们有房可搬，搬得起，住得安心。对于因各种原因不愿搬迁的受灾农户，我们要帮助他们加固房屋或采取其他措施消除灾害隐患，同时，通过防灾知识宣传教育，缓解他们对于灾害的恐惧。

参考文献

[1] 李小云：《KAP 研究方法在农业技术采用研究推广实践中的运用》，《农业技术经济》2001 年第 3 期，第 17 ~ 19 页。

［2］ Sjoberg，L. Factors in Risk Perception. Risk Analysis. 2000，20：1 - 11.

［3］ Savage，I. Demographic Influences on Risk Perceptions. Risk Analysis. 1993，13：413 - 420.

［4］ Wildavsky，A.，Dake，K. Theories of Risk Perception：Who Fears What and Why. Daedalus. 1990，119（4）：41 - 60.

［5］ Plapp，T.，Werner，U. Understanding Risk Perception from Natural Hazards：Examples from Germany，in Risk 21 - Coping with Risk due to Natural Hazards in the 21st Century（Eds Amman，Dannenmann and Vulliet）. London：Taylor & Francis. 2006.

第六章
西部山地灾害多发区受灾搬迁
农户生计重建研究

——基于四川省绵竹市清平乡的调查研究

第一节 研究区概况

清平乡位于绵竹市境北部，海拔高度 785～4405 米，幅员 302 平方公里。该乡属于四川盆地中亚热带湿润气候区，年平均气温 15℃，年均降雨量 1500 毫米，境内地貌以中山为主。全乡辖 5 个行政村，分别为盐井村、院通村、棋盘村、圆包村、湔沟村，其中院通村处于清平乡平坝地区（见图 6 - 1）。2010 年清平乡总人口 6156 人，其中农业人口 5436 人。

清平乡地质环境不稳定，主要地质灾害有地震、滑坡、崩塌、泥石流等，主要气象灾害有洪涝、干旱、冰雹等。[1] 2008 年 5 月 12 日，汶川地震中清平乡受灾极为严重。2010 年 8 月 13 日清平乡发生特大山洪泥石流灾害，全乡成为孤岛，造成 9 人死亡，3 人失踪，33 人受伤，379 座房屋被淹没，直接经济损失 4.3 亿元。

第二节 灾后农户搬迁安置

"5·12" 汶川地震前，该乡根据新农村综合体政策，组织了部分移民

图 6 - 1　清平乡村落布局

搬迁。汶川地震后,清平乡组织了避灾搬迁,主要搬迁方向为:盐井村村民迁移到棋盘村和圆包村集中安置点。"8·13"泥石流灾害之后,再次组织了较大规模的移民搬迁。人口迁移是人类面临灾害风险的一种适应性对策。[2] 在清平乡两次移民搬迁中,主要集中安置点设在院通村,搬迁方向为盐井村、棋盘村、圆包村、湔沟村村民向院通村搬迁(见表 6 - 1)。从总体上看,皆以近距离跨村乡内搬迁安置为主。

表 6 - 1　清平乡搬迁安置情况

搬迁时段	原址	搬迁户(户)	人口(人)	搬迁安置点	搬迁安置方式	安置完成时间
"5·12"汶川地震后	湔沟村	29	122	圆包村、院通村	跨村本乡集中安置	2008.12
	盐井村	94	338	棋盘村、圆包村	跨村本乡集中安置	2009.4
"8·13"泥石流灾害后	盐井村、湔沟村、棋盘村、院通村、圆包村	645	2176	院通村2组	本村安置、跨村本乡集中安置	2011.4

第三节　可持续生计理论

"可持续生计"（sustainable livelihoods）这一概念最早见于 20 世纪 80 年代末世界环境和发展委员会的报告，该报告指出它"从一开始就是要维系或提高资源的生产力，保证对财产、资源及收入活动的拥有和获得，而且要储备并消耗足够的食品和现金，以满足基本的需要"。[3] 1992 年，联合国环境和发展大会（UNCED）将此概念引入行动议程，主张把"稳定的生计"作为消除贫困的主要目标，"稳定的生计可以使有关政策协调地发展，消除贫困并可持续地利用资源"。[4] 1995 年，哥本哈根社会发展世界峰会（WSSD）将可持续生计定义为"使所有男性和妇女通过自主选择的生产性就业和工作，获得可靠和稳定的生计"。[5] Scoones（1998）给出了可持续生计的明确定义："生计是由生活所需要的能力、有形和无形资产以及活动组成。如果能够应付压力和冲击并进而进行恢复，并且在不过度消耗其自然资源基础的同时维持或改善其能力和资产，那么该生计具有可持续性。"[6]

可持续生计是指个人或家庭为改善长远的生产状况所拥有和获得的谋生、资产收入的能力，强调的是一种将贫穷转变为富有的能力。[7] 可持续生计坚持以人为本，以消除贫困为基本目标，力求准确、实事求是地理解人们所拥有的资产实力（资产或资源禀赋），以及如何把这些资产转化为实际的生计成果。英国国际发展部（DFID）所提出的可持续分析框架注重对贫困的理解，提倡以人为中心，以增强人的生存竞争力（如提高受教育程度、增强职业技能）为基础，营造公正、平等的社会环境，以增强贫困农户的能力和资产。联合国开发计划署（UNDP）对可持续生计的研究更加注重帮助个体挖掘潜能，充分发挥个体自身能力，以使个体得以发展，从而实现整体发展目标。国际救助贫困组织（CARE）提出的农户生计安全框架将家庭作为研究重点，认为生计包括个人的能力、资产的可获得性、现有的经济活动，关注家庭中的儿童、妇女、男性和老人在社会中的作用。[8]

可持续生计理论重点关注可持续生计能力和生计资产，认为人们要获得生计能力，必须拥有不同类型的生计资产。[9]这些生计资本包括以下五个方面。①自然资本，指拥有的自然资源情况，具体包括家庭拥有的人均耕地面积和耕种面积、森林资源、灌溉条件等。②物质资本，指提高生产力的基本生产资料及基础设施，如家庭住房、生产工具和耐用消费品。③人力资本，家庭拥有的劳动力数量，劳动力受教育程度、劳动技能的高低、职业情况和身体健康状况。④金融资本，家庭自身的现金收入以及通过合理途径获得经济援助的能力（贷款、借款等）。⑤社会资本，指家庭在其所处的社会网络中获取帮助的能力，即家庭与外界建立的社会关系，如对社区组织的参与情况、亲戚关系、从事非农活动情况。[10]

就山区受灾农户而言，其生计能力和生计资本受两方面因素的影响：一是原有的生产生活环境遭受破坏，如房屋损毁、耕地灭失、水源破坏、饮水安全受到威胁；二是自然灾害造成的隐患和风险在灾后仍然存在，[11]重建受到威胁，生计脆弱性凸显。为了帮助受灾农户尽快恢复原有生计能力，同时避免进一步的灾害风险，有必要进行移民搬迁安置。然而，搬迁后的农户面临着新的困难：远离原有土地，土地面积大幅度减少，社区面临重组，等等。因此，有必要对我国西部山区因灾搬迁农户生计状况进行分析研究，提出相关对策，促进山区农村的可持续发展。

第四节　已搬迁农户生计资本

本书在市级相关部门和乡镇调查的基础上，以家庭为单位，对已搬迁农户的生计情况进行了问卷调查和深度访谈。本节拟对受灾农户的五种生计资本进行分析，探讨农户灾后生计资本变动情况。

一　人力资本

（1）年龄和性别

调研点共有乡村人口5436人，其中男性人口2732人，女性人口2704人，乡村人口性别比为101（以女性为100，男性对女性的比例），这一比例表明该乡农村人口性别比较平衡。我国将 15～60 岁人口定为劳动年龄人口，清平乡农村劳动年龄人口总数为 3364 人，占乡村总人口的 61.9%，这表明该乡农村劳动力储备比较丰富。在本次调研中，将接受调查的样本量按劳动年龄分为三个年龄组，分别为 0～14 岁、15～59 岁、60 岁及以上。通过统计分析，0～14 岁人口占 13.5%，15～59 岁人口占 74%（其中 15～29 岁人口占 25%，30～44 岁人口占 30.8%，45～59 人口占 18.2%），60 岁及以上人口占 12.5%，这充分反映了该地区的劳动力年龄构成情况。15～29 岁年龄组以及 30～44 岁年龄组人口为主要劳动力，但在调查中发现，15～29 岁年龄组中 15～24 岁人口多在外乡务工，没有在本乡或本村，从而推知 25～59 岁年龄组人口是留在本乡的主要劳动力。15～29 岁年龄组男性人口多于女性人口，这一年龄组女性人口多通过婚姻方式迁往外地或外出务工并在外地定居。

（2）文化程度和职业

根据 2010 年绵竹市第六次人口普查数据，绵竹市具有小学文化程度的人口和文盲人口（15 岁及以上不识字的人）占总人口的 14.37%（其中小学文化程度的人口为 138960 人，文盲人口为 2256 人）。本次问卷调研的结果反映，清平乡受灾搬迁农户小学文化程度人口以及文盲人口远高于全市平均水平，占总样本量的 26.15%；其中没有读过书（文盲）或识字很少者主要集中在高年龄组，60 岁及以上人口中有 52.2% 未上过学，高中及以上文化程度所占比重很低，总共 14.4%。这反映了调研点受灾户文化程度处于较低水平，人力资本储备偏低。

在被调查的 104 人中，在家做家务的达到 40 人，占 38.5%，比重最大；外出或在当地磷矿做工的达到 35 人，占 33.7%；在乡、村政府及企业工作的村民比重很小，仅为 3.8%（见表 6－2）。通过深度访谈得知，该乡磷矿资源丰富，磷矿开采具有一定规模，劳动力中男性多在本乡磷矿工作，女性多以从事家务和零工为主。由于经历了两次较大的自然灾害，受灾户大部分可耕地被掩埋，户均可耕地非常有限，故从事农业生产的人口较少。同时，该乡从事个体经商的村民比重也较低。这些反映了该地区的人口生计主要依赖自然资源，地震灾害造成当地居民生计重建能力大大降低。

表 6 - 2　被调查者职业构成

单位：人，%

职业	家务	打工	个体户	村、乡干部	读书	其他	合计
女性人数	12	26	2	4	7	3	54
男性人数	28	9	2	0	8	3	50
合计	40	35	4	4	15	6	104
比重	38.5	33.7	3.8	3.8	14.4	5.8	100

二　自然资本

（1）耕地和林地

清平乡于 20 世纪 80 年代开始实行土地流转，将农户的部分耕地改作林木种植，并对农户实行了经济补助（补助标准为每亩 125 元/年）。农户的可耕地面积减少，耕地主要用于种植蔬菜，少量土地用于粮食种植，增加的林地面积以种植经济林木及果树为主。在经历地震和泥石流灾害之后，农户林地损毁较少，但耕地灭失严重。所有已搬迁农户都已丧失全部耕地，出现无地可种的情况，[12]极少数家庭在原来住址处有零星少量土地，可以种植少量蔬菜。由于距离远，几乎没有农户回原址种菜或复垦土地。已搬迁农户在集中安置区房前屋后的绿化带种上一些蔬菜，这是当地政府实施"微田园"政策的结果。通过观察可知，平均每户有大约 10 平方米的"微田园"，可种植少量蔬菜，供家庭消费。清平乡林地资源丰富，森林覆盖率达 90%。在地震和泥石流灾害中，果园林受损比较严重。在所调查的农户中，其果园林在两次灾害中全部受损。从已搬迁农户情况来看，所有果园林已丧失，但其他林地受损较小。

（2）饮水

地震和泥石流灾害对清平乡饮用水源的水质产生了较大影响，造成了饮水安全隐患，[13][14]地震使得原来的自来水厂无法继续使用。在进行集中安置以后，清平乡政府取山间泉水并对泉水进行安全过滤加工，然后通过自来水管道输送到每一个家庭，这样，搬迁户不仅取水便利、随取随用，而且能够免费用上像搬迁前一样安全的生活饮水。

三　物质资本

（1）住房

受灾群众的搬迁安置住房实施统一规划和统一建设，住房面积为110平方米至170平方米不等，房内设置一般为三室一厅或四室一厅，住房按家庭规模进行分配。由于统一为砖混结构，新的住房比起以前的房屋结构要结实很多，农户住起来也更安心。从总体情况来看，搬到新房后农户们的起居环境比未搬迁前要好许多。但是，由于集中安置属于乡镇规划，搬迁后没有附属房屋，农户住房总面积有一定程度减少。

（2）牲畜

两次灾害使受灾农户原来养殖的牲畜全部死亡，新搬迁家庭养殖牲畜的条件受限，一是没有圈养牲畜的屋舍，二是缺乏牲畜饲料，故搬迁家庭除了少量家禽，几乎没有喂养牲畜。

（3）家具、家电

两次较大的灾害使农户原有的家庭用具全部损毁，搬进新居后，每个农户都置办了新的家具和家电，如洗衣机、电冰箱、电视机、太阳灶、燃气炊具等家用设备。但灾害发生前置办的家居用品的损毁对于农户们来说是不小的经济损失。

四　金融资本

（1）现金收入

已搬迁农户的收入主要来源于打工所获得的报酬，该乡集体企业（磷矿）较发达，农户中的男性劳动力很多在磷矿上班，也有一些在本乡或外乡做灾后建设工作，而女性则较多投入乡村环境美化建设工作中。这样，一般家庭的年打工收入约15000元。年轻人外出务工不仅缓解了当地的人口压力，而且其带回的资金缓解了家庭经济压力。

（2）新房补助金

灾害发生后，为帮助搬迁农户早日恢复先前生活，政府为搬迁农户提供了新房安置补助费用，让农户只花少量的钱就能住进新居；同时为受灾农户提供了优厚的贷款政策，让农户们可以从银行取得低息贷款用于平日的经济活动，最高贷款额度为 3 万元，许多农户为此负担了一定的债务。[15]

（3）生活负担

已搬迁农户丧失了生产资料（土地），以前自产自销的物品（蔬菜、粮食）都需要购买，新居住房必须使用液化气，这对于习惯用木柴的农户来讲是不小的开支。在访谈中当问到觉得搬迁后的生活怎么样时，农户们普遍反映现在做什么都要花钱，和以前相比现在的生活支出更大。

五　社会资本

社会资本涉及一系列准则、关系网和组织，通过这些准则、关系网和组织，人们获得有助于做出决定及确切表达政策的权利和资源。与资本的其他形式不同，社会资本存在于两个或多个参加者之间关系的结构中。[16]本书将从以下两方面加以分析。

①职业类型的不同使劳动者在工作的过程中划分了人际交往的范围。在调研中，我们了解到该地区农户中非农就业情况非常有限，大部分农户家庭成员多以打工为主要职业。受地理环境影响（交通不便、通信闭塞等），该乡村民人际交往范围狭窄、类型单一，不利于该地区村民的社会资本积累。

②许多村民与亲戚或邻居保持着良好的关系。当灾害发生时，邻居会互相告知和互相帮助，这样能有效地避免和减少灾难带来的损失。在进行摇号分房时，从前的邻居会相互协商房屋单元，尽量做到搬迁前是邻居，搬迁后仍做邻居。在闲暇时间，邻居之间就互相串门，来往频繁。在调查中得知几乎所有搬迁户在购置新房时都曾向亲戚或朋友借过钱，借款金额一般在 5 万元左右，也有一些农户家庭暂时寄住在亲戚家中，等新房建好后再搬进新居。

第五节　因灾搬迁农户面临的主要生计问题

一　搬迁前后生计资本情况比较

受灾农户搬迁后，其原有的生产和生活环境发生变化，生计方式也随之改变。受灾后，农户丧失了基本的耕地资源，许多农户在搬迁后面临着无地可种的境况，其每天所需的蔬菜不得不从市场购买。同时，该地区劳动力资源丰富，25～59岁人口是主要劳动力资源，但劳动力的受教育程度较低、职业技能较单一。由于丧失了原有的生产资料，搬迁后劳动岗位有限，搬迁农户劳动力大量闲置。物质资本主要是原有的家具等因灾全部损毁。搬迁后，受灾农户住进了新房，但由于缺乏畜禽饲舍，农户们已不再从事养殖业生产活动，与搬迁前相比，房屋面积有所减少，但是卫生条件有较大改善，同时购置了新的家用设备。社会资本在搬迁前后变化不大，农户的人际交往圈子比较狭窄，与邻居和亲戚来往频繁。在金融资本方面，搬迁农户得到政府政策扶持较多，经济收入比较有限，和搬迁前相比农户的经济负担加重。[17][18]

二 因灾搬迁农户面临的主要生计问题

国家实施灾害移民搬迁的主要目的是实现"搬得出、稳得住、能致富"。就已搬迁农户而言，他们主要面临如何稳住、如何致富的问题。归根结底，就是在新环境中的生存和发展问题。[19]根据对搬迁前后农户生计资本比较，可知搬迁农户面临的主要生计问题如下。

①耕地资源灭失，粮食安全度降低。两次大的自然灾害使清平乡原本就比较有限的耕地资源几乎全部丧失，加之该地区非农岗位有限，失去土地的农民务农无地，这使得村民们的时间闲置较多。土地灭失使农户更加以外来粮食为生活支撑，这一情况也反映了该地区粮食安全受到威胁。

②农户家庭经济基础薄弱，灾后自身恢复和重建的能力低。在调研中，我们了解到在灾害发生前，农户将绝大部分收入用于新建房屋、置办家具、孩子结婚成家或教育投入。灾害将农户以前的辛劳和努力一并损毁。虽然受灾农户能领取比较可观的各种补偿，短期来看能够维持现有生活，但从长远来看农户普遍担忧今后更长时间的生计来源。

③就业资源匮乏，失业严重。清平乡地处山区，这里的人民世代依靠自然资源进行生产和生活，就业资源有限，就业结构过于单一，缺乏有力的就业支撑，灾害的发生使原有的就业资源损毁严重，大量劳动力失业。

④人力资本储备程度低。该地区的劳动力丰富，但由于没有经过专门训练，劳动技能可替代性高，[20]该地区部分农户教育意识比较淡薄，认为孩子是否上学无关紧要。从长远来看，这对于增强该地区的人力资本储备、提高劳动力素质不利。

⑤社会保障程度低。调研发现该地区大多数人都参与了新农村医疗合作保险，除此之外，有一小部分人（两女户、孤寡老人户等）享受农村低保。当突如其来的灾害发生时，人们没有能力采取积极有效的应对措施，难以恢复重建。灾害发生后，低保障和无保障的状态又使人们更加忧心忡忡，影响了农户生产和生活的积极性。

第六节　结论与政策建议

一　结论

调研点地处我国西部山区，自然灾害发生频次高，是我国典型山地灾害多发区，同时也是我国山区农村受灾搬迁安置的一个缩影。根据前面对生计资本的分析，受灾搬迁农户普遍面临较为严重的可持续生计问题。因此，除完成灾后重建任务外，更为重要的是增强农户的生计资本储备，降低农户的生计脆弱性，增强农户应对风险的能力，确保生计恢复和生计发展的可持续性。政府部门应尽最大努力做好调控，合理支配各方面的资源，积极开展有利于生计恢复的组织活动，增强农户个体的生计能力。农户要树立"自力更生"的思想观念，积极思考致富的途径和办法，不过分依赖财政补助或外界援助。只有这样，才能实现灾区农村的可持续发展。

二　政策建议

在农村灾后重建中，一个较为普遍的问题是，重视农村房屋和基础设施的重建，忽视对农户生计能力的培育；重视短期物质形态的恢复，忽视农村社区长远的可持续发展。为此，在灾后重建和移民搬迁安置中，必须将短期生存质量和长期发展结合起来，才能从根本上解决我国西部地区因灾搬迁农户的可持续生计和发展问题。

①加强监督管理，增强资源利用的可持续性。磷矿开采已发展成为清平乡的重要乡镇企业，同时也是吸纳清平乡大量劳动力的产业。有鉴于此，政府应加强对磷矿开采的管理，制定开采规划，规范开采作业。对于受灾林地进行适当保护，进行林木栽种，同时对于灭失的耕地资源进行复垦，恢复农业生产，确保受灾农户基本的生计保障。

②加强教育和培训，提高农户个体的生计能力。本着以人为本的原则，对已搬迁农户家庭成员进行详细摸底调查，根据农户知识技能储备情况，结合农户自身意愿对其进行职业技能培训，将"政府帮助支持为辅，农户自力更生为主"的生计重建政策贯彻到底，降低农户对经济补助的依赖。加强宣传，增强农户对义务教育重要性的认识，减轻农民的教育负担，降低学龄儿童的辍学率。充分利用当地资源和产业发展条件，广开就业门路。积极发展乡镇园林种植以及野菜、中药材培育，并根据地区经济实际情况引进先进的种植、养殖技术。鼓励农户在适当的时候恢复"农家乐"；创建社区型乡镇，设立环卫岗位和其他公益性岗位。

③加强对因灾搬迁农户的社会保障。将灾后重建资金中的一部分投入对农户的社会保障中，可采取特殊的政策落实搬迁农户的养老保险问题，扩大低保范围，同时增设一些特殊保险项目，如引入农业保险项目、加强对民房的保险等。强化对农用耕地的保护，确保基本的农业生产用地和粮食安全。此外，应特别注意对特殊群体以及重灾户的照顾与保障，使特殊群体能够尽快恢复生产与生活。

④加强农村新型社区建设，促进社区整合。调研点主要搬迁安置方式为本乡跨村安置，对于已搬迁农户而言，生活环境发生了很大的变化。有鉴于此，可根据当地的风俗习惯等情况，定期组织适合当地居民的社区活动，吸引已搬迁农户积极参与，使其在参与的过程中结识新邻居。加强基础设施建设，为已搬迁农户进行业余活动提供场所和基本设施，让农户们感受到搬迁后的生活比以前更精彩，增强已搬迁农户对新社区的归属感。

参考文献

[1] 四川省绵竹县志编撰委员会：《绵竹县志》，四川科技出版社，2006，第 1～39 页。

[2] 陈勇：《对灾害与移民问题的初步探讨》，《灾害学》2009 年第 2（24）期，第 138～144 页。

[3] Blaike, P., T. Cannon, I. Davis and B. Wisner. At Risk：Natural Hazards, People's Vulnerability, and Disaster. London：Routledge. 1994：141－156.

[4] 苏芳、徐中民、尚海洋：《可持续生计分析研究综述》，《地球科学进展》2009 年第 24（1）期，第 61～69 页。

[5] Roberts, M. G., 杨国安：《可持续研究方法国际进展——脆弱性分析与可持续生计方法比较》，《地理科学进展》2003 年第 22（1）期，第 11～21 页。

[6] Scoones, I., 1998. Sustainable Rural Livelihoods：A Framework for Analysis. IDS WORKING PAPER 72, Institute of Development Studies.

[7] 纳列什·辛格、乔纳森·吉尔曼：《让生计可持续》，《国际社会科学杂志》2000 年第 17（4）期，第 123～128 页。

[9] 孙阿丽、石勇、石纯等：《沿海区域自然灾害脆弱性特征及影响因素分析》，《中国人口·资源与环境》2009 年第 5（19）期，第 148～153 页。

[10] 王晟：《失地农民可持续生计问题对策探析》，《中国农业资源与区划》2007 年第 3（28）期，第 57 页。

[11] 王磊、沈娜：《5·12 地震引发潜在泥石流灾害的调查评价——以四川省德阳绵竹市龙形沟泥石流为例》，《地下空间与工程学报》2010 年第 6（6）期，第 1300～1311。

[12] 高慧、何政伟、倪忠云等：《绵竹市北部山区震后土地利用景观格局变化研究》，《国土资源遥感》2010 年第 84（2）期，第 97～106 页。

[13] 曾秀梅：《汶川地震次生山地灾害的经济社会影响研究——以绵竹市清平乡为例》[硕士学位论文]，山东：曲阜师范大学，2011。

[14] 陈绍军、葡厚平：《中国非自愿移民收入来源与风险分析》，《河海大学学报》2002 年第 4（2）期，第 21～24 页。

[15] Dunford, M., Li, L. Earthquake Reconstruction in Wenchuan：Assessing the State Overall Plan and Addressing the "Forgotten Phase". Applied Geography. 2011（33）：998－1009.

[16] 帕萨·达斯古普特、伊斯梅尔·撒拉格尔丁：《社会资本：一个多角度的观

点》，张慧东、姚莉、刘伦等译，中国人民大学出版社，2005，第 19 ~ 73 页。

［17］ 陈绍军、施国庆：《中国非自愿移民的贫困分析》，《甘肃社会科学》2003 年第 5 期，第 114 ~ 117 页。

［18］ 李斌、李小云、左停：《农村发展中的生计途径研究与实践》，《农业技术经济》2004 年第 4 期，第 10 ~ 16 页。

［19］ 彭立、刘邵权、刘淑珍等：《汶川地震重灾区 10 县资源环境承载力研究》，《四川大学学报》2009 年第 41 （3）期，第 294 ~ 300 页。

［20］ Knutsson, P., Ostwald, M. A Process – oriented Sustainable Livelihoods Approach：A Tool for Increased Understanding of Vulnerability, Adaptation and Resilience. Mitigation and Adaptation Strategies for Global Change. 2006 （11）: 3 – 25.

第七章
四川汶川地震灾区异地搬迁
农户生计脆弱性研究
——以邛崃市南宝乡金花村和木梯村为例

第一节　研究区概况

邛崃市南宝乡金花村和木梯村位于原南宝山农场所属区域。南宝山农场系四川省邛崃监狱旧址，距邛崃城区 48 公里，海拔 1100～1650 米，属四川盆地向青藏高原过渡地带。该区域总面积 7676.4 亩，其中茶地 4500 亩、菜地 450 亩、林地 1770 亩、贫瘠土地 956.4 亩。南宝山农场共分 A、B、C、D 四个片区，其中 A 区系原邛崃监狱场部所在地，土地面积 3866 亩，旧房屋面积 29340 平方米；B 区系大坡片区，土地面积 627.5 亩，旧房屋面积 778 平方米；C 区系木梯片区，土地面积 740.9 亩，旧房屋面积 3003 平方米；D 区系望君顶片区即原邛崃监狱茶厂所在地，土地面积 2442 亩，旧房屋面积 12104 平方米。因 B 区不具备人居生产生活条件，故在 A、C、D 三个区设立永久性安置点。安置点 A 区、C 区和 D 区的海拔高度分别为 1600 米、1500 米和 1200 米。

成都邛崃市南宝山农场是四川省委和省政府在汶川地震后确定的唯一受灾居民跨市州异地安置点。2009 年 3～9 月，青川、汶川两县 285 户 1202 名灾害移民被陆续安置到邛崃市南宝山农场的 A 区、C 区和 D 区，其中 A 区安置青川县 140 户 521 人，汶川县 31 户 123 人；C 区安置汶川县龙溪乡垮坡村昔格组 29 户 125 人；D 区安置汶川县龙溪乡的直台村 85 户 433 人。金花村居民居住在 A 区，木梯村居民部分居住在 A 区，部分居住在 C 区，这两个村现属于邛崃市南宝乡管辖，直台村在 D 区，属于邛崃市油榨乡管辖。A 区和 C 区的全体村民初到南宝山农场时，被划分为南宝乡秋园村七组。2010 年 4 月南宝乡金花村成立，同时管辖 A、C 区的全体村民。5 月，邛崃市委又在 C 区设立木梯村村委会，管辖 A 区和 C 区的汶川移民。至此，金花村和木梯村两个移民村形成。

金花村距邛崃市区 50 公里。全村有 4 个村民小组，151 户 541 人，其中劳动人口 320 人。劳动人口中有外出务工者 180 余人。因地震搬迁，所有村民享受每人每月 181 元的最低生活保障金。该村以茶叶为主要经济作物，人均 0.3 亩老茶，1.1 亩新茶。因茶叶长势缓慢，已于 2013 年 8 月入股流转。

木梯村距邛崃市区 46 公里。全村现有 2 个村民小组，63 户 251 人，其中劳动人口 135 人。常年在外及就近务工 62 人。因地震搬迁，所有村民享受每人每月 181 元的最低生活保障金。由于茶园经营不善，已于 2010 年将茶园整体流转给一家公司，每亩每年 300 元，流转期 17 年。

秋园村距邛崃市区 48 公里，现有 6 个村民小组，总户数 171 户，总人口 635 人，其中劳动人口 312 人。全村有贫困户 30 户，五保户 4 户，低保户 25 户。全村耕地面积 565.72 亩，人均占有 0.89 亩。主要农作物为玉米等，经济作物以林木、竹、中药材为主，畜牧业以小家畜家禽饲养为主。

第二节　问卷设计和数据收集方法

一　问卷设计与分析方法

本书采取问卷调查法收集数据。根据灾害移民生计脆弱性分析框架和研究的需要，借鉴 Sharp、李小云等、杨云彦等和蔡志海等提出的指标选取方法[1]-[4]，设计灾害移民家庭社会经济状况调查问卷。

问卷内容主要分为六个部分，第一部分是被调查移民家庭的基本人口信息，包括姓名、性别、年龄、与户主关系、健康、受教育程度、职业等。第二部分是移民家庭地震前的生计资产情况。第三部分是移民家庭当前的生计资产水平，包括自然资本、物质资本、金融资本、人力资本和社会资本五类。第四部分和第五部分是移民家庭当前的收入状况与支出状况，这些经济状况能够反映移民家庭面临的一些生计风险。第六部分是移民家庭应对这些风险的适应性策略，包括移民目前的解决办法和未来生产生活的打算。

为了与非灾害移民进行对比分析，我们设计了《南宝山原有居民家庭社会经济状况调查问卷》，除了没有地震前的生计资产情况外，其他内容均相同。

本章运用主成分分析法将生计脆弱性评价体系中的各类指标赋予合适的指标权重，有利于突出指标的客观性和代表性。通过对比分析来了解灾害移民受灾前后的生计状况、灾害移民与原住居民的生计状况，以及金花村汉族灾害移民与木梯村羌族灾害移民的生计状况。

二　数据收集方法

2012年7月，课题组到南宝山安置区的A区、C区和D区进行了预调研。2013年10月，课题组又到南宝山安置区金花村、木梯村和毗邻金花村的秋园村4组进行问卷调查。本次调查没有严格按照随机抽样调查的方法进行调查，主要原因是金花村和木梯村村民外出务工人数较多，留在家里且掌握家庭情况的人不多。本次调查共获得有效问卷108份，其中，金花村74份，木梯村18份，秋园村4组16份。每份调查问卷对应一户，共108户，447人。具体调查情况见表7-1。

三　分析框架与假设

所谓脆弱性，可以从两个角度来理解，一是个人或家庭容易受到外界的

表 7 - 1　问卷调查的具体情况

村组名	总户数（户）	被调查户数（户）	被调查人数（人）	劳动年龄（16～60岁）人口数（人）	当地务工人数（人）	外出务工人数（人）	户均务工年收入（元）
金花村	151	74	304	212	60	54	22972
木梯村	63	18	77	49	20	13	24184
秋园村4组	45	16	66	42	12	9	33320

冲击、压力或遭遇各种风险，以及遭受风险的人们受到的损害程度；二是个人或家庭减轻、降低、应付突然威胁、灾害和各种风险，给生产、生活带来压力的能力（DFID，1998）。因此，灾害移民的生计脆弱性同样也可以从移民家庭遭受的生计风险和家庭应对生计风险的能力两个方面来认识。

　　灾害移民生计脆弱性包括生计风险和抵御能力（见图 7 - 1）。生计风险可分为健康风险、教育风险和生产生活风险三类。健康风险指因家庭成员不好的健康状况（如患病）导致生产能力的下降和医疗支出的增加，影响移民的生计状况。教育风险则是由于家庭劳动力的文化程度低导致其收入低，同时子女教育费用的增加也加重移民家庭的经济负担。而生产生活风险就是移民家庭因各项资本的匮乏而导致的收入来源单一、不稳定，同时，移民在安置区内较高的生活支出也是其生计风险的一种表现。

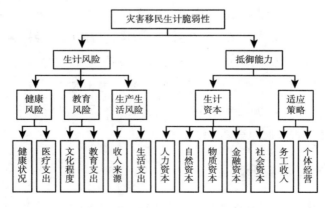

图 7 - 1　灾害移民生计脆弱性分析框架

灾害移民家庭在面临生计风险时所具有的抵御能力可用移民家庭自身的五类生计资本、务工收入、个体经营来衡量。因此，本章借鉴阎建忠等[5]所提出的生计脆弱性指数计算方法，即 $LVI = R - (L + A)$。LVI、R、L 和 A 分别表示灾害移民的生计脆弱性程度、移民家庭的生计风险值、当前拥有的生计资产值和适应能力值。

第三节　生计状况的描述与分析

一　灾害发生前后的生计比较

到 2013 年，灾害移民已在南宝山安置区生活了 4 年。在此期间，大部分移民都经历了从陌生、不适应、不习惯到逐渐熟悉、适应、习惯南宝山上生产生活的过程。尽管这一过程是艰难的、痛苦的，但他们不得不去调整自己，去适应这里的生产生活环境。与此同时，他们的生计资本、生计方式、生计活动也随之发生了变化。从生计资本来看，搬迁后，他们有了自己的新房子，有了安稳的家，但相对灾前，他们失去了肥沃的土地和数量可观的家禽家畜。从生计方式来看，他们那种自给自足的山民生计模式已不复存在，随之而来的是依靠政府的补贴模式和外出务工的非农模式。从生计活动来看，以前自由自在挖药材、种洋芋、卖牲畜变成现在的摘茶叶、打短工等生计活动。由于土地减少、资源缺乏以及生活开支加大，他们所面临的风险也逐渐多了起来。认识灾害移民的生计状况，首先得了解他们灾前的生计状况。

1. 灾前的生计状况

（1）金花村

地震前，金花村的村民多生活在青川县的山区乡镇，他们的坡耕地和林地较多，平均每个家庭拥有 10 亩以上的耕地和几十亩林地。耕地主要种植小麦、玉米、土豆和蔬菜，林地主要是核桃林和经济林。由于庭院宽敞，家家喂养猪、鸡、牛等，部分家庭还喂养了几十只长毛兔，每年的兔毛收入在

2000 元以上。此外，部分家庭的成年劳动力常年外出打工，打工地点多选择广东、浙江、上海等经济发达地区。

地震前，金花村移民的人均住房面积 30 平方米以上，加上厨房、柴房等附属房屋，人均住房面积超过 40 平方米。这些房屋的结构和修建年限见图 7 - 2 和图 7 - 3。

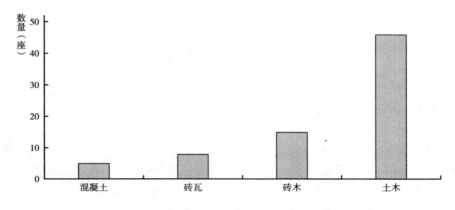

图 7 - 2　灾前房屋结构

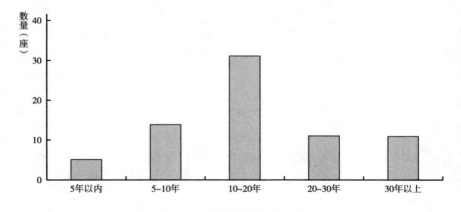

图 7 - 3　灾前房屋修建年限

灾前，他们的房屋结构以土木和砖木为主，这是因为地处山区，木材成为他们修建房屋的主要材料，房屋修建的时间多在 5 ~ 20 年，新建房屋不多。

在收入方面，灾前移民家庭主要靠卖农产品、卖牲畜和务工来获得收入（见表7-2）。务工收入是移民家庭最大的一项收入来源，占整个收入的52.3%。但是这种收入不稳定，而且需要较高的人力资本（体力和手艺）。相对来说，卖牲畜和卖农产品也是移民家庭最主要的收入，这两项收入占总收入的43.3%，与务工收入相当。

表7-2　金花村移民家庭灾前户均年收入

收入来源	卖农产品收入	卖牲畜收入	务工收入	其他	合计
户均收入（元）	1988.51	9101.36	13412.16	1122.98	25625.00
所占比例（%）	7.76	35.52	52.34	4.38	100.00

注：其他主要指移民家庭成员采摘核桃、木耳等收入。

（2）木梯村

地震前，木梯村村民除了3户来自汶川县漩口镇，其他移民全部从汶川县龙溪乡垮坡村夕格组搬迁而来。他们在汶川老家平均每户拥有10亩左右土地，主要种植土豆、玉米、青稞等农作物，家里主要喂养猪、牛、羊、鸡等。农作物除了自己食用和喂养牲畜外，很少出售。村里人外出打工的不多，其他收入来源是到附近山上挖虫草、贝母、天麻等药材。

调查结果显示，木梯村村民灾前的收入主要来源于卖牲畜和药材，平均每户卖牲畜收入为8361.11元，卖药材收入为6722.23元，而卖农产品和外出务工则只是少部分农户的收入来源（见表7-3）。在住房方面，木梯村村民灾前人均住房面积超过50平方米，房屋多以土木结构为主，房屋修建年限也多在20年以上。

表7-3　木梯村移民家庭灾前户均家庭年收入

收入来源	卖农产品收入	卖牲畜收入	务工收入	其他（卖药材）	合计
户均收入（元）	138.89	8361.11	1947.22	6722.23	17169.44
所占比例（%）	0.81	48.70	11.34	39.15	100.00

2. 灾后的生计状况

青川、汶川两地的灾害移民被安置到南宝山安置区后，他们分到人均茶园 2 亩（包括 1.6 亩新茶和 0.4 亩老茶），农菜地 0.5 亩，集体林地 1.1 亩。同时他们还获得人均 35 平方米的新房（2009 年修建）。刚搬迁时，政府给予每人每月 60 元的低保金，30 斤大米和 6 斤清油。从 2013 年开始，改为每人每月 181 元的低保金，不再发放实物补助。此外，每个移民家庭还得到了侨胞捐赠的 19 英寸彩色电视机。在南宝山安置区，受住房面积和社区环境的限制，移民们不能养殖家禽家畜。不过，有少数移民家庭利用附近山林的空间，在山林里设置围栏圈养牲畜和家禽，其他家庭更多依靠外出打工或当地务工来获得收入。由于金花村和木梯村两村村民的民族不同（汉族和羌族），移民的生计方式可能会有差别，需要对两村移民家庭的生计情况分别加以论述。

（1）金花村

由于海拔高、雨水多，南宝山农场的蔬菜种植很难成功。为了规避蔬菜种植风险，部分村民将菜地流转给农民自愿合股成立的蔬菜合作社。合作社承担品种筛选、种植管理、病虫害防治和产品销售的全部职责，村民则获得每年每亩 350 元的流转收入，流转期限为 10 年。对于茶园，他们也没有抱太大希望，因为海拔高、气温低，栽一批，死一批，成活的茶树生长缓慢，估计三五年不会有收益。即使有些老茶可以摘，一年也只有一两千元的收入。为了增加收入，填补家用，务工成了他们最主要的生计方式。有老人和小孩的家庭，不得不考虑对老人和小孩的照顾问题，一般男主人外出务工，女主人在附近打点短工，照顾老小。靠务工收入和政府补贴，金花村移民家庭维持着他们的生产生活。

从表 7-4 可以看出，务工收入是移民家庭的主要收入，占整个家庭收入的 69.5%。其次是政府给予的生活补助，再次就是卖茶叶收入。而搞乡村旅游接待的移民家庭不多，整个金花村不到 30 家。同时，旅游接待只是在七八月份才有客源，而且容易受到自然灾害的影响，如芦山地震就使得这项收入锐减。

表 7 - 4　金花村 74 户移民灾后家庭年均收入

收入来源	卖茶叶收入	务工收入	生活补助	其他收入*	合计
户均收入（元）	1354.60	20178.11	7159.76	338.44	29030.90
所占比例（%）	4.67	69.51	24.66	1.17	100.00

注：＊其他收入是指少数家庭在家里搞乡村旅游接待（农家乐）所获得的经营收入。

就支出而言，村民普遍感觉在南宝山安置区的生活开支较以前大大增加。不但水电气需要开支，连吃的菜和米也要花钱。在 72 户村民的消费支出中，户均衣食支出和水电气消费分别为 7054.86 元和 2485.32 元（见表 7 - 5）。对于有子女读书的家庭，子女的教育开销是家里最重要的支出，对于有子女的 46 户家庭，户均教育支出 7830.5 元。虽然国家已经免除了农村义务教育阶段学生的学杂费和部分书本费，但是因为南宝山安置区移民子女均需要在油榨乡小学和火井中学住校学习，移民家庭需要负担子女住校期间的生活费和周末返家的交通费。

表 7 - 5　金花村移民家庭灾后年均主要支出

支出类型	水电气消费	衣食支出	看病就医费用	子女教育开销	人情支出
户均支出（元）	2485.32	7054.86	3327.46	7830.50	2055.85
所占比例（%）	10.90	31.00	14.60	34.40	9.10
调查户数（户）	72.00	72.00	71.00	46.00	62.00

搬迁后，部分村民不适应南宝山的气候，生病时间较以前有所增多。移民家庭平均每户的看病就医费用为 3327.46 元，尽管不算最高，但对于那些没有收入来源的家庭而言，也是一笔难以承受的开销。由于住在山上，离医院较远，路费也是一笔不小的开销。此外，多数移民家庭每年至少要回青川老家一趟，每趟的人情支出不低于 2000 元（包括路费和送礼等）。

（2）木梯村

木梯村 1 组（安置点 C 区）把 250 亩茶园整体流转给江南雪公司，由该公司负责茶园的管理，并按每亩每年 300 元的标准向村民支付流转费用，流转合同的期限是 17 年。对于菜地，村民在当地政府的宣传下，种植紫色马铃薯和高山生态蔬菜。但是紫色马铃薯的种植成本高、产量低、个头小，带来的收益不大；高山蔬菜也因为气温低、雨水多、难管理而成不了规模。因此，许多木梯村移民不得不返回老家挖药材，或者在当地寻找务工机会。

从表7-6可知，木梯村移民家庭平均务工与挖药材收入为21841.11元，这不仅是当地务工和外出务工的收入所得，而且包括了回家挖药材所获得的收入。其次是9813.78元的生活补助，这一项收入是维持最低生活的保障。而种植紫薯和蔬菜的农副业收入为1725.00元，一年不足2000元。

表7-6　木梯村移民家庭灾后年均收入

收入类型	农副业	务工与挖药材	生活补助	其他*	合计
户均收入(元)	1725.00	21841.11	9813.78	833.33	34213.22
所占比例(%)	5.04	63.84	28.68	2.44	100.00

注：* 其他收入是一户开农家餐馆的经营收入，不考虑在总收入内。

就支出而言，除了日常生活支出（水电气消费和衣食支出）外，木梯村移民家庭最主要的支出就是看病就医支出，户均花费7063.89元。对于有子女读书（包括就读各类学校）的家庭，子女教育支出超过看病就医支出，是家庭最大的一笔开销，达到每年9280元[1][6]。对部分家庭，人情支出的金额也不小，达到3200元（见表7-7）。

表7-7　木梯村移民家庭灾后年均支出

支出类型	水电气消费	衣食支出	子女教育支出	看病就医支出	人情支出
户均支出	2808.22	6122.22	9280.00	7063.89	3200.00
所占比例(%)	9.90	21.50	32.60	24.80	11.20
调查户数	18.00	18.00	11.00	18.00	10.00

---

① 关于木梯村移民的生计支出，王俊鸿（2011）曾经做过相关的研究，也认为羌族移民最大的生活压力是子女的教育和生活支出。移民家庭的每位住校学生每学期需要支出生活费600～700元，交通费200～300元，即一个义务教育阶段的住校学生每年生活费和交通费达到1600～2000元。如果一个家庭有两个住校学生，则每年的教育支出可高达4000元。这个数据与调查中的9280元差距很大，主要原因是我们把所有读书子女（包括高中和大学）的教育费和借读费都包括在内。

3. 灾前与灾后的生计比较

为了正确反映灾害移民当前的生计状况，需要对其灾前灾后的生计资本进行比较。本书主要从土地面积、林地面积、农副产品收入、牲畜收入、务工收入等方面来比较。

首先，从灾前灾后拥有的土地面积看，金花村移民灾前的土地面积，不论是户均面积，还是人均面积都高于灾后，而且灾前可耕种的土地面积也远远高于灾后的土地面积（见表7-8）。如果考虑气候条件和土地质量，移民家庭在掌握的土地资源上的差距应该会更大。

表7-8　金花村移民家庭灾前灾后土地面积

单位：亩

土地类型	灾前		灾后		
	耕地	林地	菜地	林地	茶园
户均面积	12.6	15.7	1.3	3.9	7.2
人均面积	3.1	3.4	0.5	1.1	2.0

其次，从灾前灾后的收入看，金花村移民灾前的收入主要由卖农产品收入、卖牲畜收入和务工收入组成，其中务工收入所占的比重最大，在整个收入中占52.3%。同时卖农产品收入和卖牲畜收入也分别占到了7.8%和35.5%，二者加起来占整个收入的43.3%，即大约一半的收入来自农业。然而，搬迁后金花村移民的收入结构发生了变化，主要来源为卖茶叶收入、务工收入和政府给予的生活补助。其中务工收入占整个收入的69.5%，生活补助占24.7%，茶叶收入只占4.7%。如果不包括生活补助，移民家庭总收入为21871.2元，不如灾前的收入高，而且务工收入所占比重更高。搬迁后，农户收入来源趋向单一，大大增加移民家庭的生计风险。

同样，木梯村移民灾前灾后的收入类型和户均收入也发生了很大变化。地震前，移民家庭除了务工外，卖牲畜和挖药材也是木梯村移民家庭主要的收入来源，占整个收入的87.9%。因地震搬迁到南宝山安置区后，移民没有了卖牲畜收入，务工收入（包括回汶川挖药材）成了家庭最主要的收入来源，其比重上升到了63.84%。

杜丽红等对南宝山安置区移民的收入也进行过调查分析[7]。他们认为地震前人均纯收入为 400～800 元，远远低于全省平均水平，现在人均纯收入为 1500～16000 元，较以前有大的提高。根据我们对金花村 74 户 304 人的调查和统计分析，以户均人口 4 人计算，金花村移民灾后人均收入为 8130.77 元（若除去生活补助则为 6153.82 元），灾前的人均收入为 6648.91 元。如果再把在南宝山安置区增加的生活支出及近年来的物价上涨因素考虑进来的话，灾前灾后的收入差距将会更大。因此，可以肯定移民灾后的收入与灾前相比不是增加而是减少了。

通过对南宝山金花村和木梯村移民家庭生计状况的描述和分析可知：地震前，移民拥有的土地较多，户均土地面积和人均土地面积都高于震后；同时因为土地多，农产品的产量也多，喂养的牲畜自然也多；而因地震灾害搬迁后，由于受到各种条件限制（如土地面积锐减、集中居住模式和安置区的环境治理），移民失去种植玉米、土豆等农产品和喂养牲畜的条件，移民生计状况因此发生了较大改变，主要表现在以下几个方面。

第一，灾害移民的生计方式发生了改变。地震前，移民的生计方式是以农业生产和外出务工为主。因地震搬迁后，移民被安置在南宝山安置区，经历了 4 年的适应生活，目前移民的生计方式以务工和获得政府生活补助为主。移民仅有的茶叶种植也因为各种原因收益不佳，不得不进行流转（木梯村 2010 年流转给公司，金花村也于 2013 年 8 月将茶园流转出去）。乡村旅游接待也因季节性特点和灾害影响成不了规模，不能作为移民家庭主要的收入来源。目前唯一的生计方式就是务工，包括外出务工和在附近打短工。

第二，生计方式的变化导致灾害移民的收入结构发生了变化。因地震搬迁前，移民家庭的收入来源于种植业和养殖业，同时也通过外出务工获得家庭经济收入。而灾后，移民家庭的收入来源主要是务工和政府补助。

第三，通过对灾前与灾后家庭经营土地面积和收入比较发现：移民灾后土地面积与灾前相比大大减少，灾前灾后人均耕地面积相差近 6 倍。同时，移民家庭人均收入也比灾前大大降低。

第四，灾害移民家庭的支出较大。除了日常生活支出有较大增长外，移民家庭的医疗支出和人情支出也较多。有子女读书的家庭，其教育支出成为家庭最大的一项支出。

二　与原住居民的生计资本比较

生计状况的好坏取决于农户家庭生计资本的多少。英国国际发展部（DFID）认为可持续生计的核心是生计资本，生计资本一般分为自然资本、物质资本、人力资本、金融资本和社会资本五类。

1. 自然资本

南宝山安置区金花村和木梯村移民灾后的自然资本就是人均 2 亩茶园、1.1 亩林地和 0.5 亩农菜地。本次调查共获得金花村 74 户、木梯村 18 户农户的基本数据。从表 7-9 可以看出，移民家庭的茶园面积、林地面积和菜地面积都不多，而且茶园已被流转，移民只能得到每亩一年 300 元或 350 元的流转费。作为参照组，我们选择秋园村 4 组作为原住居民代表进行了调查，调查结果显示该组农户家庭平均每户有 3.53 亩耕地面积和 15.19 亩林地面积，是灾害移民家庭的 2~3 倍。由此可见，灾害移民的自然资本大大低于原住居民。

表 7-9　南宝山被调查农户家庭的自然资本

单位：户、亩

村名		金花村	木梯村	合计
户数		74	18	92
户均土地面积	茶园	7.16	9.91	7.68
	林地	4.53	4.28	4.49
	菜地	1.26	1.31	1.27

2. 物质资本

南宝山安置区移民的物质资本主要是政府 2009 年修建并分配给他们的人均 35 平方米的新住房，以及他们的大件家具和交通工具。通过对 92 户移民家庭的调查统计，得出户均房屋间数为 4.82 间，户均房屋面积为 141.52 平方米。同时每家都有一台电视机、一台冰箱和一台洗衣机。据移民介绍，电视机由侨胞捐献，冰箱和洗衣机的购买则是为了接待上山游客。同时，移民家庭中有33户（占35.9%）有交通工具，其中26户有摩托车，5户有电动三轮车，另外2户分别有面包车和小轿车。

而对于南宝山的原住居民——秋园村4组村民来说，除了房屋、家具和交通工具外，喂养的牲畜是每户家庭的重要物质资本。在被调查的16户农户中有5户喂鸡，2户喂猪。农户的户均房屋间数为5.56间，户均住房面积为160.75平方米，房屋结构以砖木为主，房屋修建年限多在30年以上。和移民家庭一样，每家基本都有电视机、冰箱和洗衣机。同时，有7户（占43.75%）农户有交通工具，其中5户有摩托车，2户有电动三轮车，1户不仅有摩托车而且有小轿车。

因此，除了房屋具有结构和年限优势外，移民家庭在物质资本的其他方面均不如原住居民家庭。

3. 人力资本

自然资本和物质资本的有效利用需要人力资本来实现。南宝山安置区移民的人力资本表现在年龄、健康、文化程度三个方面。从表7－10可以看出，金花村移民的16～60岁的劳动年龄人口数的比重最高，不但高于木梯村，而且比秋园村4组高。这说明金花村移民的劳动力储备比较丰富。木梯村与秋园村4组的劳动力储备基本一样。

表7－10　调查对象的年龄状况

单位：人，%

年龄类别	金花村	木梯村	两移民村合计	秋园村4组
16岁以下人数及占比	57(18.8)	16(20.8)	73(19.2)	7(10.6)
16～60岁*人数及占比	212(69.7)	49(63.6)	261(68.5)	42(63.6)
60岁以上人数及占比	35(11.5)	12(15.6)	47(12.3)	17(25.8)
合计	304	77	381	66

注：*国家法律规定，男性法定劳动年龄为16～60周岁；女性为16～50周岁。考虑到农村的实际情况，除了病残障外，绝大部分女性在过50岁后仍然参加劳动，本书将男、女人口劳动年龄均规定为16～60周岁。

劳动年龄人口数只反映了人力资本的数量储备，其质量还需要通过了解其健康状况和文化程度才能够认识到。在进行移民健康状况调查时，我们把健康分为4类，分别是良好、一般、不好和很坏。良好是指移民家庭中年轻力壮，除了偶尔感冒外，身上少有病痛的家庭成员；一般是指没有大疾病的老人和小孩；不好则指患有慢性病或有轻度残疾（三级或三级以上残疾）的家庭成员；很坏就是指那些患有多种疾病包括身体瘫痪、精神失常等，丧失了劳动能力的家庭成员。

表7-11 调查对象的健康状况

单位：人，%

健康状况	金花村		木梯村		两移民村合计		秋园村4组	
	人数	占比	人数	占比	人数	占比	人数	占比
良好	194	63.8	54	70.1	248	65.4	48	72.7
一般	45	14.8	13	16.9	57	15.0	11	16.7
不好	47	15.5	10	13.0	57	15.0	6	9.1
很坏	18	5.9	0	0	18	4.7	1	1.5
合计	304	100	77	100	381	100	66	100

在已有的调查数据中，金花村移民的健康状况较木梯村和秋园村4组要差（见表7-11）。其中，金花村被调查移民中，身体状况为"一般"及以上状态的人口比重为78.6%；"不好"及以下状态的人口比重为21.4%，木梯村分别为87%和13%。主要原因可能是木梯村移民在地震发生前居住在高山上，海拔相对较高，他们也更容易适应南宝山的气候条件，而金花村移民则不同，由山谷搬到山顶，海拔升高，难以较快适应南宝山气候，从而导致其健康状况不如灾前。我们在调查时，金花村有好几个调查对象反映他们在南宝山上生活后生病的次数多了。此外，尽管木梯村移民的健康状况与秋园村4组原住居民差不多，但是从具体患病者的年龄和疾病状况来看，木梯村移民健康状况相对较差。

同样，我们将文化程度分为不识字、识字不多、小学、初中、高中或中专、大专及以上6类。不识字就是没有读过书，识字不多则是小学读了一年或两年，小学就是小学读了三年以上到初中不满一年，初中、高中或中专、大专依此类推。

在已有的调查数据中，金花村移民的受教育年限要高于木梯村（见表7－12）。我们假定：不识字人口的受教育年限为0年；识字不多人口的受教育年限为3年；小学为6年；初中为9年；高中或中专为12年；大专及以上为16年。金花村、木梯村、秋园村4组的人均受教育年限分别为6.94年、5.77年和6.48年。其可能的原因是木梯村移民多为羌族，在文化教育水平上与汉族还有一些差距。把金花村和木梯村移民放在一块，他们的文化程度与秋园村4组相当。此外，秋园村4组不识字的人数比重最高，这是因为所调查的秋园村4组原住居民中，60岁以上的老年人比重较大（秋园村4组60岁以上的人口占总数的25.8%）。

表 7 – 12　移民的文化程度

单位：人，%

文化程度	金花村		木梯村		移民村合计		秋园村 4 组	
	人数	占比	人数	占比	人数	占比	人数	占比
不识字	39	13.4	12	16.2	51	14	16	24.2
识字不多	16	5.5	6	8.1	22	6	4	6.1
小学	92	31.6	29	39.2	121	33.2	16	24.2
初中	94	32.3	24	32.4	118	32.3	16	24.2
高中或中专	34	11.7	3	4.1	37	10.1	12	18.2
大专及以上	16	5.5	0	0	16	4.4	2	3.0
合计	291	100	77	100	381	100	66	100

4. 金融资本

南宝山安置区移民的金融资本主要体现在其能够获得的各项资金上。由于土地少，茶叶收益不大，移民当前主要依靠务工和领取农村最低生活保障金来维持生活。而秋园村4组的原住居民，他们除了务工外，可以出售木材获得收入，木材价格在每立方米600元左右，一个家庭一年的木材收入一般在5000元以上。

表7-13　农户家庭的收入情况

单位：元，%

收入类型	金花村		木梯村		秋园村4组	
	收入	占比	收入	占比	收入	占比
农副收入	1643.3	5.1	1940.6	5.9	6165	15.0
务工收入	22972.0	70.6	24184.7	73.1	33320	81.2
补助收入	7907.8	24.3	6940.1	21.0	1553.4	3.8

如表7-13所示，金花村、木梯村和秋园村4组农户家庭的主要收入都是务工收入，这是当前农户家庭收入现状。但是他们务工收入的总量存在差别，金花村和木梯村移民家庭的务工收入比秋园村4组少近1万元。主要原因是移民多是在南宝山附近的邛崃市或者火井镇务工，每月工资在1000元左右；而原住居民则多是在成都市打工，每月有2000元左右的收入。以木梯村和秋园村4组为例，他们户均务工收入的分布见表7-14。从表中可以看出木梯村移民的户均务工收入多在1万元以下，占41.2%；秋园村4组多为1万~3万元，占33.3%。

表7-14　部分木梯村和秋园村4组农户家庭户均务工收入分布

单位：户、%

收入等级	秋园村4组		木梯村	
	户数	占比	户数	占比
1万元以下	4	26.7	7	41.2
1万~3万元	5	33.3	5	29.4
3万~6万元	3	20.0	4	23.5
6万元以上	3	20.0	1	5.9
合　计	15	100.0	17	100.0

注：1万~3万元中不包括3万，3万在3万~6万元内。

同时，在总收入上，移民家庭的总收入比原住居民家庭要少8000元左右，这是前面提到的务工收入和农副业收入不同导致的结果。在获得政府补助上，移民家庭高于原住居民家庭，因为按照每人每月181元的最低生活保障金计算，一个四口之家的补助收入就是8688元，而原住居民家庭只是有年满 60 周岁的老人才可以领取每月 55 元的农村老年人最低生活保障金。

5. 社会资本

社会资本是农户在社会生产生活当中需要借助的一些社会资源，包括加入的社会组织以及家人亲戚是否是社区或乡镇公职人员等。移民通过加入合作社或社团，能够得到组织及组织内部成员的支持和帮助。同时，如果有家人亲戚担任公职，就能够为本家庭争取更多可利用的资源。

目前，不少金花村移民家庭通过人均 0.2 亩菜地，加入了南宝山高山蔬菜合作社。然而，移民加入合作社后，除了获得土地流转费外，对其他事项并不关心。木梯村有个羌族文化艺术团，有 20 多位团员，但是，艺术团只有在节庆活动时才组队演出。秋园村 4 组没有类似的合作组织。在对家人或亲戚是否有人担任当地公职进行调查时，金花村有 9 人，木梯村有 1 人，秋园村 4 组有 1 人。因此，不论是家庭成员参与集体组织，还是其担任公职对移民的生计资本的影响都不大。

通过对灾害移民家庭五类生计资本的描述及其与原住居民家庭生计资本的比较，我们发现除了社会资本无法比较外，其他四类资本都明显低于原住居民。在自然资本上，灾害移民家庭分配到的农菜地、林地和茶园的面积均少于原住居民家庭，并且现在的茶园都已经被流转出去了。在物质资本上，灾害移民除了目前的住房条件比原住居民好以外，大件家具和交通工具都不如原住居民。同时，原住居民喂养的牲畜更增加了双方在物质资本上的差距。在人力资本上，尽管移民劳动年龄人口的比值和文化程度比原住居民高些，但移民的整体健康状况不如原住居民，特别是青壮年劳动力的患病情况比原住居民严重。在金融资本上，移民不但务工收入比不上原住居民，而且加上最低生活保障金的总收入也比原住居民低。因此，灾害移民当前的生计资本低于原住居民。

第四节　生计风险及应对策略

在山区农村，生计资本既是农户生产生活的产出（生计结果），也是农户在生产生活当中面临各类风险时能够使用的资源。当前，南宝山安置区灾害移民家庭所面临的生计风险主要有三类，一是健康风险，即家庭成员不好的健康状况（如患病）导致生产能力下降或者医疗支出增加影响家庭其他各项开支的风险；二是教育风险，它是家庭中的劳动力因较低的文化素质无法为整个家庭增加收入的风险，同时子女过高的教育支出也会加重家庭的经济负担；三是生产生活风险，就是移民家庭各项资本匮乏而导致收入来源单一、不稳定的风险，同时，移民在安置区内较高的生活开销也是其生产生活风险的一种表现。移民面对这三类生计风险，一般采取务工和个体经营的生计策略来应对。此外，流转土地、发展乡村旅游也是他们应对生计风险，提高生计能力的一些尝试。

一　健康风险及应对

健康风险，对农户生计状况的影响主要表现在两个方面。一是由于疾病损伤导致家庭成员劳动能力下降和收入减少。高梦滔等[8]基于中国 8 个省份、1354 位农户、跨度 15 年的微观面板数据，发现大病冲击平均使得农户人均纯收入下降 5% ~ 6%，并且这种影响是长期的。中国卫生服务调查的结果显示，在中国农村的贫困户中，"因病致贫"占了很大的比重，1998 年和 2003 年分别为 21.61% 和 33.4%（卫生部统计信息中心，2004）。严重的健康风险冲击会损害农户长期的创收能力。二是疾病损伤导致家庭医疗费用的增加，甚至会挤占家庭其他的必要开支，如医疗费用的增加会挤占家庭在生产生活上的支出，也会影响子女的教育投资，从而损害家庭的创收能力。

在南宝山安置区，灾害移民因异地搬迁产生的适应困难导致了家庭成员的患病率增加。金花村移民因为比较难适应南宝山的气候条件，移民健康状况不好和很坏分别占 15.5% 和 5.9%。同时，有家庭成员患病的户数占调查户数的一半，其中，家里一人患病的有 28 户，两人患病的有 9 户。这说明金花村移民的患病率较高，面临的健康风险也较高。这进一步说明移民家庭的健康状况不如原住居民，移民面临的健康风险更高。

健康状况不佳不仅影响移民家庭的劳动能力，而且增加了家庭的医疗支出。金花村移民家庭一年的医疗费用为 3327.46 元，占总支出的 14.6%，是教育支出和生活支出后的第三大支出。而木梯村移民家庭一年的医疗支出为 7063.89 元，占总支出的 24.8%，成为除教育支出外的第二大支出。因此，健康风险成为移民家庭的主要生计风险，它不但影响了移民家庭劳动能力，而且是家里的一项主要支出，加重了家庭的经济负担，损害了移民家庭长期的创收能力。

面对健康风险，金花村移民通过加大生活费用支出（金花村移民家庭的生活费用支出占其总支出的 31%）来提高家庭成员的营养水平，进而改善健康状况。木梯村移民通过增加医疗费用支出（木梯村移民家庭的看病就医支出占其总支出的 24.8%）来改善家庭成员的健康状况。

二 教育风险及应对

教育风险表现为劳动者较低的文化程度对其收入增加的限制以及子女读书的大额教育支出两个方面。如果劳动者的受教育水平高，其收入水平就高，如果受教育水平低，则其收入水平就低，二者是正相关关系。加大对子女的教育支出是改善家庭生计状况的一项长期投资，但是过高的教育支出也会挤占移民其他方面必要的支出，如营养的补充，从而导致家庭其他成员健康状况的恶化，影响整个家庭的劳动能力和创收能力。

朱农[9]在研究教育对中国农村家庭生产活动和收入的作用时指出，教育对收入的作用始终是正向的，教育水平的提高不仅能够带来农村家庭收入的增加，而且能在某种程度上改善农村收入分布的不平等。孙志军等[10]利用内蒙古赤峰市的农户数据，运用农业收入函数估计了农村居民的教育水平与收入的关系，结果发现：教育对于提高农村家庭收入具有显著的促进作用，甚至高于土地和劳动力人数的作用，同时，初中教育的促进作用最大。

南宝山安置区移民当前的文化程度不高，小学和初中所占的比重最高。尽管金花村移民高中或中专、大专及以上的比重达 16.5%，但是初中以下文化程度的移民人数占比为 49.2%，占了将近一半的比重。木梯村移民初中以下文化程度的移民人数占比更是高达 63.5%。这对移民家庭收入的增加无疑是很大的阻碍。在调查的过程中，我们发现，文化程度低使得木梯村移民很难找到工作，即便找到工作，也主要是在附近的火井镇或南宝乡打零工，这与秋园村 4 组原住居民在成都打工，获得比移民高出近一万元的务工收入形成鲜明的对比。

移民劳动力较低的文化程度不但限制了务工收入的增加，也加大了掌握劳动手艺的难度。金花村移民家庭中劳动者有手艺的为 21 户，占总数的 28.5%，木梯村移民家庭几乎没有人有手艺，秋园村 4 组原住居民家庭有 37.5% 的人有手艺，这也是原住居民家庭务工收入高的一个重要原因。

移民家庭正是因为尝到文化程度低的苦果，才尽心尽力地供子女读书。然而，子女的教育费用却成了移民家庭最大的一项开支。如前面所述，一个义务教育阶段的住校学生每年需要的生活费和交通费达到 1600 ~ 2000 元。如果一个家庭有两个住校学生，则每年的教育支出是 4000 元左右。而读高中或大学的费用则会更高。平均每个家庭的教育支出为 8000 ~ 9000 元，占总支出的 30% 以上。因此，教育支出既是一种人力资本投资，也是家庭一项巨大的开支。面对当前的教育风险，移民应首先积极参加当地组织的技能培训，如茶叶种植管理技术培训；其次努力争取学校给予住校生的生活补助，现在每个住校生的生活补助已经由每学期 375 元提高到 500 元。

三 生产生活风险及应对

生产生活风险主要是指移民在生产生活过程中遇到的各类风险，包括安置区移民收入来源减少、生活费用增加等风险。陈传波[11]将农户的生产生活风险分为资产风险、收入风险和福利风险三类。资产风险包括失业或患病丧失劳动力导致的人力资产风险，土地制度不稳定导致的自然资产风险，自然灾害损毁房屋资产导致的物质资产风险等。收入风险则是价格波动或投资不利等导致的经营损失风险。福利风险就是在营养、健康、教育、社会排斥和能力剥夺方面遭受的风险。由此可见，农户可能遇到的所有风险都包括在其生产生活风险当中。

我们把健康风险和教育风险单独列出，主要考虑健康和教育对农户生计的突出影响。同时集中考虑生产生活风险中的收入来源风险和生活支出风险两项，原因是收入的来源及获得是整个家庭生产生活的基础，而生活支出则是维持家庭存在和发展的必要条件。

在南宝山安置区，移民家庭收入主要来源于务工和生活补助，分别占总收入的70.4%和24.6%。剩下5%的收入则是出售茶叶的收入所得。同时，茶园的流转和紫色马铃薯卖不出去的困境更加剧了这种收入来源的单一性和不稳定性。目前，只有国家的生活补助比较可靠，但是国家不可能长期给予补助支撑，况且，过多地依赖补助也是风险增加的一种表现。

南宝山安置区移民除了感到收入来源不稳定外，还常常感到这里的生活开支相比灾前大大地增加了。一位居民给我们算了一笔生活开支的账目：一个三口之家，每月至少要1罐气、60度电和10吨水，1罐气108元，1度电0.58元，1吨水1.5元，平均每月的水电气支出约为158元。每天需要15元钱来买米买菜，10元钱用于日用品消费，每月就要750元。而一家三口每月的最低生活保障金只有543元（181元/人），远远不够生活上的开销。为了进一步说明灾害移民家庭的生活开销，我们对南宝山农户家庭一年的生计支出进行了汇总（见表7-15）。

表7-15　南宝山农户家庭每年的生计支出

单位：元，%

支出类型	金花村		木梯村		秋园村4组	
	支出	占比	支出	占比	支出	占比
子女教育	7830.50	34.4	9280.00	32.6	8540.00	37.7
看病就医	3327.46	14.6	7063.89	24.8	4238.46	18.7
衣食消费	7054.86	31.0	6122.22	21.5	4615.63	20.4
水电气消费	2485.32	10.9	2808.22	9.9	684.31	3.1
人情支出	2055.85	9.1	3200.00	11.2	4553.33	20.1
总支出	22753.99	100	28474.33	100	22631.73	100.0

可以看出，金花村平均每户移民家庭的生活支出为 9540.18 元，包括水电气消费和衣食消费，占总支出的 41.9%。木梯村移民家庭的生活支出为 8930.44 元，占总支出的 31.4%。而秋园村 4 组的生活支出只有 5299.94 元，占总支出的 23.5%。由此可见，移民家庭生活支出风险大大超过了原住居民。此外，移民子女教育和看病就医的支出也在总支出中占了相当大的比重。面对生产生活风险，南宝山安置区移民家庭主要采取了务工、开办农家乐和家庭养殖这三种生计策略来应对和适应。

（1）务工

由于在农业生产上受到耕地不足（人均 0.3 亩农菜地）和气候条件（海拔高、气温低、茶树死亡率高且生长缓慢）的限制，务工成了南宝山安置区灾害移民家庭主要收入来源。务工分为当地务工和外出务工（不包括公职人员和个体户），当地务工是指移民劳动力在邛崃市范围以内打工，外出务工则是在邛崃市范围以外打工。

除了少数家庭全家外出务工，多数移民家庭劳动力在务工时遵循男女性别分工，男的外出打工，女的一边照顾家庭一边在当地务工。金花村移民劳动力外出务工的地点多选择在广东、浙江等沿海省份，这是他们地震前就已经形成的务工习惯。木梯村移民劳动力因为文化素质低和工作技能缺乏，更多的是在 5~6 月回汶川老家挖虫草、天麻等药材，或者在汶川老家找事做。也有少数劳动力在南宝山当地的工地上干活，或者帮助原住居民砍树来获得劳务报酬。当地务工的报酬按性别和工作性质来定，如女性在茶场除草 50 元/天，喷药 60 元/天；男性在工地上 80 元/天，帮人砍树直接按砍伐量来计算报酬，一天 80~120 元不等。据我们的调查，在 74 户金花村移民家庭中，在当地务工的有 60 人，外出务工的有 54 人；在 16 户木梯村移民家庭中，在当地务工的有 20 人，外出务工的有 13 人。

（2）开办农家乐

目前，金花村有近 30 家移民家庭开办农家乐，从调查到 9 户农家乐的经营收入（见表 7-16）来看，最低收入为 1000 元，最高收入为 12000 元。经营的时间都是七八月的避暑时节。

表 7-16　金花村 9 户农家乐的经营收入

单位：元

农户编号	02	05	06	14	15	34	38	57	72
经营收入	2500	2000	1000	12000	12000	1000	2400	10000	5000
经营时间	1 月	1 月	1 月	2 月	3 月	1 月	3 月	3 月	2 月

　　木梯村有 23 家开农家乐，1 组有 13 家，2 组有 10 家。我们调查的 1 户家庭开农家乐的年收入为 10000 元，包括餐饮住宿和其他服务费收入。

　　（3）家庭养殖

　　家庭养殖包括养鸡和养羊。在家庭养殖上，木梯村走在前面。开"羌妹山庄"的杨永树夫妇在自己的山林里搭建鸡舍，喂养了 200 只鸡。杨永树向我们介绍，这些鸡长大后既可以给旅客提供餐桌佳肴，也可以拿到市场上卖。每只鸡仔的成本是 5 元，加上食物和饲料 15 元，一只 5 斤重的鸡（10 元/斤）可以赚取近 30 元的利润。陈学军的妻子做了心脏病手术，家里经济困难，村委会就购买 100 只鸡仔让她饲养，卖得的钱减去村委会的购买成本就是陈学军妻子的劳动所得。还有一位村民在自家田地里养羊，希望依靠羊的自身繁殖来增加饲养规模和经济收入。相对于木梯村，金花村移民家庭的养殖少些。在调查时我们发现只有一家农户在自己地里养了 1 头猪和 30 只鸡，还是偷着养，因为金花村村委会明确规定不允许移民养殖牲畜和家禽。

　　根据上述分析可知，南宝山安置区移民家庭面临的生计风险主要包括健康风险、教育风险和生产生活风险。在健康风险上，南宝山安置区灾害移民的健康状况不佳、患病率较高。其中，金花村移民有 21.4% 的人健康状况不好，有 37 户家庭有成员患病在家，平均每户家庭一年的医疗支出为 3327.46 元，占总支出的 14.6%，是教育支出和生活支出后的第三大支出。木梯村移民家庭一年的医疗支出为 7063.89 元，占总支出的 24.8%，成为除教育支出外的第二大项支出。此外，木梯村移民家庭成员的疾病损伤程度和患病者年龄均高于秋园村 4 组。目前，金花村移民通过增加衣食支出来改善其健康状况，木梯村则增加了医疗支出。

在教育风险上，南宝山安置区移民的文化程度不高。金花村移民初中以下文化程度的移民人数占比为 49.2%，占了将近一半的人数。木梯村移民初中以下文化程度的移民人数占比更是高达 63.5%。移民较低的文化程度不但限制其收入的增加，而且加大了移民掌握工作手艺的难度。同时，移民家庭子女较高的教育支出也挤占了家庭的其他支出，成为移民子女读书家庭面临的最大生活压力。目前，移民在当地政府和有关部门的帮助下参加了技能培训，也积极地争取住校生的生活补助。

在生产生活风险上，移民主要靠务工和补助来获取家庭收入。收入来源的单一性和不稳定性、生活消费的过多支出是移民家庭生产生活风险的主要表现。面对这些风险，移民家庭采取了务工、开办农家乐和家庭养殖等适应策略来应对。务工包括当地务工和外出务工。移民家庭一般男的外出务工，女的照顾家庭和当地务工，务工收入成为移民家庭主要的收入来源。开办农家乐是移民家庭充分利用南宝山避暑纳凉的气候资源的结果，但是，农家乐的经营只有在避暑季节才有收入。在家庭养殖上，木梯村移民的家庭养殖初见成效，金花村移民则因村委会的明确规定，以及对社区的旅游环境和庭院空间有限的考虑，几乎不进行家庭养殖，只有 1 户偷偷进行着牲畜养殖。

第五节　生计脆弱性评价

一　评价指标体系构建

为了评价移民的生计脆弱性，首先需要构建一定的评价指标体系。由于生计脆弱性由生计资本、生计风险和适应策略三部分构成，生计脆弱性评价指标体系也应建立在这三部分的基础上（见表 7 - 17）。

表 7 – 17　生计脆弱性评价指标体系

类型	一级指标	二级指标	指标说明
生计资本	自然资本	耕地面积	家庭拥有的耕地面积的标准化①
	物质资本	房屋情况	房屋间数和房屋结构的综合值
		交通工具	家庭是否有交通工具，有 1 无 0
	人力资本	整体劳动能力	家庭成员的年龄与健康状况的综合值②
		整体文化程度	家庭成员的受教育程度的综合值③
	金融资本	总收入	家庭一年总收入的标准化值
	社会资本	担任公职	家庭成员有无担任公职，有 1 无 0
生计风险	健康风险	患病情况	家庭成员有无患病者，有 1 无 0
		医疗支出	家庭一年医疗支出的标准化值
	教育风险	文化程度低	户主文化程度为初中以下
		教育支出	家庭一年的子女教育支出的标准化
	生产生活风险	补助占比	政府的生活补助占家庭总收入的比重
		生活支出	家庭一年的生活支出的标准化
适应策略	务工	务工收入	家庭一年务工收入的标准化
	办农家乐	经营收入	农家乐的经营收入的标准化
	家庭养殖	养殖业收入	家庭养殖业收入的标准化

注：①标准化是指调查到的实际值与最小值的差额和最大值与最小值的差额的比值。

②在对每个家庭成员的劳动能力赋值时，我们借鉴了喻鸥（2010）的方法，即非劳动力（包括不能劳动的儿童、老人和患病者）赋值为 0，半劳动力（指可以做一些家务或农活的孩子、老人和患病者）赋值为 0.5，全劳动力（指能够从事全部劳动的成人劳动力）赋值为 1，然后将所有家庭成员的劳动能力求和，并对农户家庭劳动能力做标准化处理。

③对家庭成员的受教育程度进行赋值：不识字的为 0，识字不多为 0.2，小学为 0.4，初中为 0.6，高中为 0.8，高中以上为 1，然后对所有成员值求和，再进行标准化处理。

二　生计脆弱性评价

运用 SPSS 中的主成分分析法确定各指标权重，以农户调查数据为基础，计算出南宝山三村农户家庭的生计资本值、生计风险值和适应策略值。然后根据生计脆弱性程度指数 = 生计风险值 –（生计资本值 + 适应策略值）这一公式，从而得出不同农户的生计脆弱性程度指数。

1. 生计资本值

根据计算，南宝山金花村、木梯村和秋园村 4 组农户家庭的生计资本总值分别为 0.63、0.55 和 0.70（见表 7 - 18），其关系为木梯村<金花村<秋园村 4 组。这说明南宝山灾害移民家庭的生计资本值少于原住居民家庭。此外，木梯村移民家庭的生计资本值也少于金花村移民家庭。

表 7 - 18　南宝山三村农户家庭的生计资本值

一级指标	二级指标	金花村	木梯村	秋园村 4 组
自然资本	耕地面积 N_1	0.15	0.15	0.43
物质资本	房屋间数 P_1	0.23	0.25	0.30
	交通工具 P_2	0.35	0.39	0.44
人力资本	整体劳动能力 H_1	0.54	0.53	0.57
	整体文化程度 H_2	0.42	0.31	0.43
金融资本	总收入 E_1	0.30	0.31	0.37
社会资本	担任公职 S_1	0.28	0.17	0.06
总值 * L		0.31	0.30	0.40

注：* 通过变差系数法求得各指标权重，然后利用公式 $L = 0.2281N_1 + 0.0985P_1 + 0.1360P_2 + 0.1109H_1 + 0.1509H_2 + 0.2270E_1 + 0.0511S_1$ 得到不同农户家庭的生计资本总值。

（1）自然资本

南宝山安置区灾害移民家庭的自然资本有耕地、茶园和林地资源，主要体现在拥有的耕地面积上。由于灾害移民的茶园已被流转，林地上多是刚栽不久的树苗，因此，只选择耕地面积一项指标作为自然资本指标。灾害移民的耕地很少，人均 0.5 亩菜地，每个家庭的菜地也只有 1.5 亩左右。而秋园村 4 组原住居民家庭平均有 3.5 亩菜地，是移民的两倍多。通过标准化处理，金花村、木梯村和秋园村 4 组农户的自然资本值分别为 0.15、0.15 和 0.43，这说明移民自然资本值远远少于原住居民。

（2）物质资本

南宝山安置区灾害移民家庭的物质资本有住房、家具和交通工具。住房由政府于 2009 年统一修建，每位移民分得人均 35 平方米的住房，因此这里只把房屋间数作为一项住房指标。移民的家具种类多样，无法进行估价，只好放弃这项内容。移民家庭交通工具主要有摩托车、电动三轮车和面包车，这些交通工具既是移民较大的物质资产，也方便移民的生产生活，所以就以家庭是否有这些交通工具为一项物质资本指标。从物质资本的两项指标值来看，金花村、木梯村和秋园村 4 组的房屋间数指标值分别为 0.23、0.25 和 0.30；交通工具分别为 0.35、0.39 和 0.44。这说明三村居民的物质资本值差距不大。

（3）人力资本

南宝山安置区灾害移民家庭的人力资本主要体现在家庭成员的年龄、健康状况和文化程度上。根据李小云等[2]和杨云彦等[3]的研究，我们将农户家庭的人力资本设为两项指标，分别是家庭成员的整体劳动能力和整体文化程度。从这两项指标值来看，三个村农户家庭的整体劳动能力分别为 0.54、0.53 和 0.57，差距不大，秋园村 4 组略高一些；三个村农户家庭的整体文化程度分别为 0.42、0.31 和 0.43，木梯村的整体文化程度最低，其主要原因是木梯村移民以羌族为主，他们在北川老家接受教育的机会少于汉族农户。

（4）金融资本

南宝山安置区灾害移民的金融资本主要体现在其家庭的各项收入上，因此以家庭一年的总收入作为灾害移民家庭的金融资本指标。从总收入的金额来看，金花村、木梯村和秋园村 4 组农户的户均年收入分别为 32523.1 元、33065.4 元和 41038.4 元。从总收入指标来看，三村农户总收入标准化的值分别为 0.30、0.31 和 0.37。因此，灾害移民家庭的金融资本明显低于原住居民家庭。

（5）社会资本

南宝山安置区灾害移民的社会资本包括与亲戚朋友的关系、参与的社会组织以及家庭成员中是否有公职人员等。这些社会资源中，作用最大的是家庭成员中是否有公职人员，因为公职人员可以为家庭争取更多的社会资源。南宝山三村农户担任公职指标值分别为 0.28、0.17 和 0.06。秋园村 4 组担任公职人员最少的原因是我们只调查了秋园村 4 组，而在金花村和木梯村，我们对每个村民小组都进行了调查。

2. 生计风险值

生计风险指农户在生产生活过程中可能会遇到的生计资本损失或生计能

力的损害。目前，南宝山安置区灾害移民面临的生计风险主要包括健康风险、教育风险和生产生活风险。通过对这三类风险进行指标选取和权重计算，得到南宝山三村农户的生计风险值分别为 0.51、0.51 和 0.37（见表7－19）。这反映灾害移民家庭的生计风险高于原住居民家庭。

表 7 – 19　南宝山三村农户家庭的生计风险值

一级指标	二级指标	金花村	木梯村	秋园村 4 组
健康风险	患病情况 A_1	0.50	0.61	0.25
	医疗支出 A_2	0.11	0.23	0.14
教育风险	户主文化程度 B_1	0.51	0.61	0.56
	教育支出 B_2	0.31	0.37	0.34
生产生活风险	最低生活保障金占收入比 C_1	0.34	0.33	0.13
	生活支出 C_2	0.27	0.26	0.15
总值 * R		0.30	0.37	0.22

注：* 通过变异系数法求得各指标权重，然后利用公式 $R = 0.1839A_1 + 0.3078A_2 + 0.0731B_1 + 0.1358B_2 + 0.1413C_1 + 0.1583C_2$ 得到不同农户家庭的生计风险总值。

（1）健康风险

家庭健康风险主要表现在家庭成员患病对整体劳动力的损害，以及患病导致家庭在看病就医方面的支出。因此，本书用家庭成员中是否有人患病和家庭看病就医的医疗支出作为健康风险的两项指标。

南宝山三村居民的患病情况分别为 0.50、0.61 和 0.25，医疗支出分别为 0.11、0.23 和 0.14，这说明移民的健康风险高于原住居民。同时，木梯村移民的数值最高，这表明木梯村移民健康状况不佳，遭受健康风险的可能性更大。

（2）教育风险

教育风险主要表现在家庭成员较低的文化程度和子女的教育投入上。教育能够促进农户的收入增加，特别是初中教育的促进作用最大（孙志军等，2004）。如果农户家庭的教育水平低于初中，其生产能力和创收能力将受限制，从而导致收入增长缓慢。同时，子女的教育支出是一项人力资本投资，但过高的支出也影响农户的生产生活。因此，我们以户主文化程度是否为初中以下和家庭的教育支出作为移民家庭面临教育风险的两项指标。

南宝山三村农户户主文化程度指标值分别为 0.51、0.61 和 0.56，这表明木梯村移民家庭户主文化程度初中以下的最多，对其收入的限制最大。在子女教育支出上，三村农户家庭的教育支出指标值分别为 0.31、0.37 和 0.34，反映了木梯村移民家庭的教育支出最多，存在的教育风险最高。

（3）生产生活风险

南宝山安置区灾害移民当前的收入来源是务工和政府发放的生活补助。务工是农村家庭获得非农收入的主要方式，而生活补助则仅仅是保障居民的基本生活。目前南宝山安置区的灾害移民全部纳入农村最低生活保障体系，给予每人每月 181 元的最低生活保障金。此外，还有年满 60 周岁的农村老年人每人每月 55 元的最低生活保障金、残疾人补助金等。如果生活补助在农户收入中占的比例小，则农户的家庭收入高，对生活补助的依赖性小，面临的生产生活风险也就低。如果比例大，则农户面临的生产生活风险高。正是基于这样的考虑，将最低生活保障金占收入的比重作为灾害移民生产生活风险的一项指标。同时，也把日常生活的费用开销作为移民生产生活风险的另一项指标。因为日常生活的大额支出将给农户带来巨大的生活压力。

南宝山三村居民的最低生活保障金占家庭收入比重的指标值分别为 0.34、0.33 和 0.13，这说明最低生活保障金对移民生产生活的影响还很大。如果没有补助，他们的生产生活风险将会更高。三村居民的生活支出的指标值分别为 0.27、0.26 和 0.15，这说明移民在南宝山安置区的日常生活费用支出高于原住居民。因此，灾害移民家庭面临的生产生活风险大大高于南宝山的原住居民。

3. 适应策略值

适应策略是农户在面临生计风险时所采取的应对措施或方法。当前南宝山安置区灾害移民家庭应对生计风险的适应策略主要是务工和个体经营，务工包括外出务工和当地务工，个体经营则是开办农家乐和家庭养殖。

目前，务工已成为南宝山安置区灾害移民的主要生计方式和收入来源，也是移民应对生计风险的主要策略。因此，我们把移民家庭务工收入作为适应策略的一项指标。通过对移民家庭一年务工收入的标准化处理，获得三个村的务工收入指标值，分别为 0.18、0.19 和 0.27（见表 7-20），这说明灾害移民的务工收入值小于原住居民。由于开办农家乐和家庭养殖的移民户数只有 11 户和 4 户，无法进行标准化处理。因此，三个村居民的适应策略值就是其务工收入指标值。

表 7-20 南宝山三村居民的适应策略值

一级指标	二级指标	金花村	木梯村	秋园村 4 组
务工	务工收入 D_1	0.18	0.19	0.27
办农家乐	经营收入 G_1	—	—	—
家庭养殖	养殖收入 M_1	—	—	—
总值* A		0.18	0.19	0.27

注：*办农家乐和家庭养殖的户数太少，无法进行标准化，故总值 A 等于务工收入 D_1。

4. 生计脆弱性程度指数

生计脆弱性程度指数反映的是农户家庭生计的综合状况以及生计脆弱的程度。根据灾害移民的生计脆弱性程度（LVI）等于为灾害移民家庭的生计风险值（R）与当前拥有的生计资产值（L）和适应能力/适应策略值（A）二者和的差，即 $LVI = R - (L + A)$，得出灾害移民生计脆弱性程度指数（见表 7-21）。当指数为正数时，指数越大，说明灾害移民的生计脆弱性程度越高；指数越小，则其生计脆弱性程度越低。当指数为负数时，绝对值越大，则其生计脆弱性程度越低；绝对值越小，则其生计脆弱性程度越高。

表 7-21 南宝山三村居民的生计脆弱性程度指数

生计脆弱性程度指数	金花村	木梯村	秋园村 4 组
生计风险值 R	0.30	0.37	0.22
生计资本值 L	0.31	0.30	0.40
适应策略值 A	0.18	0.19	0.27
总值* LVI	-0.19	-0.12	-0.45

注：*数值为负数并不代表其没有脆弱性，而是表明其生计脆弱性程度与正数正好相反，即负数的绝对值越小，脆弱性程度越高；负数的绝对值越大，脆弱性程度越低。

由此计算出三村居民的生计脆弱性程度指数分别为 - 0.19、- 0.12 和 - 0.45。这说明南宝山安置区灾害移民家庭的生计脆弱性程度明显高于原住居民家庭。此外，相对金花村而言，木梯村灾害移民家庭的生计脆弱性程度更高。这是木梯村移民生计资本值偏低导致的结果。

第六节　结论与政策建议

一　结论

本书在对邛崃市南宝乡金花村和木梯村灾害移民部分家庭进行问卷调查与统计分析基础上，对移民家庭搬迁前与搬迁后以及移民家庭和秋园村 4 组原住居民家庭生计状况进行对比分析，然后选取指标，构建了移民家庭生计脆弱性评价指标体系，计算了两个移民村和一个原住民村的生计脆弱性指数。根据分析，初步得到以下结论。

（1）灾害移民搬迁后其生计资本低于灾前

5·12 汶川地震前，南宝山金花村移民生活在广元市青川县，拥有人均 3.1 亩耕地和 3.4 亩林地资源，每年有 1988.51 元种植业收入和 9101.36 元牲畜业收入，占家庭总收入的 43.1%。地震发生后，移民搬迁到南宝山安置区——南宝山农场，人均分到了 0.5 亩菜地、2 亩茶园和 1 亩集体林。自然资本的缩减导致了农副产品收入的减少。目前，移民家庭的主要收入来源为外出务工和政府补贴。与灾前相比，金花村和木梯村移民家庭灾后总收入均有所下降。从居住条件看，灾后移民居住条件与灾前相比有较大改善，但人均住房面积大大下降。就总体情况看，南宝山安置区移民灾后的生计资本和生计能力较灾前有所下降。

（2）灾害移民搬迁后其家庭生计资本低于原住居民家庭

灾害移民家庭当前的生计资本包括自然资本（土地）、物质资本（房屋、家里的大件家具和交通工具）、人力资本（家庭成员的整体劳动能力和文化程度）、金融资本（家庭收入）和社会资本（担任公职）。通过对这几类资本的标准化计算，得到南宝山金花村灾害移民、木梯村灾害移民和秋园村 4 组原住居民的生计资本总值分别为 0.31、0.30 和 0.40，其中，自然资本分别为 0.15、0.15 和 0.43，物质资本分别为 0.28、0.32 和 0.37。这表明灾害移民家庭当前的生计资本少于南宝山原住居民家庭。

（3）灾害移民搬迁后其家庭生计风险高于原住居民家庭

安置到南宝山以后，灾害移民当前主要面临健康风险、教育风险和生产生活风险这三类风险。健康风险是由于灾害移民因不适应南宝山自然环境而患病，从而导致医疗费用增加的风险；教育风险是灾害移民家庭户主较低的文化程度和子女较高的教育花费所带来的风险；生产生活风险则是过度依赖生活补助，担心国家取消生活补助而没有了收入来源，以及在南宝山安置区过高的生活支出所导致的风险。通过对这三类风险进行指标选取和标准化处理，获得南宝山金花村灾害移民、木梯村灾害移民和秋园村 4 组原住居民家庭的生计风险值，分别为 0.51、0.51 和 0.37，这表明灾害移民家庭的生计风险高于南宝山的原住居民家庭。

（4）灾害移民搬迁后其生计脆弱性程度高于原住居民家庭

灾害移民的生计脆弱性程度主要由灾害移民拥有的生计资本、面临的生计风险和应对风险采取的适应策略三者决定，即生计脆弱性程度指数 = 面临的生计风险值 −（拥有的生计资本值 + 适应策略值）。通过对这三者的计算，得到金花村灾害移民家庭、木梯村灾害移民家庭和秋园村 4 组原住居民家庭的生计脆弱性程度指数分别为 − 0.19、− 0.12、− 0.45，这表明灾害移民家庭的生计脆弱性程度高于原住居民家庭。

（5）灾害移民搬迁后其生计方式与灾前相比有较大变化

地震前，灾害移民的生计方式是以农副业生产为主，富余劳动力外出务工，家里的种植业收入和牲畜业收入是家庭总收入的主要来源。地震搬迁后，灾害移民主要依靠务工和国家生活补助来获得收入，生计方式以补贴和务工为主，务工逐渐成为移民家庭最主要的收入来源。现在，灾害移民又开始趋向于生计方式多样化。在农业收入无望的条件下，部分家庭开始开办农家乐，搞起家庭养殖。

二　政策建议

针对南宝山安置区灾害移民当前生计资本少、生计风险大、生计脆弱性程度高的现状，现提出有关南宝山灾害移民生计发展的若干政策建议，希望能够降低他们的生计脆弱性程度，实现其生计恢复、转型以及可持续发展的目的。

（1）鼓励移民开办避暑纳凉度假村和农家乐，增加移民生计资本

南宝山移民村地处四川盆地向青藏高原过渡的邛崃山区，海拔 1200～1600 米，夏季气候凉爽，同时，距离我国西部特大中心城市距离仅 120 公里，据邛崃市区不到 50 公里，在南宝山的金花村和木梯村开办避暑纳凉度假村和农家乐具有得天独厚的气候资源和区位优势。将村民空置的房屋或房间用于开办适合普通市民消费的度假村和农家乐，既可以充分利用村民们现有的闲置资源，推动休闲度假旅游业的发展，也可以旅游业为支撑，发展高山绿色养殖和观光农业。

（2）探索适当放宽移民土地和房产流转限制，促进安置区土地房屋资源的优化配置

南宝山安置区灾害移民家庭分到的耕地资源有限。耕地分散不利于农业的规模经营。如果能够以租金或股份制的方式承包经营，让流转土地和房屋的移民自愿到城镇购房，寻找更好的发展机会，同时让留下来的移民扩大经营规模，提高家庭收入，既减少了帮扶的移民人数，又促进了安置区土地房屋资源的优化配置。

（3）加大对移民子女教育的扶持力度，开展职业技能培训，降低教育风险

南宝山安置区灾害移民家庭的子女教育支出是其家庭最大的一项支出，对于木梯村移民更是如此。国家实施的九年义务教育尽管免除了学费和杂费，但移民家庭子女住校的生活费和往返交通费开支不小。尽管国家为移民家庭住校生提供每学期 500 元的生活补助，但教育支出仍然很大。为了降低移民家庭的教育风险，国家还需加大对山区教育的扶持力度，减少移民家庭的教育支出。此外，增加待业青年职业技术和技能培训，为其就业和创业创

造条件。

（4）加强村级医疗卫生事业建设，方便移民看病就医，改善移民健康状况

由于对南宝山气候条件还处在适应期，不少南宝山安置区移民健康状况欠佳。大部分移民发现自己在山上时常感冒，而且感冒好得慢。下山看病就医，不仅不方便，而且容易耽误医疗救治时间。移民希望在安置区建立卫生所，配备和充实医务人员。这样有利于灾害移民看病就医，从而降低移民的健康风险，改善其健康状况，以便更好地适应南宝山安置区的生产生活环境。

（5）推进家庭旅游开发和高山产业发展，稳步实现移民生计转型

四川省政府和当地政府部门一直把产业发展和旅游开发作为南宝山安置区移民生计转型和经济发展的重要举措。产业发展包括茶叶摘采加工、紫色马铃薯和高山蔬菜的种植、栽种猕猴桃等，旅游开发则是对羌族文化旅游和南宝山气候资源的宣传。这些产业都因海拔太高和市场需求不足等而没有发展起来。因此，南宝山安置区灾害移民家庭应该慎重对待这些产业发展的机会，依据家庭的实际情况和市场需求推进产业稳步发展和生计转型。

参考文献

［1］Sharp，K. Measuring Destitution：Integrating Qualitative and Quantitative Approaches in the Analysis of Survey Data，IDS Working Paper No. 217. 2003.

［2］李小云、董强、饶小龙等：《农户脆弱性分析方法及其本土化应用》，《中国农村经济》2007 年第 4 期，第 32～39 页。

［3］杨云彦、赵锋：《可持续生计分析框架下农户生计资本的调查与分析——以南水北调（中线）工程库区为例》，《农业经济问题》2009 年第 3 期，第 58～65 页。

［4］蔡志海：《汶川地震灾区贫困村农户生计资本分析》，《中国农村经济》2010 年第 12 期，第 55～67 页。

［5］阎建忠等：《青藏高原东部样带农牧民生计脆弱性定量评估》，《地理科学》2011 年第 31（7）期，第 858～867 页。

［6］ 王俊鸿：《汶川地震羌族移民异地安置和生计方式转型——四川省邛崃市木梯村和直台村的田野考察报告》，《民族学刊》2011 年第（6）期，第 8～17 页。

［7］ 杜丽红、任振宇：《非自愿移民的可持续发展研究——对汶川特大地震四川邛崃市南宝山安置点的调研》，《软科学》2011 年第 25（11）期，第 99～101 页。

［8］ 高梦滔、姚洋：《健康风险冲击对农户收入的影响》，《经济研究》2005 年第 12 期，第 16～27 页。

［9］ 朱农：《论教育对中国农村家庭生产活动和收入的作用》，《中国人口科学》2003 年第 2 期，第 17～26 页。

［10］ 孙志军、杜育红：《农村居民的教育水平及其对收入的影响》，《教育与经济》2004 年第 1 期，第 24～29 页。

［11］ 陈传波：《农户风险与脆弱性：一个分析框架及贫困地区的经验》，《农业经济问题》2005 年第 8 期，第 47～50 页。

第八章
西部山区灾害移民生计重建研究
——以安康市大竹园镇七堰村为例

安康市位于我国陕西省南部秦巴山区，属我国典型的山地灾害多发且连片贫困区。大竹园镇位于安康市汉滨区西南部，距安康城区 68.5 公里，全镇辖 15 个行政村 83 个村民小组。其面积为 46.3 平方公里，人口密度 323 人/平方公里。大竹园镇农业人口比重达到 85%，属西部典型农业镇。大竹园镇煤炭资源丰富，煤炭产业已成为该镇主要产业之一。

第一节 灾情回顾与人口基本情况

2010 年 7 月 18 日，陕西省安康市遭受了百年不遇的洪涝灾害，大量农户房屋被毁，百余条生命被吞噬，数万人无家可归。其中，汉滨区大竹园镇七堰村发生特大山体滑坡，29 名村民不幸遇难，155 户村民房屋毁损，受灾情况严重。灾后，陕西省政府决定启动陕南生态移民工程，将居住在灾害多发区、受到灾害严重威胁的居民进行搬迁。受灾严重的七堰村属于首批搬迁村之一。七堰村的移民搬迁集中安置共分三期：一期主要搬迁安置"7·18"重灾户；二期借助陕南移民搬迁安置政策实行整村搬迁；三期靠完善的社区服务功能吸纳社会资本及周边群众进入安置区建房投资。截至 2012 年 6 月课题组调研结束时，一期 88 套安置房、配套建设的幼儿园以及社区水厂已经竣工并投入使用。

课题组曾于 2011 年 8 月和 2012 年 6 月先后两次到安康市大竹园镇七堰村调研。2011 年，七堰村开展了灾后恢复重建工作，一期集中安置住房仍在建设当中。2012 年，课题组再次进入七堰村，开展灾后农户生计恢复与重建状况调研。调研农户分为两个部分，已搬迁农户和未搬迁农户，其中已搬迁农户 15 户，共 56 人，未搬迁农户 14 户，共 50 人。在已搬迁农户中，少年儿童人口比重为 16.07%，较未搬迁农户高 2.07 个百分点；劳动年龄人口比重为 67.86%，较未搬迁农户低 4.14 个百分点；老年人口比重为 12.5%，较未搬迁农户高 0.5 个百分点（见表 8-1 和表 8-2）。

表 8-1　人口年龄分布

单位：人，%

年龄组	已搬迁		未搬迁		合计	
	人数	比重	人数	比重	人数	比重
14 岁及以下	9	16.07	7	14.00	16	15.09
15～60 岁	38	67.86	36	72.00	74	69.81
60 岁以上	7	12.50	6	12.00	13	12.26

表 8-2　人口性别分布

单位：人，%

性别	已搬迁		未搬迁		合计	
	人数	比重	人数	比重	人数	比重
男	33	58.93	33	66.00	66	62.26
女	23	41.07	17	34.00	40	37.74
总计	56	100.00	50	100.00	106	100.00

第二节　生计恢复与影响因素分析

一　可持续生计理论

农户生计问题不仅关系农户、家庭的持续发展问题，更可能影响农村发展和稳定。山地灾害多发区农户由于受资源、环境、教育缺乏等问题的集中影响，农户的生计资本异常匮乏，生计脆弱性高，抗灾、抵御风险的能力低[1]。在灾害影响下，其生计状况极易恶化，并形成了"农户生计脆弱—灾害影响—生计资本流失—农户生计更加脆弱"的怪圈。随着国内外可持续生计研究的推进，可持续生计已初步形成了理论基础和评估方法、体系。其中，英国国际发展部（DFID）提出的可持续生计的分析框架最为典型[2]，在世界范围内得到了广泛的应用（见图8-1）。该分析框架的基本思路是将生计资本划分为人力资本、自然资本、物质资本、金融资本和社会资本，这些生计资本相互影响，共同决定农户生计资本水平。在灾害、制度等因素的影响下，如何提升农户自身的生计水平。这一分析框架为研究农户生计问题提供了崭新视角，并为提升农户可持续生计能力提供了可能。2001年，Dercon创建了分析评估农户生计资本脆弱性的分析体系[3]，2003年，Sharp在此评估体系的基础上对非洲地区生计资本进行了定量的研究[4]。2007年，李小云等将此评估体系与方法引入国内，并对生计资本体系及其定量评估的本土化进行了尝试，较好地反映了国内农户生计资本的状况。本报告根据陕南连片贫困及山地灾害多发区农村的具体情况，构建农户生计资本评估指标体系及其权重，定量评估其生计资本、灾前灾后生计资本的转变和其对农户发展影响。

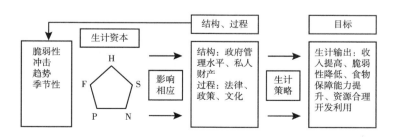

图8-1　DFID的可持续生计结构分析框架

注：H为人力资本，S为社会资本，N为自然资本，P为物质资本，F为金融资本。

二 生计资本评估方法

1. 人力资本及其测量

人力资本是指通过教育、培训、健康、迁移、信息获取等集中在劳动者身上的知识、能力以及健康水平的综合。人力资本不仅是农户生计资本的重要组成部分，而且是实现其他生计资本功能的重要载体，包含了教育、技能、健康等测评维度。笔者在农村调研过程中发现，男性劳动力对于农村家庭而言具有特殊的意义，男性既是家庭劳动力的主体，同时也是家庭的决策者。本书参考李小云等对于农村人力资本的测定维度，主要考察三个方面：劳动能力、教育程度和是否拥有男性劳动力。劳动能力、教育程度赋值见表 8 - 3 和表 8 - 4。资本的综合值计算方法为：$HC = Z1 \times la + Z2 \times el + Z3 \times m$。其中，$Z1$、$Z2$、$Z3$ 分别为劳动能力、教育程度、是否拥有男性劳动力的权重，其值分别为 0.33、0.33 和 0.33；la、el 分别为劳动能力、教育程度的选项赋值。$la = \sum P_i$，$el = \sum PE_i$，其中，P_i 为家庭第 i 个人的劳动能力值，PE_i 为家庭第 i 个人的教育水平值；家庭拥有男性劳动力，m 的赋值为 1，否则为 0。家庭劳动能力、教育程度的标准化值为 $la/\max (la)$ 和 $el/\max (el)$。

表 8 - 3　人口劳动能力赋值

年龄	界定	赋值
0 ~ 7 岁	不具备劳动能力,且很少做家务	0
7 ~ 10 岁	不具备劳动能力,可做点家务	0.3
10 ~ 18 岁	可以参与劳动,可以做家务	0.6
18 ~ 60 岁	具备完全劳动能力	1
60 ~ 75 岁	有一定劳动能力,可以做家务	0.5
>75 岁	不具备劳动能力	0
残疾人	不具备劳动能力	0

表 8 - 4　人口教育水平赋值

教育程度	赋值	教育程度	赋值
文盲	0	高中	0.75
小学	0.25	中专	0.75
初中	0.5	大学及以上	1

2. 自然资本及其测量

自然资本主要是指自然生态系统所供给的各种资源，如矿产、能源、耕地、林地等资本。长期以来，土地资源是农户核心的自然资本，满足农户生存的主要需求。耕地、林地是七堰村主要的自然资本形式。本书从耕地、林地两个维度评估七堰村家庭自然资本水平。自然资本的综合值计算方法为：$MC = Z_1 \times L + Z_2 \times F + Z_3 \times O$。其中，$Z_1$、$Z_2$、$Z_3$为耕地、林地和其他土地的权重，其值分别为 0.5、0.3 和 0.2；L、F 和 O 为耕地、林地和其他土地的标准化值（见表 8 – 5）。

表 8 – 5　农户人均土地面积指标的标准化

耕地	标准化值	林地	标准化值	其他土地	标准化值
10	1	10	1	2.16	1
3.3	0.33	2.66	0.27	—	—
—	—	—	—	—	—
—	—	—	—	—	—
0.5	0.05	0.6	0.06	—	—
0	0	0	0	0	0

3. 物质资本及其测量

农户的物质资产是指生产、生活中所拥有的设施、设备，包括房屋、家具家电、生产工具、公共设施等。课题组在七堰村调研时发现，该村农民人均纯收入水平较低，家具家电、生产工具相差不大，同时该村公共设施全村共享，并无家庭差异，该村家庭的房屋差距较大（包括结构类型和居住面积）。本书主要通过评估家庭房屋资本来测评家庭物质资本。房屋资本包含结构类型和居住面积两个方面。其中，由于访问对象很难准确回答其房屋面积，本报告选用房屋间数替代房屋面积。不同房屋类型与面积的具体赋值见表 8 – 6。物质资本的综合值计算方法为：$MC = Z1 \times H + Z2 \times Ha$。其中，$Z1$、$Z2$ 为结构类型与居住面积的权重，其值分别为 0.6 和 0.4；H、Ha 为房屋结构类型、居住面积的赋值。

表 8 – 6　房屋结构类型和人均住房面积指标的赋值

房屋结构类型	赋值	人均住房面积（平方米）	赋值
泥土结构	0.25	>40	1
木质结构	0.5	35 ~ 40	0.8
砖瓦结构	0.75	30 ~ 35	0.6
砖混结构	1	20 ~ 30	0.4
其他	0	< 20	0.2

4. 金融资本及其测量

金融资本是指农户通过自身收入、借贷、援助等方式可获得、可支配的现金资本。其中，农户收入水平越高，其金融资本水平越高。灾后，农户搬迁安置房需要支付绝对成本较高，在扣除政府各项补助后，农户仍要支付较多的安置房款，这种净支出对灾后农户可持续能力的恢复带来了较大的影响，灾后以农户自身的净收入评估农户的收入状况。灾害多发区的农户，政府补助对于受灾户灾后重建能力的提升具有重要意义，政府补助水平越高，农户金融资本水平越高。除了自身收入与政府补助外，借贷在一定时期内提高农户资金支配水平，一定程度上提升农户金融资本水平。借贷就其来源主要分为亲朋好友借贷、社会借贷和银行系统借贷三种主要形式。调研发现，七堰村受灾户灾后资金的来源主要有亲朋好友、社会借贷、银行、信用社、政府补助等途径。金融资本和家庭收入赋值与权重见表 8 – 7 和表 8 – 8。金融资本的综合值计算方法为：$CC = Z1 \times I + Z2 \times BI$。其中，$Z1$、$Z2$ 为家庭收入与借贷资本的权重，其值分别为 0.5 和 0.5；I、BI 为家庭收入与借贷资本的赋值。农户搬迁房采取政府、农户共同支付的方式，即政府支付一部分，农户自身支付另一部分。为了支付新房款项，大部分农户向银行、亲戚朋友借贷，且借贷额度相对较大。在评估灾后农户收入时考虑农户的借贷状况。本书中，灾后已搬迁农户收入水平等于搬迁花费减去自身收入和政府所有补助。

表 8 - 7　金融资本权重及赋值

金融资本来源	赋值	权重	金融资本来源	赋值	权重
亲朋好友	有 = 1;无 = 0	0.15	信用社	有 = 1;无 = 0	0.25
社会借贷	有 = 1;无 = 0	0.15	政府补助	有 = 1;无 = 0	0.2
银行	有 = 1;无 = 0	0.25			

表 8 - 8　家庭收入及赋值

家庭收入水平(元)	赋值	家庭收入水平(元)	赋值
85000	1	4000	0.05
48000	0.56	1000	0.01
……	……		

5. 社会资本及其测量

社会资本是指人们在社会结构中所处的位置给他们带来的资源。农户社会资本是指农户在其居住的村庄或者社区中的位置及其所具有的资源获取能力。本书选取邻里关系、邻里接触以及邻里亲戚互助三个方面评估七堰村农户的社会资本。其中，各选项赋值及其权重见表 8 - 9。社会资本的综合值计算方法为：$SC = Z1 \times nr + Z2 \times nc + Z3 \times nh$。其中，$Z1$、$Z2$、$Z3$ 分别为邻里关系、邻里接触、邻里亲戚互助权重，其值分别为 0.33、0.33 和 0.33；nr、nc、nh 分别为邻里关系、邻里接触、邻里亲戚互助的赋值。在七堰村，由于已搬迁农户搬迁距离短，且七堰村农户集中在一起，不存在村邻交流问题。本书假设搬迁前后农户的社会资本保持不变。

表 8 - 9　社会资本及赋值

社会资本	赋值	权重
邻里关系	很满意 = 1;较满意 = 0.75;一般 = 0.5;不满意 = 0.25;很不满意 = 0	0.33
邻里接触	显著增多 = 1;增多 = 0.75;无变化 = 0.5;减少 = 0.25;显著减少 = 0	0.33
邻里亲戚互助	明显增多 = 1;增多 = 0.75;无变化 = 0.5;减少 = 0.25;明显减少 = 0	0.33

三 七堰村搬迁农户灾前与灾后生计资本评估

1. 七堰村已搬迁农户灾前生计资本评估

根据前面方法进行计算可知，与其他资本相比，已搬迁农户灾前人力资本水平相对较高。其中，最高户为 0.99，最低户为 0.341，较最高户低 0.65。灾后已搬迁农户的平均人力资本为 0.651。灾后已搬迁农户自然资本均值为 0.4，较人力资本低 0.251。其中，自然资本的最低户值为 0.175，最高户值较最低户值高 0.475，达到 0.65。由于居住条件较差，已搬迁农户灾前物质资本较低，其均值为 0.341。其中，物质资本最低户值为 0.217，较最高户值低 0.494。灾后已搬迁农户的金融资本水平普遍较差，其均值仅为 0.129，为已搬迁农户资本类型中最低的一种。其中，金融资本最高户值仅为 0.319，较最低户值高 0.273。已搬迁农户灾前社会资本相对较高，其均值达到 0.622，仅次于人力资本的拥有量（见表 8 - 10）。

表 8 - 10　已搬迁农户灾前生计资本评估

农户序号	人力资本	自然资本	物质资本	金融资本	社会资本	资本总和
1	0.662	0.462	0.550	0.089	0.578	2.341
2	0.670	0.650	0.317	0.228	0.495	2.360
3	0.670	0.449	0.283	0.131	0.660	2.194
4	0.726	0.175	0.250	0.085	0.660	1.896
5	0.528	0.300	0.317	0.091	0.743	1.978
6	0.341	0.573	0.317	0.074	0.660	1.966
7	0.990	0.589	0.711	0.182	0.578	3.050
8	0.850	0.506	0.217	0.219	0.660	2.452
9	0.693	0.535	0.411	0.109	0.495	2.244
10	0.678	0.287	0.217	0.057	0.660	1.898
11	0.632	0.304	0.217	0.046	0.578	1.776
12	0.413	0.392	0.261	0.085	0.660	1.811
13	0.530	0.246	0.250	0.109	0.743	1.878
14	0.731	0.332	0.250	0.319	0.578	2.209
15	0.658	0.196	0.545	0.114	0.578	2.091
均值	0.651	0.400	0.341	0.129	0.622	2.143

　　从农户资本类型来看，人力资本缺乏型、自然资本缺乏型、金融资本缺乏型农户的综合资本量均小于2（见表8－11）。农户社会资本高低与农户综合资本量呈现相反的变动趋势。其中，社会资本量最高农户的资本总量较低，且低于2。这表明在灾后，灾前生计资本缺乏的农户对村邻关系的满意度高，在相同的条件下，灾前生计缺乏型农户满意度更高。

表8－11　不同资本缺乏型农户生计资产

农户类型	人力资本	自然资本	物质资本	金融资本	社会资本	资本总和
人力资本缺乏型	0.453	0.378	0.288	0.090	0.700	1.910
人力资本相对缺乏型	0.666	0.413	0.364	0.111	0.580	2.129
人力资本相对富余型	0.770	0.340	0.240	0.210	0.633	2.187
人力资本富余型	0.990	0.590	0.710	0.180	0.580	3.050
自然资本缺乏型	0.641	0.264	0.294	0.119	0.649	1.963
自然资本相对缺乏型	0.580	0.433	0.363	0.103	0.633	2.113
自然资本相对富余型	0.718	0.553	0.415	0.145	0.600	2.428
自然资本富余型	0.670	0.650	0.320	0.230	0.500	2.360
物质资本缺乏型	0.654	0.338	0.244	0.134	0.650	2.015
物质资本相对缺乏型	0.558	0.515	0.343	0.125	0.600	2.138
物质资本相对富余型	0.660	0.330	0.550	0.100	0.580	2.215
物质资本富余型	0.990	0.590	0.710	0.180	0.580	3.050
金融资本缺乏型	0.569	0.356	0.306	0.077	0.649	1.954
金融资本相对缺乏型	0.638	0.360	0.373	0.115	0.620	2.100
金融资本相对富余型	0.837	0.583	0.417	0.210	0.580	2.620
金融资本富余型	0.730	0.330	0.250	0.320	0.580	2.210
社会资本缺乏型	0.680	0.595	0.365	0.170	0.500	2.300
社会资本相对缺乏型	0.734	0.376	0.456	0.150	0.580	2.294
社会资本相对富余型	0.613	0.398	0.258	0.110	0.660	2.037
社会资本富余型	0.530	0.275	0.285	0.100	0.740	1.930

2. 七堰村搬迁农户灾后生计资本评估

灾害发生后，七堰村共有 29 位村民死亡或失踪①，其劳动能力和教育水平的平均赋值分别为 0.686 和 0.149。灾前家庭人力资本评估中，本书用人口劳动能力和教育水平的平均赋值评估死亡、失踪人口的人力资本。

灾后已搬迁农户的人力资本水平相对较高（见表 8 - 12）。其中，最高户的人力资本未受灾害的影响，仍为 0.99，最低户的人力资本为 0.23，较最高户低 0.76。灾后已搬迁农户的平均人力资本为 0.588。灾后已搬迁农户自然资本均值为 0.017，为灾后已搬迁农户资本类型中最低，较人力资本低 0.571。其中，自然资本的最低值为 0，最高值为 0.069，表明在灾害中，已搬迁农户的自然资本损失严重，这也成为影响灾后已搬迁农户可持续生计的重要因素之一。由于灾后农户搬迁至安置房，已搬迁农户灾后物质资本较灾前有了很大的提升。灾后已搬迁农户物质资本均值达到 0.734，较灾前高出近 0.4。其中，灾后农户物质资本最低值为 0.682，较最高值低 0.318。灾后已搬迁农户的金融资本水平普遍较差，其均值仅为 0.076，为灾后已搬迁农户资本类型中最低的一种。其中，金融资本最高值仅为 0.341，较最低值高 0.664。由于七堰村灾后采取就近搬迁受灾户，其原有的社会网络、社会组织基本稳定，已搬迁农户灾后社会资本保持不变。

表 8 - 12　已搬迁农户灾后生计资本评估

农户序号	人力资本	自然资本	物质资本	金融资本	社会资本	资本总和
1	0.662	0.069	0.698	0.000	0.578	2.006
2	0.670	0.000	0.706	0.149	0.495	2.020
3	0.670	0.000	0.723	0.067	0.660	2.120
4	0.615	0.000	0.763	0.149	0.660	2.187
5	0.528	0.000	0.733	0.096	0.743	2.099
6	0.230	0.000	0.733	- 0.321	0.660	1.302
7	0.990	0.039	0.682	0.040	0.578	2.328
8	0.683	0.000	0.733	- 0.171	0.660	1.905

---

① 七堰村死亡、失踪人口共计 29 人，其年龄分布为：75 岁以上 2 人；60～75 岁 7 人；18～60 岁 12 人；10～18 岁 6 人；7～10 岁 1 人；0～7 岁 1 人。

续表

农户序号	人力资本	自然资本	物质资本	金融资本	社会资本	资本总和
9	0.415	0.000	1.000	0.343	0.495	2.253
10	0.678	0.000	0.683	−0.026	0.660	1.996
11	0.577	0.069	0.706	0.254	0.578	2.182
12	0.413	0.000	0.733	0.124	0.660	1.930
13	0.530	0.043	0.700	0.062	0.743	2.078
14	0.675	0.000	0.720	0.058	0.578	2.030
15	0.492	0.037	0.700	0.309	0.578	2.114
均值	0.588	0.017	0.734	0.076	0.622	2.037

3. 七堰村搬迁农户灾前与灾后生计资本演变

灾害中，七堰村死亡、失踪人口共有 29 人，在一定程度上给农户人力资本带来了损失（见表 8 - 13）。其中，农户人力资本损失最大值达到 0.278，农户人力资本的损失使得灾后已搬迁农户人力资本均值较灾前减少 0.063。灾后农户自然资本损失严重，农户自然资本损失最大值达到 0.650。灾后农户自然资本损失均值达到 0.383，仅为 0.017，自然资本的严重损失，致使农户原有的农业生产模式出现无地可种的现象，迫使灾后搬迁人口职业转变。灾后已搬迁农户的物质资本得到了大大增强，灾后农户物质资本均值达到 0.734，较灾前高出一倍多。由于政府的集中安置，农户的居住条件得到很大的改善。灾后，已搬迁农户虽然得到了政府、社会亲朋好友以及银行系统的援助，但已搬迁农户灾后的支出水平高于灾后得到的补助水平，使得灾后已搬迁农户的金融资本出现下降的趋势。灾后农户并未进行远距离的搬迁，农户原有的社会关系基本存在，并未受到显著的影响。

表 8 - 13　已搬迁农户灾害前后农户生计资本变化

农户序号	人力资本	自然资本	物质资本	金融资本	社会资本	资本总和
1	0.000	−0.394	0.148	−0.089	0.000	−0.335
2	0.000	−0.650	0.389	−0.079	0.000	−0.340
3	0.000	−0.449	0.439	−0.064	0.000	−0.074
4	−0.111	−0.175	0.513	0.064	0.000	0.291

农户序号	人力资本	自然资本	物质资本	金融资本	社会资本	资本总和
5	0.000	−0.300	0.417	0.005	0.000	0.121
6	−0.111	−0.573	0.417	−0.396	0.000	−0.664
7	0.000	−0.550	−0.029	−0.143	0.000	−0.722
8	−0.167	−0.506	0.517	−0.390	0.000	−0.546
9	−0.278	−0.535	0.589	0.233	0.000	0.009
10	0.000	−0.287	0.467	−0.082	0.000	0.098
11	−0.056	−0.235	0.489	0.208	0.000	0.407
12	0.000	−0.392	0.472	0.039	0.000	0.120
13	0.000	−0.203	0.450	−0.047	0.000	0.200
14	−0.056	−0.332	0.470	−0.261	0.000	−0.179
15	−0.167	−0.159	0.155	0.195	0.000	0.024
均值	−0.063	−0.383	0.393	−0.054	0.000	−0.106

4. 灾后人口、生计特征与职业转变

人力资本、自然资本、金融资本等类型的资本容易因灾损毁。灾区农户灾前生计模式的可持续性因为生计资本灾后的缺失、损毁而面临巨大的挑战。在严重的泥石流灾害发生之后，七堰村受灾农户的人力资本、自然资本、金融资本均呈现不同程度的损毁。其中，耕地、林地等自然资本损毁最为严重。生计资本的严重损毁导致受灾农户灾前以耕地、林地为基础的农业生计模式崩塌，这从根本上决定了受灾农户灾后农业生计特征的弱化与消失。

在原有的农业生计特征弱化甚至消失的背景下，为了维持家庭生活以及满足灾后家庭物质资本积累的需求，灾后受灾家庭人口的职业身份转变有了巨大动力。然而，受灾人口职业转变意愿与职业转变实现之间有众多的推（促进）－拉（阻碍）因素。其顺利实现受诸如性别、年龄、教育、技能、灾后生计资本拥有水平等因素的影响。灾后调研也表明，七堰村仅部分受灾人口的职业发生了转变。对具有哪些特征的受灾人口易于实现灾后职业转变的研究，对灾后受灾人口的再就业安排、农户生计的恢复与重建具有一定政策意义。

灾害多发的西部山区农村，其重叠的自然、地理以及社会特征，使其灾

后职业转变相对其他地区而言更为复杂。本书尝试运用 Logit 模型，分析西部连片贫困山区受灾人口职业转变情况，为灾后提高农户可持续生计能力的政策制定提供依据①。

5. 研究方法与数据来源

本书将农村劳动力灾前与灾后职业转变分为"变化"和"未变化"两类，并将其分别赋值为 1 和 0。其中，因变量为二项分类，本研究采用二项分类 Logit 回归方法来评估和预测灾后农村劳动力职业转变。

$$\text{logit}\left[\pi(y=1)\right] = \ln\left[\frac{\pi(y=1)}{1-\pi(y=1)}\right] = \beta_0 + \beta_1 X_1 + \beta_2 X_2 + \cdots + \beta_m X_m \quad (8-1)$$

$$\begin{aligned}
\pi(y=1) &= \frac{\exp(\beta_0 + \beta_1 X_1 + \beta_2 X_2 + \cdots + \beta_m X_m)}{1 + \exp(\beta_0 + \beta_1 X_1 + \beta_2 X_2 + \cdots + \beta_m X_m)} \\
&= \frac{1}{1 + \exp\left[-(\beta_0 + \beta_1 X_1 + \beta_2 X_2 + \cdots + \beta_m X_m)\right]}
\end{aligned} \quad (8-2)$$

其中，$\pi(y=1)$ 为灾后农村劳动力发生职业转变的概率；$1-\pi(y=1)$ 为灾后农村劳动力不发生转变的概率；β_0，$\cdots$，β_m 为各影响因素的偏回归系数；X_1，$\cdots$，X_m 为各影响因素（人口年龄、性别、教育程度、家庭人口规模、家庭生计资本）。

6. 数据来源与结果分析

研究数据是课题组在陕南七堰村调研所得，农户的生计资本由前面的计算所得。根据调查数据，在七堰村已搬迁的人口中，劳动力的职业结构发生了一定的变化（见图 8-2）。其中，打工所占的比重由灾前的 51.79% 降至灾后的 42.86%；种地的劳动力比重灾前为 10.71%，灾后无人种地；从事家务以及个体户的劳动力比重均有上升，其中，从事家务人口由灾前的 14.29% 上升至灾后的 25%，个体户人口由灾前的 1.79% 上升至灾后的 8.93%（见表 8-14）。

---

① 受样本数量以及指标数据可获得性等方面的制约，结论的精准性受到一定的影响，但是这一研究结果对灾后生计恢复、重建仍具有一定的参考价值。这些不足可在后续的研究中继续完善。

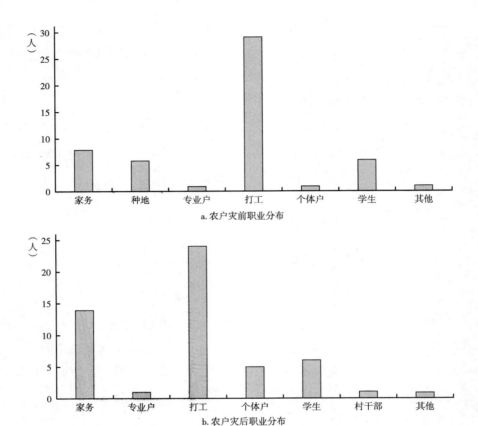

a.农户灾前职业分布

b.农户灾后职业分布

图 8 - 2　七堰村已搬迁农户灾前、灾后职业分布变化

表 8 - 14　已搬迁农户灾前、灾后劳动力职业转变

职业类型	灾前比重（%）	灾后比重（%）	变化趋势
家　务	14.286	25.000	↑
种　地	10.714	0	↓
专 业 户	1.786	1.786	→
打　工	51.786	42.857	↓
个 体 户	1.786	8.929	↑
企业干部	10.714	10.714	→
村 干 部	0	1.786	↑
其　他	1.786	1.786	→

由表 8 - 15 可知，仅考虑性别与受教育水平因素时（模型 1，其回归模型见公式 8 - 3 和 8 - 4），回归结果表明，性别因素对七堰村灾后搬迁人口的职业转变影响较为明显，其优势为 2.991，表明当受教育水平不变时，增加 1 个单位的男性人口其职业转变优势改变 2.991，随着男性人口的增加，男性职业转变呈现递增趋势。由于受到"男主外、女主内"等传统思想的影响，农村女性劳动力除了从事农业生产外，"抛头露面"机会不及农村男性劳动力，灾后男性劳动力职业转变要明显多于女性劳动力。受教育水平因素对七堰村灾后已搬迁劳动力职业转变影响较为明显，其优势为 1.051，表明当年龄不变时，增加一个单位的受教育水平，劳动力的职业转变优势改变 1.051，随着劳动力受教育水平的增加，劳动力职业转变呈现递减的趋势。随着劳动力受教育程度的提升，劳动力从事农业劳动的比重不断下降，而非农职业受灾害影响的程度要小于农业，致使教育水平较高的劳动力灾后职业转变的频率低于教育水平较低的劳动力。整个模型的正确预测比为 67.9%。

$$\text{logit}[\pi(y=1)] = \ln\left[\frac{\pi(y=1)}{1-\pi(y=1)}\right] = -2.097 + 1.906X_2 + 0.051X_3 \quad (8-3)$$

$$\pi(y=1) = \frac{\exp(-2.097 + 1.906X_2 + 0.051X_3)}{1 + \exp(-2.097 + 1.906X_2 + 0.051X_3)} \quad (8-4)$$

表 8 - 15　已搬迁农户职业转变影响因素的回归分析

	模型 1		模型 2		模型 3	
	回归	优势	回归	优势	回归	优势
年龄 X_1			0.035	1.035	0.037	1.038
性别 X_2（男 1，女 0）	1.096	2.991	1.124	3.076	1.079	2.941
受教育水平 X_3	0.051	1.051	0.041	1.041	0.084	1.088
灾前家庭生计资本 X_5			0.979	2.662		
灾后家庭生计资本 X_4					-0.436	0.647
家庭成员规模 X_6			0.506	1.659	0.769	2.158
常数	-2.097	0.123	-8.289	0	-6.458	0.002
准确性（%）	67.9	76.1	78.5			

在考虑年龄、灾害前家庭生计资本、家庭成员规模后（模型 2，其回归模型见公式 8 - 5 和 8 - 6），模型的正确预测比上升至 76.1%。回归结果表明，灾前家庭生计资本因素对七堰村灾后搬迁人口的职业转变影响较为明显，其优势为 2.662。当其他因素不变时，增加 1 个单位的灾前家庭生计资本，人口的职业转变优势改变 2.662，表明随着家庭生计资本水平的提升（尚未恢复到灾前水平），人口职业转变呈现递增的趋势。其主要原因是灾害发生后，受灾农户生计资本出现不同程度的损毁，导致其家庭生产活动受阻，家庭的收入水平相较于灾前出现不同程度的下滑。在恢复甚至提升家庭收入的压力下，生计资本相对较高的家庭因为视野开阔、进行职业转变的基础更好，容易在原有的家庭生产模式外寻找新的职业模式，弥补原有家庭生产模式的崩溃带来的损失，人口职业转变更为容易。家庭成员越多，灾后人口职业转变越易。当其他因素不变时，增加 1 个单位的家庭成员人口规模，人口的职业转变优势改变 1.659，表明随着家庭人口数量的增加，人口的职业转变呈现递增的趋势。随着家庭人口规模的增加和灾后家庭生计资本的流失，原有的家庭生产模式溢出原有家庭的"过剩"人口，家庭人口规模越大，灾害溢出效应越大。迫使剩余人口在原有职业模式外寻求新的职业，以期提高家庭的收入，弥补灾害对家庭收入带来的影响。年龄、灾前家庭生计资本以及家庭成员规模因素的加入提升了整个模型的正确预测比重，其预测的正确比重较模型 1 提高了近 10 个百分点。

$$\text{logit}[\pi(y=1)] = \ln\left[\frac{\pi(y=1)}{1-\pi(y=1)}\right]$$

$$= -8.289 + 0.035X_1 + 1.124X_2 + 0.041X_3 + 0.979X_5 + 0.506X_6 \qquad (8-5)$$

$$\pi(y=1) = \frac{\exp(-8.289 + 0.035X_1 + 1.124X_2 + 0.041X_3 + 0.979X_5 + 0.506X_6)}{1 + \exp(-8.289 + 0.035X_1 + 1.124X_2 + 0.041X_3 + 0.979X_5 + 0.506X_6)}$$

$$(8-6)$$

在灾害前家庭生计资本转换成灾害后家庭生计资本因素后（模型 3，其回归模型见公式 8-7 和 8-8），模型的正确预测比上升至 78.5%。回归结果表明，灾前家庭生计资本因素对七堰村灾后搬迁人口的职业转变存在一定程度的影响，其优势为 0.647。当其他因素不变时，增加 1 个单位的灾后家庭生计资本，人口的职业转变优势改变 0.647，表明随灾后家庭生计资本水平的提高，人口的职业转变呈现相反的递减趋势。灾后家庭生计资本水平越高，表明家庭生计能力因灾损失越小，原有的生计模式遭受破坏的程度越小，灾后家庭成员可迅速恢复生产，职业转变的压力较小，不易发生职业变换。家庭成员、受教育水平、性别和年龄等因素的优势分别为 2.158、1.088、2.941 和 1.038，其对灾后人口职业转变均具有推动作用。灾后家庭生计资本因素提升了整个模型的正确预测比重，其预测的正确比重较模型 1提高 10.6 个百分点。

$$\text{logit}[\pi(y=1)] = \ln\left[\frac{\pi(y=1)}{1-\pi(y=1)}\right]$$

$$= -6.458 + 0.037X_1 + 1.079X_2 + 0.084X_3 - 0.436X_4 + 0.769X_6 \qquad (8-7)$$

$$\pi(y=1) = \frac{\exp(-6.458 + 0.037X_1 + 1.079X_2 + 0.084X_3 - 0.436X_4 + 0.769X_6)}{1 + \exp(-6.458 + 0.037X_1 + 1.079X_2 + 0.084X_3 - 0.436X_4 + 0.769X_6)}$$

$$(8-8)$$

第三节　灾后已搬迁农户生计资本变化与发展困境

一　灾后已搬迁农户收支变化

1. 已搬迁农户灾前灾后收入变化基本稳定

灾前，已搬迁农户家庭户均收入为 28113 元，其中，农业收入为 1953元，仅占家庭收入总额的 6.95%，非农业收入为 26160 元，占家庭收入总额的 93.05%。灾后，已搬迁农户家庭户均收入为 28335 元，较灾前高出 242 元，其中，灾后家庭的农业收入为 0 元，灾后已搬迁农户收入均来自非农收入。说明非农业收入对维持灾后搬迁农户家庭收入起决定性的作用。

2. 已搬迁农户灾后支出整体呈现减少的趋势

灾前，已搬迁农户家庭户均支出总额为 19637 元，其中，生活支出最高，为 5652 元，占支出总额的 28.8%；教育、医疗、送礼等相对较高，年均支出额在 3000 元左右。灾后，已搬迁农户家庭户均支出总额较灾前减少了 5367 元，减少 27.3%，其中，生产支出接近 0，而教育、医疗和送礼支出也较灾前减少。由于农田和菜园被毁，原有家庭自给自足的粮食、蔬菜等食品需要家庭购买，这一项使得灾后家庭生活成本增加了 2553 元，增幅达到 45.2%。与灾前相比，已搬迁农户灾后收支余额较灾前高 5609 元。

灾后支出中，集中安置房支出占灾后农户支出份额最大。去除政府的安置房补贴，灾后已搬迁农户购房支出均值达到 63667 元。购房支出导致农户收支余额转为绝对负值。一方面灾后已搬迁农户居住条件得到极大改善；另一方面，购房支出减少了已搬迁农户金融资本。

表 8 – 16　已搬迁农户灾前与灾后家庭收支变化

	支出类型	支出金额	支出变化	收入类型	收入金额	收入变化	收支余额	收支余额变化
搬迁前	生产	313		农业	1953			
	生活	5652		非农	26160			
	教育	3001						
	医疗	2893						
	送礼	3133						
	其他	0						
	合计	19637		合计	28113		8476	
搬迁后	生产	2	-311	农业	0	-1953		
	生活	8205	2553	非农	28355	2195		
	教育	2186	-815					
	医疗	1449	-1444					
	送礼	1733	-1400					
	其他	1333	1333					
	合计[①]	14270	-5367	合计	28355	242	14085	5609

注：表中数据为课题组于七堰村调研所得。灾后已搬迁农户支出不包含集中安置房支出。

二 搬迁农户生计资本转变与发展困境

1. 人力资本损失

人力资本损失主要指在灾害中失去劳动力或因灾致残等导致家庭人力资本存量减少。农户人力资本的损失在很大程度上阻碍了灾后农户生计的恢复。人力资本损失严重的家庭包括青壮年劳动力损失家庭、无孩家庭、老人家庭和因灾致残家庭等。

2. 自然资本损失

自然资本的损失指已搬迁农户耕地和林地等自然资本的损失。耕地、林地是农业生产的基础，其大量损失将影响灾后农业生产的恢复和发展。耕地的毁损将使部分受灾农户面临"无地可耕"的困境，并导致农业劳动力出现职业分化，即一部分农业劳动力灾后转变为"家务人口"，而另一部分农业劳动力外出务工或转而从事个体经营。

3. 资本物质化

灾后，七堰村迅速开展集中安置房的选址、建设等工作，取得了很大的进展。从资本转变来看，政府对受灾农户的补助以及已搬迁农户原有资金均流向了安置房建设，在很大程度上表现为资本物质化、房屋化趋势。资本的过度物质化在一定程度上影响了已搬迁农户其他生计策略的拓展，他们搬入新居后，不仅手里无钱，而且欠下不少的债务。

4. 农户生产生活模式转变压力大

陕南地区地处秦巴山区，当地农户长期以来以农为生，居住分散。灾后，在政府的帮助下，受灾农户在集中安置点居住生活，其居住模式从原来分散居住转变为集中居住，原来居住的泥房、平房转变为楼房。居住模式的改变对受灾农户原有的生计方式带来了较大的影响和冲击。受灾前，村民们所生产的粮食和蔬菜以及饲养的牲畜和家禽在很大程度上能满足家庭对农产品的需求。暴雨滑坡灾害发生后，受灾农户实行集中居住。虽然居住环境和条件有了较大改善，但这样的居住模式并不适合原有的农业生产方式。居住模式的改变不仅增加了农户的生活成本，而且使得原有的生产模式无以为继，迫使农户改变生计模式。

第四节 结论与政策建议

一 结论

通过对七堰村受灾农户灾前与灾后生计资本的计算和对比，我们得出以下几个方面的结论。

1. 灾后人力资本弱化

人员伤亡造成灾后七堰村已搬迁农户人力资本存在一定程度的弱化。人力资本是农业发展的最重要资源之一，而农户人力资本的下降或损失将在一定程度上弱化灾后农户可持续生计资本。对于人力资本损失严重的家庭，其灾后重建以及生计恢复无法正常开展。

2. 灾后自然资本弱化

七堰村土地资源在灾害中毁损严重，已搬迁农户的自然资本均存在不同程度的损失，致使近7成灾后搬迁农户自然资本存量为零，全部灾后已搬迁农户自然资本的存量仅为0.02。自然资本的损失使农户丧失原本赖以生存的耕地、林地资源，家庭原有的农业生产模式被打破，对灾后农户生计恢复带来巨大影响，并增加了灾后农户生计的脆弱性。

3. 灾后物质资本增强

由于灾后实施异地搬迁安置，已搬迁农户的居住条件整体上得到了较大改善，灾后农户的物质资本增强。物质资本的提升，弱化了生计脆弱性，在一定程度上恢复了农户灾后生计可持续性。

4. 灾后金融资本弱化

由于灾后搬迁政策扶持以及社会支持，灾后已搬迁农户得到了政府、社会、亲朋好友、银行系统的补助款、借款、贷款等金融资本的支持。但由于灾后恢复生计的支出成本高，大部分农户的金融资本较灾前下降，加大了灾后农户生计的脆弱性。

5. 灾后社会资本基本稳定

灾后，七堰村采取了就近搬迁方式，集中安置受灾农户。灾后农户的社会网络、社会关系、社会组织基本得到有效的保护，农户社会资本受损较小。

总之，灾害发生后，七堰村已搬迁农户的人力资本、自然资本、金融资本均出现下降。其中，自然资本损失严重，严重弱化了灾后农户生计的可持续性。已搬迁农户物质资本水平有较大提高。由于灾后农户金融资本用于物质资本的恢复，农户的发展能力出现脆弱化的趋势，后续发展能力不足。发展能力的弱化成为灾后已搬迁农户面临的最主要问题，也是急需解决的问题。

二　政策建议

1. 鼓励有条件的年轻夫妇再生育，并给予生育关怀

少儿人群是自然灾害中最易受到伤害的群体之一。随着独生子女的增多和自然灾害的频发，独生子女家庭因灾失独的风险在日渐增加。与其他地方相比，自然灾害多发区独生子女家庭的脆弱性尤其明显。独生子女是家庭的希望，失独是家庭最大的不幸。对于在自然灾害中失去子女的独生子女家庭，国家和当地政府要及时给予关怀和帮助，除了给予经济和物质上的各种支持外，要给有生育能力的夫妇提供再生育的绿色通道。在再生育期间，要免费为他们提供各种生殖健康服务。

2. 加大对劳动力损失家庭的培训力度，提升受灾家庭的人力资本水平

家庭劳动力是家庭经济的支撑和家庭收入的主要来源。家庭劳动力的损失对家庭影响可谓巨大，其不仅弱化了家庭的收入能力，而且给家庭成员心里带来巨大冲击，严重阻碍了灾后家庭可持续生计能力的恢复。国家和当地政府可依据灾区的实际条件，对受灾农户存留劳动力开展实用技术和技能培训，增强存留劳动力的职业技能和劳动能力，弥补灾害造成的家庭人力资本损失。

3. 拓展多种就业渠道，促进受灾农户的职业转变

政府要从灾区实际条件出发，发展多种就业渠道，及时做好灾区受灾农户的再就业规划，大力拓展劳动密集型产业，增强其灾后对劳动力的吸纳能力。在灾后恢复与重建期，可向受灾农户提供岗前培训，提高灾后劳动力对新劳动方式的适应程度。同时，构建利益诱导机制，均衡人力资本与自然资本，加快灾后劳动力的职业转变，缩短灾后生产劳动的空白期，维护农村的稳定，并以此应对灾后农户可持续发展能力的下降。其中，灾后劳动力的职业转变要克服"闲置性"[①]的职业转变，增加具有"收入性"的职业转变，以克服灾害带来的劳动力外溢问题。

4. 加大对灾后农村妇女劳动力职业转变的关注力度

在农村，由于潜在的性别意识，灾后男性更容易获得"收入性"的职业转变就业机会，女性劳动力更容易向"闲置性"职业转变，如由原来的农业劳动力转变为纯家务人口，成为事实上的失业人口。这不仅造成人力资本的浪费，而且影响灾后家庭可持续生计能力的恢复。当地政府应当在受灾农户再就业规划中，充分考虑农村实际情况，适当增加适合女性的职业规划，增强对受灾女性劳动力的吸纳能力，提升其职业转变的效率。

5. 对受灾山区的土地资源进行重新规划和再利用

在受灾山区实施异地搬迁后，对原有宅基地、灾毁地和陡坡耕地实施退地退耕还林计划，在有条件的缓坡地带发展山区特色种植和养殖，开发山区的绿色食品，增强山区可持续发展能力。

6. 提升灾后受灾农户的物质资本水平，但要警惕生计资本的"物质化"和"房屋化"

物质资本是农户生产和生活的基础条件，灾后物质资本水平的提升为

---

① 本课题研究发现，灾后农户劳动力职业类型出现了较大的转变，其中，重要的一种方式是由原来的农业劳动人口转变为纯家务人口。这种职业转变的缘由是灾害自然资本损失以及其他职业吸纳能力有限导致部分劳动力闲置家中，成为事实上的失业人口。

农户可持续发展能力的恢复奠定了基础，这也是灾后农户生计恢复需要最先考虑的问题之一。同时，要严控资本"物质化"甚至"房屋化"的倾向。受灾农户搬进集中安置区居住，居住条件得到极大改善，标志受灾农户物质资本水平较灾前有较大改善。但农户有限资源的"物质化"甚至"房屋化"在现有灾后扶持政策中，不仅带来农户灾后的巨大债务负担，而且剥夺和削弱了其他生计资本的恢复能力，制约灾后可持续生计能力的提升。政府要统筹灾后有限资源的配置和使用，发挥其最大的效益。在适当改善农户物质和住房条件的同时，综合考虑提升农户的人力资本、金融资本、自然资本以及社会资本等其他资本，协调资源配置，综合提升灾后农户可持续生计能力。

7. 拓展灾后农户金融资本获取途径、提高受灾户金融资本水平

物质资本的亏损导致农户灾后融资能力弱化甚至消失。金融资本缺乏是灾后最为普遍的问题之一，也是制约农户生计恢复的主要因素之一。有效拓展受灾农户灾后金融资本获取途径以及提高其金融资本水平，成为受灾农户恢复可持续生计能力的重要内容。然而，金融资本获取条件严苛，单靠现有金融体系无法满足受灾农户对金融资本的需求，这需要国家在现有金融体系框架内，构建国家、省、市、县多级专项农村应对自然灾害的金融应急体系，提升灾后金融供给水平和效率。同时，建立相应的各级金融的监管问责体系，克服灾后金融资本使用的监管障碍，提高透明性，以保障灾后国家金融支持对受灾农户可持续生计能力恢复作用的充分发挥。

8. 增强灾后农户的社会资本，引导构建受灾户村民互助组

社会资本是一种无形但作用巨大的资本形式。农村地区长期积累的社会资本可在一定程度上弥补灾害造成的其他资本的缺失，其对灾后农户生计恢复可发挥重要作用。当地政府在制定灾后异地搬迁规划时，要秉持"就近迁移"的原则，尽可能保存原有农户间的社会资本。通过协调受灾户与受灾户以及受灾户与未受灾户的关系，在灾区组建农户合作帮扶互助组，营造互帮互助的氛围，充分发挥农村地区长期累积的社会资本。同时，要协调不同农户之间可能存在的矛盾，充分发挥社会资本在灾后恢复和重建中的作用。

参考文献

［1］ 陈勇、谭燕、茆长宝：《山地自然灾害、风险管理与避灾扶贫移民搬迁》，《灾害学》2013 年第 28 卷第 2 期，第 136～142 页。

［2］ DFID. Sustainable Livelihoods Guidance Sheets. London：Department for International Development. 2000.

［3］ Dercon, Stefan. Assessing Vulnerability to Poverty. Jesus College and CSAE, Department of Economics, Oxford University. 2001.

［4］ Sharp, Kay. Measuring Destitution：Integrating Qualitative and Quantitative Approaches in the Analysis of Survey Data. IDS working paper. 2003.

第九章
舟曲特大山洪泥石流灾害受灾
农户生计问题研究

——基于过渡安置期的调查研究

2010 年 8 月 8 日，甘肃省甘南藏族自治州舟曲县县城北面的罗家峪、三眼峪流域突降强暴雨，引发了特大山洪泥石流灾害。泥石流将沿途村庄和城区夷为平地，摧毁了沿途民居楼房，毁坏了大量农田。泥石流还冲进白龙江形成堰塞湖，将半个舟曲县县城淹没水中。此次泥石流流速快、流量大、规模超大，发生于半夜，且表现为山洪—泥石流—堰塞湖灾害链形式，造成重大人员伤亡和财产损失，其中 1511 人遇难，255 人失踪，受灾人口 2.64 万，紧急转移 2 万人，经济损失高达 2.12 亿元人民币，为新中国成立以来最为严重的山洪泥石流灾害。[1]舟曲县作为典型的国家级贫困县，又是西部山区泥石流、滑坡、山洪等自然灾害的高发区，对舟曲县 "8·8" 泥石流灾害受灾居民进行移民安置与生计重建研究，对于促进我国西部山区灾害多发区人口合理分布、改善我国农村灾后移民安置和生计重建工作有重要意义。

第一节　灾后移民安置情况

舟曲山洪泥石流灾害发生后，当地政府积极做好受灾群众的转移安置和生活救助工作：一是鼓励分散安置，通过投亲靠友和邻里互助共安置 1.55 万人；二是实行集中安置，设置了 3 个集中安置点，通过搭建帐篷和借用学校教室等方式安置 4500 人。灾害发生后，当地政府给予受灾群众基本的生活救助。

在应急救援期，政府对受灾群众的救助安置实行"政府主导、分级管理、社会互助和生产自救"的原则，满足受灾群众"衣、食、住"等基本需求，达到"生活安定"的目的。实施救助安置的对象包括在特大山洪泥石流灾害中居住、吃饭、饮水、穿衣、医疗等基本生活难以维持的受灾群众，其中城乡低保户、农村五保户、重点优抚对象和"三孤"人员为重点救助对象。应急救援期为 15 天，在应急救援期内，政府给予受灾群众每人每天 150 元的生活救助金。

在过渡安置期，每人每天按 1 斤粮和 10 元钱给予临时生活救助，时间为 3 个月。"三孤"人员在过渡安置期内每人每月发放 800 元临时生活救助，过渡期满后，按正常"三孤"人员标准发放补助。遇难人员家属按 8000 元发放抚慰金和丧葬费。在搬迁入永久安置房前，每人每月发放 200 元作为租房补贴，时间为一年半。对于住房倒塌或严重毁损的受灾农户，最初的规定是每户平均补助 2 万元，需要维修的，每户补助 4000 元；城镇居民的房屋倒塌或严重毁损需要重建的，每户平均补助 2.5 万元。后来，鉴于受灾群众建房资金严重不足，国家决定将房屋补助资金增加到平均每户 8 万元。

在舟曲灾后移民永久安置过程中，当地遵循的基本安置原则为：①必须是受灾重建户（包括农村居民、城镇居民、党政机关及企事业单位职工、离退休职工、外籍在舟曲工作人员、外来人员在灾区自行购房者）；②公平公正、自愿选择；③科学规划、卸载人口；④老城区以安置受灾农村居民和受灾城镇居民为主；⑤峰迭新区以安置受灾城镇居民和受灾职工为主；⑥秦王川转移安置区由其自愿选择，以安置有生产生活后续来源的受灾城镇居民、农村居民和党政机关及企事业单位职工、离退休职工为主。

根据灾害范围和损失评估报告，舟曲特大山洪泥石流灾害主要受灾区域涉及城关镇和江盘乡的 15 个村、2 个社区，主要在县城规划区范围内，受灾面积约 2.4 平方公里，受灾人口 26470 人（见表 9 - 1）。

表 9 - 1　舟曲特大山洪泥石流受灾区域

灾害等级	范　围	面积（平方公里）
极重	城关镇的三眼村、月圆村、南街村、瓦厂村、东城社区、西城社区和北街村大部分地区、东街村大部分地区、北关村部分地区、罗家峪村部分地区	1.2
严重	城关镇的西关村、西街村大部分地区、江盘乡南桥村和河南村部分地区等	0.2
一般	城关镇的锁儿头村、真牙头村、沙川村等村的部分地区	1.0

资料来源：国务院：《舟曲灾后恢复重建总体规划》，2010 年 11 月。

灾情发生后，国务院迅速成立了"舟曲抗洪救灾临时指挥部"，同时，甘肃省也成立了"舟曲特大洪水泥石流灾害应急指挥部"，国家减灾委和民政部启动了国家二级救灾应急响应。中央和地方各级政府出台了一系列政策，支持舟曲灾后恢复和重建工作。8 月 9 日，甘肃省政府下发了《关于甘南州舟曲县特大山洪泥石流地质灾害受灾群众生活安置有关问题的意见》，10 月 18 日，国务院发布了《国务院关于支持舟曲灾后恢复重建政策措施的意见》，11 月 4 日，国务院下发了《舟曲灾后恢复重建总体规划》，提出了很多有益的政策与措施，以支持舟曲的灾后重建。这些政策和措施涉及税费、财政、产业、土地和教育等方面，旨在鼓励灾区灾后恢复和重建。

舟曲泥石流灾害发生后，大量村民房屋倒塌或遭受严重破坏。为了避免灾害再次发生，根据舟曲灾后恢复重建总体规划，当地政府计划将因灾转移的受灾群众分 3 个区域进行永久性安置，其中，2.3 万人进行原地重建安置，1.5 万人转移至距离舟曲县县城约 8 公里的峰迭乡"就近新建区"进行"县内跨乡安置"，还有 0.8 万人转移至兰州市永登县的秦王川"转移安置区"进行"省内跨市（州）安置"（见表 9 - 2）。兰州市秦王川安置点将重点建设寄宿制高中，把舟曲县高中教育调整至此地，安置群众包括高中学生及教师约 3500 人，相关受灾群众约 4500 人。

表 9 - 2　舟曲灾害重建分区

区域类型	所在地	可利用面积（平方公里）	规划人口（万人）
原地重建区	城关镇、江盘乡	1.8	2.3
就近新建区	峰迭乡	1.2	1.5
转移安置区	兰州市秦王川	1.0	0.8

资料来源：国务院：《舟曲灾后恢复重建总体规划》，2010 年 11 月。

灾后重建中，需重新安置的受灾居民 4100 户。截至 2011 年 8 月，签订安置协议的受灾居民 4016 户，其中农村居民为 1476 户。在签订安置协定的受灾农村居民中，635 户将安置在原地，141 户安置在峰迭乡，140 户安置在兰州市秦王川，460 户通过货币方式安置。

第二节　对舟曲灾后农村移民安置
调查问卷的统计分析

一　数据来源

调研组于 2011 年 10 月 24～30 日前往舟曲，对舟曲县受灾农户进行了问卷调查。本次调研以 2010 年"8·8"舟曲特大山洪泥石流灾害中的受灾农户为对象，采用问卷法和深度访谈法对受灾群众灾害应急安置及过渡安置情况、灾害中的人员及经济损失情况、灾害前后生产生活变化情况、受灾农户生活上的主要困难以及对政府移民安置工作评价等方面进行了调查。

由于调研时间距灾害发生仅 1 年多时间，舟曲县的灾害重建工作尚处于起步阶段。在目前的灾后过渡安置时期内，一部分受灾农户投亲靠友或在城里租房居住进行了自我安置，另一部分受灾农户在政府的帮助下住进了灾害发生时刚建好的廉租房中，其余农户虽然土地受到毁损，但房屋基本没有受到破坏，他们仍居住在自家的房屋里。此次调研对象主要包括后两部分受灾农户，共收集问卷表 50 份，涉及 161 人，其中有效问卷为 45 份，占问卷总数的 90%。

二 受灾农户过渡安置政策调查

根据调查，在灾害发生初期（即灾后应急转移期），大多数农户由政府安排于应急帐篷之中，这一部分人数占 73.3%，而其他的受灾农户则暂时寄居于亲戚朋友家中。在灾后过渡安置期（即应急转移期到搬进新房前），房屋毁损的受灾农户大部分通过投亲靠友或者在城里租房的方式进行了自我安置，小部分由政府统一安置于新建成的廉租房中。对于自我安置的受灾农户，政府给予每人每月 200 元的住房补贴。据了解，一个三口之家所获得的住房补贴可在舟曲县县城租到一个两室一厅的房子，这样就解决了多数受灾农户无家可归的问题。

灾害发生后，受灾农户普遍得到了政府部门、非政府组织（如红十字会）、亲戚朋友和村镇干部的帮助。其中，多数受灾农户认为政府部门的帮助对他们灾后生活十分重要。受灾后，国务院出台了相关政策，对泥石流灾害受灾群众给予每人每天 10 元钱和 1 斤米的补助，以满足受灾群众的最低生活需要。这一补助政策能帮助大多数受灾农户渡过灾后极度困难时期。

三 受灾农户灾害损失情况

从人员伤亡情况看，在被调查的 45 户受灾户中，有一半的农户有家庭成员在泥石流中死亡或伤残。对于在泥石流灾害中因灾死亡的农户，政府给予其家庭每人 8000 元的抚恤金。在房屋损失方面，45 户受灾农户共损失房屋 461 间，平均每户损失 11 间，导致很多灾民无家可归。在土地损失方面，45 户受灾农户受灾前的耕地总面积是 79.1 亩，而受灾后，耕地总面积急剧下降到 15.8 亩，平均每户的耕地面积不到 0.3 亩。耕地数量的减少，严重制约了当地农业的发展。

四 受灾农户生产生活变化

1. 住房面积对比

泥石流灾害发生之前，许多农户的住房面积为 200 平方米左右，人均住房面积为 69 平方米，其主要原因是受灾农户大多居住在县城附近，自建房屋数量较多、面积较大。房屋结构除了砖混结构外，还有大量泥土、砖瓦和木质结构（见表9-3）。如今，灾后房屋由政府出资集中建设，安置房屋分别位于老县城附近、峰迭乡和兰州市秦王川。灾后安置房均为砖混结构，人均住房面积大大减少，仅为25平方米。按照规定，一个三口之家能分到一套80平方米的安置房。

表9-3　灾害前后房屋情况对比

时期	人均面积（平方米）	房屋结构（%）				建房方式
		泥土结构	木质结构	砖瓦结构	砖混结构	
灾前	69	15.6	17.8	20	46.6	自建
灾后	25	0	0	0	100	政府统一修建

资料来源：根据问卷调查数据整理而得。

2. 耕地面积对比

对农民来说，土地是最基本的生产资料和主要的收入来源。但受泥石流灾害冲击，农户失去了赖以生存的土地。调查数据显示，受灾前人均耕地面积为0.5亩，林地为0.57亩，而灾后人均耕地面积为0.1亩，人均林地面积为0.55亩（见表9-4）。虽然泥石流灾害对农户人均林地面积的影响不大，但人均耕地面积在原本很低的基础上进一步下降。

表9-4　灾害前后生产资料状况

单位：亩

时期	人均耕地面积	人均林地面积
灾前	0.5	0.57
灾后	0.1	0.55

在舟曲，许多农户仍以土地维持生计，土地的损失使得农户的生活保障丧失。对于以前自给自足的农产品（如日常生活必需的粮食和蔬菜等），农户们现在需要从市场上购买。

在被问到"你目前生活有什么困难"时，受灾农户们普遍认为，灾后没有一点土地，无法种植农作物，加之物价上涨，几乎所有的生活资料都需要购买，处处都得花钱，与灾前相比，收入减少，生活开支更大，生活压力加重。

3. 家庭收入对比

受灾后，许多农户职业发生改变，收入也出现一定的变化。灾害发生前，农民人均纯收入（主要是现金收入）为 300~800 元，远低于全省农民人均纯收入。[2]灾害发生后，农民人均纯收入为 200~600 元，与全省农民人均纯收入的差距更大。可见，自然灾害导致农民就业机会减少，收入降低。尽管政府给受灾农户提供了的政策性补助（灾害应急补贴），受灾农户贫困得到了一定的缓解，但贫困并没有从根本上得到解决。

从表 9-5 可知，在所调查的 45 户受灾农户中，有 13 户月总收入较灾前增加了，占总数的 28.9%；有 8 户月总收入较灾前没有变化，占总数的 17.8%；而 53.3% 的受灾农户家庭月总收入比灾前减少。因此，多数受灾农户家庭的收入在灾害后有所减少，这跟前面分析的农民人均收入减少的结论是一致的。

表 9-5　灾害前后受灾农户家庭月总收入变化表

单位：户，%

收入变化趋势	户数	占比	累计占比
增加	13	28.9	28.9
不变	8	17.8	46.7
减少	24	53.3	100
合计	45	100	100

资料来源：根据问卷调查数据整理而得。

4. 家庭支出对比

农户家庭支出能较好反映农户灾后的生活。从表 9-6 可知，无论灾前还是灾后，日常生活支出占农户总支出比例，即农户的恩格尔系数超过 70%，这说明被调查的受灾农户尚处于极端的贫困状态。同时，受灾农户生产性支出在灾后有较大幅度减少，这与灾后土地的大幅减少有直接的关系。

医疗费用的支出在灾后有大幅度的增加。受灾农户普遍反映，泥石流灾害发生时，部分家庭成员受到了身体伤害，留下了后遗症。灾后持续医治，医疗费用支出较大。

表 9 – 6　灾害前后受灾农户家庭支出情况表

单位：%

时期	生产性支出	日常生活支出	教育支出	医疗费用支出	请客送礼支出	合计
灾前	1.7	70.3	10.4	12.9	4.7	100
灾后	0.1	72.6	4.8	19.9	2.6	100

资料来源：根据问卷调查数据整理而得。

第三节　受灾农户面临的生计问题

1. 受灾农户面临的居住问题

在舟曲灾后过渡安置期，一部分受灾农户采取投亲靠友或在县城租房居住进行自行安置，另一部分生活较为困难的受灾农户则由政府集中安置于新建的廉租房中。调查数据显示，受灾农户在过渡安置期对政府过渡安置工作普遍比较满意，满意的农户占所调查农户的78.2%，而不满意农户的比重仅为2.17%。灾害发生后，各级政府及时采取措施，启动应急预案，妥善解决了受灾农户过渡安置期的居住问题。在课题组深入舟曲调查期间，受灾农户永久安置房尚未竣工，农户也都没有搬迁。根据我们在其他灾区的调查推断，舟曲受灾农户户均获得80平方米的楼房远不能满足受灾农户的要求。其主要原因除了住房面积较灾前大大减少外，灾后住房为公寓式的楼房。与灾前相比，农户的生产和生活方式将发生巨大改变。这些变化都将影响农户的未来生计和长远发展。

2. 受灾农户面临的就业问题

舟曲泥石流灾害发生后，农户原有的生存环境受到破坏，土地资源遭到损毁，其高度依赖土地的原有生计方式发生改变，而新的生计方式尚未形成，受灾农户在生活上仍处于过渡阶段。舟曲县地处甘肃南部高山峡谷区，这里的农民大多依靠土地维持生计，土地种植和牲畜喂养是他们主要的生计活动。灾后，由于土地资源的丧失，许多青壮年劳动力不得不外出务工，而年龄稍大的劳动者则选择在本县打工。调查显示，舟曲受灾农户中，大约一半的劳动力仍闲置在家，没有任何工作和收入，许多三口人或四口人的农户依赖于家中一个人的就业收入维持生活，就业的困难导致受灾农户灾后生活更加贫困。

3. 受灾农户面临的收入下降问题

目前，土地仍是我国许多农民重要收入来源之一。失去土地对农民意味着失去了最基本的经济来源。被访农户普遍反映，灾后家庭收入水平下降，生活缺乏安全感和稳定感。在被调查的 45 户农户中，90% 的农户认为土地是家庭的主要收入来源。虽然 30% 的农户中有家庭成员外出务工，但他们大多认为这只是子女成家前的一种暂时行为，这部分收入多数都用于子女自己消费，对家庭收入增长的贡献不大。灾害发生所造成的土地毁损意味着家庭失去了主要收入来源。由于收入减少，灾后农户生活消费支出也相应减少，生活水平明显下降。目前，受灾农户生活消费支出主要集中在"日常生活"、"医疗费用"和"子女教育"等刚性消费项目上。

第四节　政策建议

本次调查涉及 45 户，仅占全体受灾农户的 3%，不能代表所有受灾农户，但此次调查的农户绝大部分居住在廉租房内，相对于在过渡安置期通过投亲靠友或在城里租房等方式进行自我安置的受灾农户，他们经济条件相对较差，是受灾农户中最脆弱的人群。因此，我们所调查的农户在受灾农户中具有一定的代表性。根据舟曲受灾农户过渡安置期生计重建面临的问题，考虑到受灾农户的长远发展，本书提出如下政策建议。

1. 加强对受灾弱势移民群体的社会保护

舟曲特大山洪泥石流灾害不仅使许多家庭失去了亲人，而且使不少家庭的人力资本水平大大下降。对于失去主要劳动力的家庭，家庭经济支柱的丧失造成家庭经济上的巨大困难和家庭成员对家庭未来生活的绝望。对于因灾失去儿女的孤寡老年人、因灾失去丈夫的女性以及因灾成为孤残儿童，他们不仅心灵上遭受失去亲人的巨大创伤，而且也面临着经济和生活上的特殊困难。对于这部分人群，各级政府和全社会应该给予特殊的关心和保护，不仅在经济和生活上给予帮助和照顾，而且在心理层面上给予更多的抚慰，帮助他们重建生活的信心。[3-4]

2. 加强对因灾失地搬迁农户的社会保障

土地对普通农户而言，不仅是家庭经济收入的重要来源，而且是维持其传统生活方式的基础。失去土地不仅意味着家庭经济收入的减少，而且意味着其传统生活方式的终结。对于异地搬迁的因灾失地农户，他们将在陌生的环境和境遇中面临更多的经济和生活困难。对于这部分家庭，国家和社会需要给予更多的关照。如果可能，应将部分灾后重建资金投入对异地搬迁农户的社会保障，采取特殊政策解决搬迁农户的最低生活保障和养老保险问题。

3. 加强受灾搬迁农户实用技术和技能培训，提高农户个体的生计能力

在灾后移民安置过渡期，许多受灾农户居住在外，生活不稳定，生活来源主要是政府救济。在灾后恢复重建过程中，除了注重对房屋和基础设施的建设外，还需要加强对受灾农户可持续生计能力的培育。自然灾害发生后，受灾农户的生计资本遭受损失，生计能力下降。为了受灾农户的长远发展，可对受灾农户的人力资本现状进行调查，根据农户知识技能储备，结合农户自身意愿对其进行实用技术和技能培训，提高农户的人力资本水平。同时充分利用当地资源和产业发展条件，广开就业门路，为失地的异地搬迁农户提供更多的就业机会。

参考文献

［1］ 胡凯衡、郭永刚、崔鹏等：《对甘肃舟曲特大泥石流灾害的初步认识》，《山地学报》2010 年第 28 卷第 5 期，第 628～634 页。

［2］ 高新才、丁绪辉、高新雨：《西部地区生态脆弱地区反贫困模式探究——以甘南州舟曲县为例》，《西藏大学学报》（社会科学版）2013 年第 28 卷第 4 期，第 12～17 页。

［3］ 徐月宾、刘凤芹、张秀兰：《中国农村反贫困政策的反思——从社会救助向社会保护转变》，《中国社会科学》2007 年第 3 期，第 40～53 页。

［4］ 李铿、蒋霞、王小龙：《舟曲特大泥石流灾区居民心理健康状况调查分析》，《中国初级卫生保健》2012 年第 9 期，第 89～91 页。

第十章
我国历史上自然灾害移民相关政策
和经验教训

自古以来，我国就是世界上人口众多的国家，也是一个自然灾害频发的国家。由于生产力发展水平的制约和社会经济条件的限制，我国历史上多数大规模自然灾害都引发了大量人口迁移和流动，即所谓的灾害移民。灾害移民是人们在遭遇自然灾害时被迫采取的一种应对行为，是人类应对自然灾害这一极端事件的一种适应性反应。对历史上各种因自然灾害而产生的人口迁移和流动及其相关政策进行梳理和总结，不仅有助于了解历史上各朝政府对大量灾害移民或灾害流民采取的治理之策，而且可总结历史经验教训，避免自然灾害导致的社会经济波动以及大量的人员伤亡和财产损失，同时，也为完善我国自然灾害管理和制定相关政策提供参考。

第一节　历史灾害移民相关概念

一　流民与灾害流民

研究我国灾害史、人口史及人口迁移史时，不能不提及流民问题。

所谓"流民"，按照《词源》的释义，就是"流浪外地的人"；《辞海》给出的解释是"因自然灾害或战乱而流亡在外的人"；《现代汉语词典》则将其解释为"因遭遇灾害而流亡外地，生活没有着落的人"。综合有关流民史研究的最新成果，可将流民定义为：因自然或社会的原因，自发流徙到外地，尚未定居的人或人口。流民是我国历史上长期而广泛存在的一种人口现象和社会现象。[1]在我国历史上各个时期，流民问题不仅是一个重要的社会问题，而且是一个重大的政治问题。为了稳固政权和实现社会的长治久安，历朝统治者总是不遗余力地避免、消除和解决流民问题。

所谓灾害流民，就是因各种自然灾害而形成的流民。在中国历史上，自然灾害往往与饥荒联系在一起，因而灾害流民也常常演变为灾荒流民。多数情况下，灾害移民以灾荒流民的形式出现。

二　难民与环境难民

根据《辞海》的解释，"难民"就是"遭遇灾难而流离失所的人"；《现代汉语词典》给"难民"下的定义为"由于战乱、自然灾害等原因而流离失所、生活困难的人"。

难民在国外的文献中使用较广。1951年制定的《关于难民地位的公约》和1967年在此公约基础上修订的《关于难民地位的议定书》，对"难民"（refugee）一词有明确的界定，难民是"由于种族、宗教、国籍、属于某一社会团体或具有某种政治见解的原因而担心遭受迫害，离开其国籍所在国家，不能或由于畏惧，不愿接受该国保护"的人。这样的难民属于跨国迁移人口，而这些人口的迁移是由某种政治或社会原因造成的，与环境或自然灾害无关。除了上述特定的含义外，国外广义的"难民"还指"非自愿移民"（involuntary migrant）或"被迫移民"（forced migrant）。难民形成的原因有如下几种情况：自然灾害（如水灾、火山爆发等）、经济不足（如干旱、饥荒）、宗教迫害、种族压迫和思想迫害。这实际上就是对"难民"进行的广义解释。

环境难民（environmental refugee）就是"由于环境破坏（自然或人为

引起的），人们生存受到威胁或其生活质量遭受严重影响而被迫永久或临时离开其家园的人们"。[2] 根据国外学者的研究，环境难民可分为灾害型环境难民、环境剥夺型环境难民和环境退化型环境难民。[3] 灾害型环境难民（environmental refugees due to disasters）包括自然灾害引起的环境难民和技术灾害引起的环境难民；环境剥夺型环境难民（environmental refugees due to expropriation of environment）主要包括项目开发（如修建水库）引起的环境难民和战争导致居住环境丧失（如美国在越战中为驱赶居民离开林区而大量使用化学除叶剂而带来的居住环境破坏）而产生的环境难民；环境退化型环境难民（environmental refugees due to deterioration of environment）包括环境污染导致的环境难民和资源枯竭导致的环境难民。环境难民在国外新闻界、政界和学术界讨论较多。[4]

三　逃荒与灾荒性移民

所谓逃荒，指因遇灾荒而跑到外乡谋生（《现代汉语词典》），或指荒年无法生活，逃至异乡求食（《辞海》）。这里的"灾荒"，就是"基于天然原因而致食粮供给之失败也"或"由于自然界的破坏力对人类生活的打击超过了人类的抵抗力而引起的损害"。[5] 逃荒意味着对灾荒竭力或尽快避之，否则只能坐以待毙。事实上，灾荒之年，首先是食物匮乏和粮食短缺，其次是逐渐增多的人口死亡，随之而来的则是大规模的人员逃亡，也即逃荒。逃荒犹如紧急避灾，哪里安全就往哪里逃，哪里有食物就奔向哪里。

灾荒性移民，指灾荒引发的人口迁移，其通俗的说法就是"逃荒"。我国学者在研究明代北方灾荒性移民时，将灾荒性移民定义为"那些在灾荒的冲击下，在自身粮食储备不足以及所在地方社会赈济不力的情况下，被迫脱离原籍，以求食为目的向他方移居的人口群体"。[6] 这样的人口群体向他方移居，既有自然原因，也有社会原因。虽然灾荒并非纯粹自然灾害造成的结果，但其本身也未必不是一种灾害。因此，在研究历史上灾荒导致的移民或流民时，可将此类移民或流民归为灾害移民。历史上重大灾荒总会导致大规模的移民潮或流民潮，因此，灾荒移民是我国历史上灾害移民一种重要形式，换言之，我国历史上的灾害移民大多以灾荒移民的形式出现。

四　移民与灾害移民

"移民"一词在汉语里有两种含义。移民用作动词，是指"居民由一地或一国迁移到另一地或另一国落户"，如"移民海外""移民政策"。如果用作名词，移民则指"迁移到外地或外国落户的人"，如"安置移民"（《现代汉语词典》）。

移民用作动词时，有着特定的内涵，主要指由政府组织、规模较大、距离较长及跨越一定行政区域的人口迁移，如"大西北移民"、"三峡移民"、"生态移民"和"扶贫移民"等。如果只是规模较小、距离较短的居住地改变，一般多说"迁移"或"搬迁"，并不排除政府的组织与参与。在向国外迁移且打算定居时，不论规模大小和距离长短，也多称为"移民"。"移民"与我国严格的户籍制度、人口控制政策和土地产权政策联系在一起。在作名词时，则指"迁离了原来的居住地而在其他地方定居或居住了较长时间的人口"或"具有一定数量，一定距离，在迁入地居住了一定时间的迁移人口"。[7]

对于我国目前所面临的灾害移民，不同学者给出了不同的解释。施国庆等（2008）认为，灾害移民是指自然灾害因素导致的人口迁移与社会经济重建活动。[8]此解释不仅包含了灾害移民活动本身的内容，还涵盖了与此相关的社会经济活动内容。陈勇（2009）则认为灾害移民就是指各种灾害导致的人口被迫迁移。[9]灾害移民包括避灾移民和灾害移民。[10]避灾移民（preventive migration）出现在自然灾害发生前，是通过人口迁移来避免灾害带来的损失，是灾害风险管理中防灾工作的重要组成部分。灾害移民（post‐disaster migration）是自然灾害发生后在原地无法继续居住，不得不采取的一种适应性策略，是灾害风险管理中的一种补救型措施。因此，灾害移民就是灾害导致的人口迁移活动，这样的迁移活动既包括政府组织或参与的移民，也包括灾民自发向外地的流迁；既包括临时性的流迁，也包括永久性的流迁。

第二节　历史灾害移民产生的过程分析

从灾害移民产生的过程看，灾害移民首先是灾民，即受到自然灾害影响的人群。自然灾害发生后，如果灾民得到及时救助和妥善安置，他们一般不会向外迁移。相反，在家毁人亡、生活无着的情况下，为了求得生存，灾民们只能背井离乡，成为灾害移民。在中国历史上，自然灾害无处不在，无年不有，中国因灾害频繁而曾被誉为"饥荒的国度"（land of famine），[11]自然灾害是中国历史的常态，由自然灾害引发的人口流迁是中国历史无法摆脱的主题。

从历史的经验看，每次灾害发生后，灾民们都会积极进行抗灾救灾。如果灾情较轻，灾民能够自我应对，人们就不会选择离开故土，远走他乡；当灾情较重，特别在遭遇大灾时，灾民自身难以应对，就需要政府或外界的救济和帮助。如果政府救灾有力，赈灾及时，灾民仍不会选择离开家园。当灾情严重，而政府赈济不足的情况下，灾民们为了生存，不得不选择"流亡逐食"，这时候的灾民就变成了灾害流民。灾民的流动不仅会使大量人口脱离政府的户籍管理，而且还会导致灾民原居住地的土地荒芜、农业衰退和社会停滞。这是统治者不愿意看到的局面。因此，他们不得不想方设法给予补救。如果灾害仅在一地发生而邻近地区并没有遭灾，或灾情并不严重，政府会组织灾民在邻近地区异地就食，即移民就食，在灾情减轻后，将灾民遣送回乡，重建家园，此为一种情况。另一种情况则是组织灾民迁徙到新的地方去垦荒、定居和生活，即移民垦荒，移民垦荒需要有能够开垦的大量荒芜土地。然而，更多情况是，灾害发生后，灾民既无力应对，政府又无法施予及时救助，这时灾民或死亡，或逃往外地，寻求食物和安身立命之处。面对大量灾害流民，政府会下令地方官府在流入地施粥救济，临时收容，在灾害缓解后通过各种方式促使灾民返回原籍。少数情况下，政府会采取招抚的方式组织移民垦荒，让灾民就地附籍（见图 10-1）。

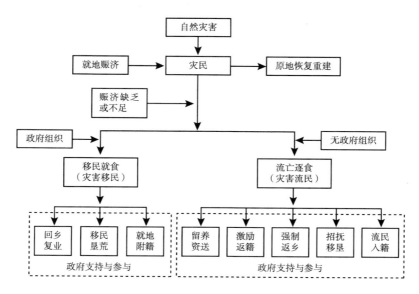

图 10 - 1　历史上灾害移民形成过程

第三节　历史上灾害移民及相关政策

根据前文分析，我国历史上灾害移民分为有政府组织的灾害移民和无政府组织的灾害流民。不论是灾害移民还是灾害流民，政府都会对此制定相关政策，采取措施加以应对，下面就这两种灾害移民政策进行分析。

一　灾害移民相关政策

1. 移民就食政策

移民就食，也叫移民就粟，指在大灾之年，当灾区粮食奇缺，而从外地调运粮食有一定困难时，为了避免大量人口死亡，统治者积极组织灾民到外地接受粮食救济。移民就食是在移粟救民有困难时采取的一种重要措施。[12]

早在先秦时期，"移民就食"政策就被统治者当作一项主要对策。《周礼·地官司徒》记载，"大荒大札，则令邦国移民通财""若食不能人二鬴，则令邦移民就谷"。在先秦时期，各地灾害频繁，但粮食还相对充裕，只要做到移民通财，就可避免暂时的灾荒。当然，既可移民就粟，也可移粟救民。正如《周礼》郑玄注曰："移民避灾就贱，其有守不可移者，则输之谷。"

汉时，统治者组织灾民异地就食。《汉书》记载，汉高祖二年（公元前205 年），"关中大饥，米斛万钱，人相食，令民就食蜀、汉"。魏晋时期，战乱频繁，只有少数统治者积极组织灾民异乡就食。《晋书·食货志》记载："嘉平四年（252 年），关中饥，宣帝表徙冀州农夫五千人佃上邽。"隋唐统治者不但继续奉行这一政策，而且亲自"帅民就食"，可见其重视程度和组织的力度之大。隋开皇十四年（594 年），"关中大旱，民饥，上遣左右视民食，得豆屑杂糠以献……八月辛未，上帅民就食于洛阳，敕斥侯不得辄有驱逼"（《资治通鉴》卷 178，《隋纪二》）。唐代明确规定，地方"凶荒则有社仓赈给，不足则徙民就食诸州"（《旧唐书》卷 5，《高宗本纪》）。因此异地就食形成了一种制度。

宋金元时期也实行过这样的政策。宋庆历三年（1043 年），"是冬，大旱，河中同华等州饥民相率东徙。琦即选官分旨州县，发省仓以赈之"（《续资治通鉴》卷 46，《宋纪》）。金大定三年（1163 年），滦州饥民，"流散逐食，甚可矜恤"。世宗命地方官员将灾民"移于山西，富民赡济"，并"于道路给食"（《金史》卷 6，《世宗本纪》）。元代中统二年（1261 年），政府迁曳提即地贫民就食河南、平阳、太原（《元史》卷 96，《食货志》）。

明清时期，由于政府统治的加强，以及相对较完善的救济安置制度，有组织的移民就食现象较少，更多的是默认和允许灾民"流亡就食"。如明成化十二年（1476 年），明宪宗在强制驱赶无效的情况下，特命原杰前往荆襄地区，安抚当地的灾民。嘉庆八年（1803 年），"即遇关内地方，偶值荒歉之年贫民亟思移家谋食，情愿出口营生者，亦应由地方官察看灾分轻重，人数多寡，报明督抚据实陈奏，候旨允行后始准出关"（《清仁宗实录》卷 113）。

纵观各朝移民就食情况，统治者在受灾初期均允许灾民自发外出就食。随着政府实力的加强和人们对自然灾害关注程度的加深，政府开始积极组织灾民异地就食，比较成功的移民就食政策是汉唐前期的因灾移民，不但为灾民指明了就食迁移的方向，而且于迁移的路途给予扶助。这样的救灾措施对缓解灾情较为有效。[13] 虽然移民就食有着积极的意义，但成功的例子并不多。因为政府考虑更多的是，维护自身统治地位。如果政府高度重视，并积极组织灾民迁移就食，就可有效缓解灾情，避免大批人口死亡。

2. 移民垦荒政策

移民垦荒就是政府组织灾民离开灾区，迁移到有荒芜土地的地区去耕作谋生，即将"狭乡"灾民迁移到"宽乡"垦殖和耕作。这也是政府的一项积极救灾措施。

早在先秦时期，中国就有移民垦荒之说，到了汉代，政府对移民垦荒的努力逐渐增多。元狩三年（公元前120年），"山东被水灾，民多饥乏"，武帝首先派使者"虚郡国仓廪以赈贫"，"尤不足，又募豪富人相贷假，尚不能相救"，于是"徙贫民于关以西及充朔方以南新秦中"，达70余万人。其"衣食皆仰给县官"，官府"假以产业，使者分部护之"（《汉书》卷24，《食货志》）。这是政府组织的一次规模较大的移民垦荒活动。由于移民开销太大，以后政府多以赐田或租借公田的方式来组织移民垦荒。初元元年（公元前48年）四月，关东年谷不登，民多困乏，汉元帝下诏："江海陂胡圆池属少府者以假贫民，勿租赋。"（《汉书》卷9，《元帝纪》）

对受灾百姓进行有组织的移民垦荒，在我国历史上并不多见。不过，清末民初是个特例，当时华北水旱灾害频繁，而东北又有大量的荒芜土地，为了减轻华北灾情，政府支持百姓向东北移民。除了政府制定的《国有荒地承垦条例》，东北三省还相继颁布《黑龙江招垦规则》、《吉林全省放荒规则》和《移民和开发计划》等章程，鼓励移民东北垦荒。同时，社会各界慈善团体和赈灾机构也纷纷给予灾民极大的帮助。例如，山东省赈灾办事处制定了《山东赈务办事处移民简则》和《山东赈务办事处难民招待所简则》等条例，河南省赈务会专门拟订了《河南省赈务会筹拟移民赴东三省垦荒办法》。与此同时，东北地方当局和社会团体专门为灾民成立了移民救援会，对凡是无处栖身的灾民，移民援救会尽可能地给予接待，为他们安排食宿，并将他们送到迁居的地点。[14]

移民垦荒政策不仅可以提高灾民的生活自救能力，而且有助于解决灾民的无序流动问题，同时更能促进迁移地的土地开发和人口增殖。移民垦荒多是在统治者不得已的情况下做出的一些让步，他们更多是从控制灾民流动和增加赋税收入的角度来考虑实施的。与早前移民垦荒比较，清末民初的移民垦荒政策有了新的发展和突破，主要表现在以下几个方面。第一，中央政府和地方当局对移民垦荒政策给予了更大的支持力度，不论是在招垦的优惠条件上，还是在具体的招垦办法和章程上，都是前朝统治者所无法比拟的。第二，政府在鼓励支持的同时，也允许或组织社会团体和慈善机构参与到移民垦荒的行动中来，移民垦荒获得了社会各界的支持和帮助，使得移民东北垦荒的人数和规模大大超过了历朝历代。第三，赈灾办事处或移民救援会等机构的设立，以及各种不同层次的移民垦荒办法和条例的颁布，标志着灾害移民开始从自发逃荒向规范化和法制化的方向迈进，这是政府现代性的一种表现。

二　灾害流民相关政策

1. 灾害流民救助政策

当灾民流往外地就食时，当朝政府会下令地方政府对流入的灾民给予救助。救助方式包括给予流民必要的食物和提供临时居住场所。

西汉河平四年（公元前25年），因黄河水患，成帝下诏："水伤不能自存者，避水他郡国，所在冗食之。"（《文献通考》卷26，《国用·赈恤》）东汉永兴元年（153年），黄河泛滥成灾，大量百姓流冗道路，桓帝下诏："所在赈给乏绝，安慰居业。"（《后汉书》卷7，《桓帝纪》）北宋元丰元年（1078年），神宗令青、齐、淄三州给流民粮食（《宋史》卷15，《神宗纪》）。元代至元十九年（1282年），真定以南遭遇大旱，流移者众，世祖下令，流民"流移江南者，给之粮，使还乡里"（《续资治通鉴》卷188，《元纪四》）。清乾隆十二年（1747年），高宗明确提出："凡被灾最重地方饥民出外求食，各督抚善为安辑，俟本地灾寝平复，然后送回。"（《清朝正典类纂》卷379，刑11，户律）

　　除了给予食物外，历朝政府还为灾害流民提供临时安身之处，以便让灾害流民度过风雨之日与严寒冬季。汉元始二年（公元 2 年），郡国大旱，民流之，平帝下诏：“起五里与长安城中，宅二百区，以居贫民。”（《汉书》卷12，《平帝纪》）除了修建新房外，更多的是让灾民居住在闲置房舍、户决之屋、庙宇或其他公用房屋临时居住。南宋淳熙十年（1183 年），孝宗下令让流民“许于寺观及空闲官舍居住”（《续文献通考》卷32，《国用》）。元至大二年（1309 年），武宗下诏：“诸处流移人们仰所在官司详加检视，流民所至之处，随系官房舍，并劝谕土居之家，寺官庙宇，权与安存。”（《元典章》，圣政卷2，典章3）清乾隆七年（1742 年），高宗下令地方：“凡遇江南灾民所到之处，即随地安顿留养，或借寺观，或棚厂，使有止之所。”（《清经世文编》卷41，《户政·荒政》）此外，清政府在江南一些城市设立留养处，一有灾区流民南下，地方政府即设法将灾民堵截在长江以北，就地留养。[15] 所谓“留养”，就是指给流往外地的灾民提供住宿和食物，避免身处异地的灾民大量死亡。

2. 灾害流民返乡政策

　　对因灾流向外地的灾民，历朝统治者总是希望他们在灾后能够返回家乡，重归版籍，从事原有的生产活动。对大多数流落外地的灾民而言，回家是他们最大的愿望。只要条件允许，灾民们就会想方设法回到原籍，对于因各种原因不愿回乡的灾民，统治者会通过激励和强制的方式让其重归故里。激励方面，当朝政府会给予灾害流民口粮和路费，让其顺利返回家乡，即所谓“资送”。如成化六年（1470 年），为招抚流民，政府奏准“流民愿归原籍者，有司给予印信文凭，沿途军卫有司，每口粮三升，其原籍无房屋者，有司设法盖起草房四间，仍不分男女，每大口给口粮三斗，小口一斗五升，每户给牛二只，量给种子，审验原业田地，给予耕种，优免粮差五年”（《续文献通考》卷20，《户口》）。《康济录》也记载：“臣体皇上爱民之心，令开封等处，查流民愿归者，量地远近，资给路费，给票到本州县补给赈银，务令复业。”（《康记录》卷四上）

　　除了给粮和给钱外，当朝政府还通过免除赋税徭役等办法来鼓励流民返乡。例如，南朝时梁大同十年（544 年），武帝下诏：“其有因饥逐食，离乡去土，悉听复业，蠲课五年。"（《梁书》卷2，《武帝纪》）清康熙二十年（1681年），山西太原、大同灾民多流亡，圣祖下令："除逋赋二万四千四万两。"（《清朝文献通考》卷45，《国用》）如果鼓励流民返乡无效，当朝政府便采取强制手段迫使流亡灾民回乡复业。例如，金代兴定四年（1220年），河南饥荒，百姓流亡，官府下令限期复业，否则会受到惩罚；明代宣德年间，灾害频繁，流移者多，朝廷谕令灾民复业，而许多人并不遵从，宣宗下令："愚民玩法，因当法。且与约限三月，违者罪之。"（《明宣德实录》卷69）

3. 灾害流民招抚移垦政策

所谓招抚移垦，就是政府拦截灾民（流民）于逃亡途中，组织他们去外乡耕垦。与灾害移民垦荒有所不同，招抚移垦多为政府应对大量灾害流民采取的一种权宜之计。实施招抚移垦政策，不但可以解决灾民的安置问题，而且可以开垦荒芜的土地，增加政府的财政收入，所以历代统治者均倾向于招抚灾民到荒芜之地进行土地开垦。

三国时期，曹操令"郡国置田官，招募流亡屯田，并用国渊屯田事"，又"相土处士，记民置吏，明功课之法"，把屯田制度推广开来（《三国志·魏书》，《武帝纪》）。晋溉田官徐邈刺东州，因凉州少雨，长苦谷乏，"邈修武威、酒泉盈池，广开水田，募贫民佃之，家家丰足"（《晋书·食货志》）。

宋元时期，招抚流民垦殖成为救灾的一项重要措施。宋天圣年间（1023～1032年），仁宗"每下赦令，以招辑流亡、募人耕垦为言"（《宋史》卷173，《食货志》上）。元大德九年（1305年）二月，成帝下诏："往年流民趁食他乡，不能还业者，所在官司常加优恤，有官田原种者，以便给之，并免差税三年。"（《元典章》典章3，圣政2）

明清时期，虽然统治者对于流民于外乡归业不甚支持，但在统治初期仍贯彻了招民耕垦的政策。明洪武二十四年（1391年），太祖明确提出"今逃移之民，不出吾疆域之外，但使有田可耕，足以自赡，是亦国家之民也，即令其随地占籍，令有司善抚之"（《明太祖实录》卷208）。清顺治六年（1649年），政府令各省"兼善流民，编甲给照，垦荒为业"，并且"毋预征和派，六年后安熟地征派"（《清史稿》卷100，《食货志》）。19世纪下半叶，清政府遇到了前所未有的严重边疆危机（如俄国割占中国大片土地），为了摆脱危机，抵御外敌入侵，清政府开始解除禁令，实施"移民实边"政策。

4. 灾害流民入籍政策

流民入籍是指各朝政府鼓励或承认灾害流民在其归业之地获得合法居民身份的一项政策。这项政策多用于发生重灾时，也与荒芜土地的多少以及政府统治力量的强弱有关。

汉代流民的入籍政策较宽松。汉鸿嘉四年（公元前17年），关东地区"水旱为灾，流冗者众"。成帝下诏："流民欲入关，辄籍内。"（《汉书》卷10，《成帝纪》）东汉永初二年（109年），政府甚至有"流民欲占者人一级"的规定（《后汉书》卷5，《安帝纪》），这是政府鼓励地方官员去劝导流民入籍，增加人口和赋税的重要措施。

魏晋时期，为了便于对北来流民的救济安置，特设置侨县加以安置管理。南朝梁对流民入籍与否采取完全任其自愿的态度，天监十七年（518年）规定流民"有不乐还者，即使著土籍为民，准旧课输"（《梁书》卷2，《武帝纪》）。

到了明代，政府出于加强自身统治地位的需要，采取各种措施，甚至实施强制性手段，希望百姓回乡复业，面对大批已经逃离故里的灾害移民，强制复业多以失败告终。从明宣宗开始，明朝官方开始了较具规模的附籍安置行动。例如，明成化十二年（1476年）十二月，明政府于湖广开设郧阳府，府下设竹山、房山、上津、勋四县，同时设立湖广行都司卫所，让移民编籍（《明宪宗实录》卷16）。

清代统治者在对待流民入籍问题上，总是在"禁止"与"允许"之间摇摆。清初，政府支持流民入籍，如顺治十一年（1654年）规定："凡外省新旧流民俱编入册籍，与土著一体当差。"并且还规定："饥民转徙，得入籍占田。"（《四川通志》卷66）康熙十年（1671年）规定"各贫民携带妻子入蜀开垦者准其入籍"（《清朝政典类纂》卷3），而后政府开始限制流民入籍，并且在东北地区设置"柳条边"，禁止流民前往。但是每遇灾荒之年，政府还是默认灾民的就食与垦荒行为，并且允许入籍安插。如乾隆二十七年（1762年），政府将本年查出宁古塔种地贫民安插在吉林乌拉伯都拉等处，"将丈出其余地拨给耕种，入籍纳粮"。

对于流民入籍问题，不同朝代有着不同的政策重心。隋唐以前，政府对流民入籍采取完全放任的态度，这是由战乱频繁且土地较多导致。两宋时期，政府和官吏在流民救助管理上倾注了大量的物力财力，成为流民入籍的典范。明清以来，统治者更多地着眼于社会秩序的维护，除非流民在其迁移地的耕垦已成规模，政府一般不会考虑流民入籍问题。正如安介生所说，附籍安置措施仅仅是政府无可奈何的、临时性的"法外开恩"，无法在制度层面对附籍安置政策进行范定，对后继皇帝与地方官员没有强制力和约束力，这说明历代统治者在灾荒性移民安置问题上的困窘和无奈。[6]

第四节　经验教训

综观我国历史上各种灾害移民政策，不论是移民就食政策，还是移民垦荒政策，或者是与灾害流民的相关政策，所有政策都是对灾害发生后社会经济遭受巨大损失的一种补救。虽然不少朝代有过备灾和防灾之策，但为避灾而进行的人口迁移实属少见。不论是古代，还是近代，人口众多和自然灾害频繁是中国社会的重要特征。中国自古以来是一个传统农业社会，农业生产力低下，经济发展水平低，封建统治者应对自然灾害的能力十分有限。广大普通百姓受传统思想影响，往往"安土重迁"，不愿离开家乡。即使在自然灾害初期，出现人口流迁时，政府也只是默许灾民的流迁活动，只有当灾情异常严重，人口迁移和流动达到较大规模时，政府才会采取措施，支持或者组织灾民进行相关的移民活动。虽然历史上灾害移民相关政策有着历史的局限性，但在当时的历史条件下仍发挥着积极的作用：一是减少了灾害造成的损失，缓和了灾民与政府间的矛盾；二是为灾后的恢复生产保存了人力条件，为加快灾区重建工作奠定了基础；三是灾民迁移到地广人稀之地，导致了迁入地区人口增加，为大量荒地的开发注入了强大的动力。

参考文献

[1] 陆德阳：《流民史》，上海文艺出版社，1997，第 5 ~ 6 页。

[2] El-Hinnawi, E. E. Environmental Refugees, Nairobi, Kenya：UNEP. 1985.

[3] Bates, D. C. Environmantal Reguees ? Classifying Human Migration Caused by Envionmental Change. Population and Environment. 2002, 23（5）：465 – 477.

[4] 陈勇：《对西方环境移民研究中几个基本问题的认识》，《中国人口、资源与环境》2009 年第 19 期，第 70 ~ 75 页。

[5] 邓云特：《中国救荒史》，商务印书馆，2011，第 5 页。

[6] 安介生：《明代北方灾荒性移民研究》，载曹树基主编《田租有神——明清以来的自然灾害及其社会应对机制》，上海交通大学出版社，2007，第 156 ~ 193 页。

[7] 葛剑雄等：《简明中国移民史》，福建人民出版社，1993，第 1 页。

[8] 施国庆、郑瑞强、周建：《灾害移民权益保障与政府责任——以 5·12 汶川大地震为例》，《社会科学研究》2008 年第 6 期，第 37 ~ 43 页。

[9] 陈勇：《对灾害与移民问题的初步探讨》，《灾害学》2009 年第 2 卷，第 138 ~ 144 页。

[10] 陈勇：《山地自然灾害、风险管理与避灾扶贫移民搬迁》，《灾害学》2013 年第 28 期，第 136 ~ 142 页。

[11] Mallory, W. H. China：Land of Famine. American Geographic Society. 1926.

[12] 江立华、孙洪涛：《中国流民史》（古代卷），安徽人民出版社，2001，第 309 页。

[13] 王跃生：《中国人口的盛衰与对策——中国封建社会人口政策研究》，社会科学文献出版社，1995，第 377 页。

[14] 高乐才：《近代中国东北移民研究》，商务印书馆，2010，第 79 页。

[15] 李文海、周源：《灾荒与饥馑 1840 ~ 1919》，高等教育出版社，1991，第302 页。

第十一章
世界各国灾害移民搬迁
经验与教训

——以拉丁美洲典型山地国家为例①

自然灾害是世界各国面临的共同问题。在应对自然灾害威胁和防灾减灾工作中，世界上不少国家通过实施移民搬迁工程达到了防灾减灾的目的。总结各国实施灾害移民的经验和教训，对于制定我国灾害移民规划，完善我国有关灾害移民政策法规，提高灾害移民工作效率有着特别重要的意义。拉丁美洲（包括中美洲和南美洲）是世界上自然灾害发生最为频繁和受灾人口最多的地区之一，不少国家地处山区，地质构造活动频繁，地震、火山、泥石流和滑坡灾害频发，同时，许多国家地处热带和亚热带地区，是热带飓风和洪涝灾害发生最多的地区。为了应对自然灾害的威胁，拉丁美洲不少国家曾成功实施过自然灾害移民搬迁工程，本章重点介绍拉丁美洲的巴西、阿根廷、哥伦比亚和危地马拉等国家在实施灾害移民搬迁工程上的成功经验和教训。[1-2]

---

① 本章主要参考文献世界银行相关资料。

第一节　巴西

一　人口与社会经济概况

巴西位于南美洲东部，面积 851 万平方公里，人口 1.95 亿人（2010年）。全国分为五个区：北部区、东北部区、中西部区、东南部区和南部区，包括 26 个州和 1 个联邦区，州又分为 5556 个市，首都巴西利亚位于联邦区。巴西在过去的 30 年间人口增长迅猛，1970 年人口仅为 9300 万人，目前已超过此数的一倍多。巴西全国城市化水平为 87%（2010 年），东南部区、中西部区和南部区城市化水平相对较高，分别为 92%、86% 和 82%，而北部区和东北部区城市化水平相对较低，分别为 73.5% 和 71.5%。

二　自然灾害情况

巴西的主要自然灾害为风暴、干旱、地震及其由风暴引发的洪灾、滑坡和泥石流。就各区域而言，东北部区遭受洪灾以及滑坡和泥石流灾害的频率最高，干旱也大多发生在东北部地区。由于自然灾害频繁，东北部区是巴西各大区域中最贫困的地区，居住在该区的许多人口不断地向东南部区迁移。在各大区域中，洪灾主要发生在城市地区。由于城市低收入人群主要集中在城市边缘地区的灾害易发区，城市中的贫困人群最容易遭受自然灾害的侵袭。

三　灾害风险管理

巴西负责自然灾害管理的联邦机构主要有国家统一部（Ministry of National Integration）和环境部（Ministry of the Environment）。国家统一部下属的全国民防系统（National Civil Defense System 或 Sistema Nacional de Defesa Civil，SINDEC）创建于 1988 年，其主要职责就是执行国家的防灾和减灾政策，包括执行灾害救援、灾后恢复与重建任务以及有关灾害的部门协调工作，全国民防系统的运行基金来源于国家公共灾害特别基金（Special Fund for Public Calamities）。巴西环境部下属的国家水务局（National Water Agency 或 Agencia Nacional das Agua，ANA）负责全国城市的洪灾预警和管理工作。巴西空间研究院在 2008 年建立了自然灾害监测与预警系统，负责自然灾害相关数据的收集、储存、分析、处理和发布等工作。

四 防灾与减灾机构和政策措施

巴西没有专门统一的防灾与减灾法律，也没有相关条例。巴西的防灾和减灾工作主要体现在州政府和市政府的工作中，下面以圣保罗城市为例，对巴西的防灾和减灾工作加以说明。圣保罗市面积 1509 平方公里，人口 1090 万人，绝大部分为意大利和葡萄牙后裔，也有美洲印第安人和非洲人、阿拉伯人、德国人、西班牙人和日本人的后裔。根据研究，居住在圣保罗市易遭受洪灾的地势低洼地区的人口 40% 来自巴西的北部区和东北部区。现有资料表明，1970 年居住在圣保罗贫民窟的人口为 7.18 万人，占全市人口的 1%，到 2008 年增加到了 139.5 万，占全市人口的 13%。

圣保罗市民防系统是全国民防系统的一部分，受国家统一部的领导，其工作也向圣保罗市城市安全处（Municipal Secretariat of Urban Security 或 Secretaria Municipal de Seguranca Urbana）汇报。市民防系统包括市级各公共部门、私人团体和各社区民防机构，其工作受市民防协调办公室（Municipal Civil Defense Coordination Office 或 Coordenadorias Municipais de Defesa Civil，COMDEC）总协调员的指导。市民防协调办公室负责制定和实施各种防灾计划，包括"夏季暴雨行动计划"（Operation Summer Rains）、"冬季行动计划"（Operation Winter）、"低湿行动计划"（Operation Low Humidity）和"危险品行动计划"（Operation Dangerous Products）。

巴西城市议会所通过的《自然灾害防御计划》（Civil Defense Prevention Plan 或 Plano Preventivo de Defesa Civil，PPDC），旨在帮助地处山坡或河流附近等危险区居民点加强自然灾害的防御工作，具体措施包括更新灾害易发区的相关数据和培训相关技术人员等。在圣保罗市，政府除了制定《自然灾害防御计划》，还实施了一系列其他防灾措施，如疏浚和整治河道，对地质灾害危险区实施工程措施以及改造城市贫民窟。例如，在 1995～2008 年，圣保罗州政府和圣保罗市政府共同在泰特河（Tiete）上实施了一项防洪工程，该工程将河道加宽到了 45 米，河床深度提高了 2.5 米，整个工程总投资 13.5 亿美元。此外，从 1987 年起，圣保罗市政府还在市区内实施了一项河道环境综合整治工程，该工程在市内的 21 条小沟上修建沟渠 63.3 公里，大坝 8 座，渠旁公路 60.4 公里，搬迁家庭 7544 户，其中第一阶段（1987～1994 年）搬迁 2407 户，第二阶段（1995～2007 年）搬迁 5137 户，整个工程投资 10.5 亿美元。

五　避灾移民搬迁项目

在圣保罗市持续近 20 年的河道环境综合整治工程中，一项重要的任务就是将居住在低洼地带贫民窟居民进行移民搬迁，移民搬迁共分两个阶段（其中，1987～1994 年为第一阶段，1995～2007 年为第二阶段），采取三种模式：第一种是异地搬迁，即将 5288 户家庭搬迁到较远处的新建小区中，其中第一阶段搬迁 1412 户，第二阶段搬迁 3876 户；第二种是就近搬迁，即将 634 户家庭搬迁到原居民点附近的安全地带新建的房屋中，这种搬迁方式在第二阶段实施；第三种是现金补偿搬迁，即通过发放现金的方式将原有的房屋和土地进行征用，居民自行在别的地方购买或租用房屋，共涉及家庭 1622 户，其中第一阶段 995 户，第二阶段 627 户。下面就第二阶段移民搬迁项目的组织实施工作进行具体说明。

1. 移民搬迁的组织实施

该工作由市住房处（Secretaria Municipal da Habitacao，SEHAB）具体负责。住房处成立了两个移民搬迁管理和支持小组，每个小组由 7 名工程师（建筑师）、11 名社会工作者、2 名社会学家和 1 名律师组成。此外，市住房处通过招标方式确定了专业公司负责新建居民小区的建设和移民搬迁事宜。

2. 搬迁居民概况及搬迁安置模式

需要搬迁的居民均居住在河道附近的贫民窟里，土地为公用地，其房屋大部分为木质结构，均没有办理建房合法手续。根据 1994 年的一项调查，在异地搬迁的 3876 户居民中，约 41% 的劳动力在非正规部门就业，

23%的劳动力处于失业或半失业状态，约有20%的家庭处于贫困线以下。

此次异地搬迁的三个安置小区位于圣保罗市区不同位置，所有小区均严格执行国家小区建设和住房建筑规范，如住宅间必须留有足够的空间，一定的绿地和道路用地，小区必须配套建设公用设施，同时小区还新建了学校、诊所和商业网点。每套住房使用面积为42平方米，包括两个卧室、一个客厅和一个厨房，为了减少建筑成本，住房的高度控制在5层。

除了异地搬迁外，还有一些居民实施就近搬迁。在原居住的贫民窟里，有不属于洪水淹没区的土地和地点，市住房处将负责对该部分土地进行开发或整治。如果属于私人土地，那么政府将出钱购买；如果原土地上有房屋，涉及房屋拆迁，被拆的家庭将暂时在外租房居住，那么政府为此将给予一定的补助，房屋修好后再搬回新房居住；如果属于公共土地，那么政府将直接开发，并办理相关手续。不论是易受洪水淹没区的居民，还是因建房而被拆迁的居民，他们最终将获得一套新房，并享有合法的土地使用权。

在就近安置模式中，有一种"换房搬迁"（swaping 或 chess game）的情况，即部分居住在危险区的居民，发现在异地新建小区所分配的住房不能满足家庭的需要，或不愿搬迁到其他地方居住，可以与原居住区内处于非危险区的居民交换新房，即让非危险区的居民搬迁到异地新建小区，而自己搬迁到非危险区的房屋中居住。实施这种换房搬迁的家庭共有630户。

在搬迁安置中，除了"房屋安置"外，还有"货币安置"形式，即不给搬迁家庭房屋，代之以现金补偿，所补偿的金额可在附近购买相同面积的房屋，"货币安置"仅限于具有合法房屋产权的家庭，具体工作由市政会（City Council）的征地处（Expropriation Division）和财政处（Secretariat of Finance）执行。

3. 搬迁安置的社会管理

在搬迁安置过程中，负责沟渠建设的部门与负责居住小区建设的部门能相互协调和密切配合，同时，为搬迁居民提供民生服务的市政会各个部门（包括教育、卫生、环境和文化管理部门）也积极配合，做好相关工作。在搬迁项目实施前，市政会成立了搬迁指导委员会（Resettlement Advisory Council），其成员由市住房局的技术人员、市级管理部门的相关人员和社区代表组成，该委员会与社区领导、居民代表和非政府组织一起负责搬迁安置的组织协调工作。此外，圣保罗大学经济与行政管理科学学院参与了搬迁社区的社会经济调查，内容包括搬迁的家庭数量、人口结构、教育需求、家庭支付能力、就业状况及工作地点、社会文化关系、居住时间和社区工作的参与情况等。

搬迁指导委员会定期召开会议，向社区成员、搬迁户代表和非政府组织通报工程进展，并就下列相关事宜与搬迁户达成一致：住房分配的原则，搬迁日程的安排（必须考虑到在校学生的学习），搬迁后居民应尽的权利和义务，家庭的经济状况以及房屋自付部分按揭贷款的数量和期限，房屋的维修和费用，小区公共设施的使用和维护，城市公用设备（水、电和污水排放）的使用与费用，等等。

4. 项目总投资和搬迁安置费用

城市改造项目第二阶段总投资 6.27 亿美元，其中圣保罗市政府投资 3.25 亿元，美洲发展银行贷款 3.02 亿元。在项目总投资中，用于搬迁安置的资金为 5485 万美元，其中项目前期准备费用占 2.52%，基础设施（包括水、电、污水处理、道路和路灯等）费用占 8.42%，学校和诊所建设费用约占 5.97%，搬迁费用约占 1.41%，原居住区旧房改造费用占 5.05%，房屋建设费用约占 68.72%（见表 11-1）。

表 11-1　圣保罗市新建小区搬迁安置项目费用

项目投资资金	投资(万美元)	比重(%)	项目类别	投资(万美元)	比重(%)
前期准备	138.49	2.52	管理人员费	117.30	2.14
基础设施	461.65	8.42	支持小组费	208.33	3.80
房屋建设	3769.41	68.72	项目评估	7.60	0.14
学校和诊所建设	327.64	5.97	制度建设	100.00	1.82
搬迁费用	77.50	1.41	合计	5485.12	100
原居住区旧房改造	277.20	5.05			

5. 项目完成情况

根据项目最终评估结果，圣保罗市洪灾危险居住区综合整治工程达到预期目标，使生活在低洼地带的居民居住环境大大改善。通过修建 11 沟渠，扩大了城市河道的排洪能力，减少了灾害风险。项目完成后，没有出现洪灾和滑坡等灾害，减少了城市污水在河道中的排放和固体废物向河里倾倒的现象。通过移民搬迁和旧房改造，居民的居住条件和生活环境大大改善，居民的健康状况有了较大提高；通过沿河道路的修建，项目区的交通条件得到了改善；通过河道两岸的绿化工程，既可有效预防在公共土地私搭乱建房屋行为的发生，又可减少对城市废物对河道的淤积和对水环境的污染。

项目虽然能最终完成，但完成时间大大超过了项目预期。主要原因可归结为以下几个方面：①项目建设经历了四届政府，造成项目管理人员组成发生变化，每届政府上台后需要对项目进行重新评审；②项目区的土地征用环节（如地形测量和地籍核实等）和旧房改造过程比预期的要复杂；③房屋补偿标准统一，而实际房屋的市场价格不一致，导致政府部门与业主之间发生矛盾。

6. 搬迁安置中的经验教训

根据美洲发展银行的要求，项目负责单位对项目进行了三次评估，分别为 2000 年的中期评审、2004 年事后评审和 2007 年的参与式评估，参与式评估要求专业技术人员和搬迁居民共同参与评估过程。虽然"现金补偿安置"和"异地安置"过程比预期的设想复杂，但所有参与项目评估人员一致认为，安置过程恰当并取得了积极效果。下面就各安置模式的经验教训分别论述。

异地新建小区安置。按照美洲银行贷款协议，启动搬迁安置工程项目监测和评估程序（包括半年工作报告、中期评审和末期评估）。虽然评估过程遇到了一些问题，但最终还是通过评估发现了搬迁中存在的问题。社区参与搬迁规划和实施过程对成功实施搬迁起着重要作用，通过在新建小区中设立商业网点，能够使原来依靠小生意维持生活的家庭继续从事其生计活动，不至于生活水平下降。不足之处包括以下几方面。首先，新建小区规模过大，同时小区安置居民来自不同社区，居民之间难以形成原有社区氛围。评估结论建议新建社区规模不宜超过 150 户，否则社区基础与服务设施（包括学校、诊所、娱乐设施等）可能会面临拥挤紧张的状态。其次，政府部门与经营小区服务设施的公司之间缺乏协调，耽误了小区建设和居民搬迁进程，同时，各政府部门的资金安排计划不一致，影响了项目进展。最后，最初进行的社会经济调查与实际搬迁安排存在较长的时间差，其间新增人口较多，增加了搬迁难度。

原居住地的房屋改造。居民在原居住区内近距离搬迁不会改变原社区的邻里关系，同时，搬迁居民充分参与项目设计和实施，减少了项目进展中遇到的阻力。在项目实施期间，搬迁居民临时租住房屋时，能根据自身经济条件选择不同租金的房屋，有利于项目的顺利实施。不足之处在于：首先，政府部门与施工单位在小区配套设施建设的时间上没有达成统一，导致在外租住房屋的家庭不能按时搬迁；其次，项目前期准备与实际施工间隔时间太长，增加了项目实施的复杂性和难度；最后，项目没有安排对小区居民环境意识的宣传教育，导致居民对垃圾乱扔乱放，影响了社区的环境卫生。

现金补偿安置。首先，在实施现金补偿安置中，所使用的经费应该有国际贷款资金的参与，以便按照贷款银行的标准对现金安置补偿进行监测和评估，否则可能会造成对拆迁户不能按时补偿。其次，如果不能将土地征用费用纳入项目预算，多边金融机构也应该在签订合同时，要求地方配套足够的基金，以免土地征用过程受到影响而耽误工程进度。最后，土地被征用的业主应该得到合理补偿，以便他们能够用所补偿的资金在附近购买相同质量和大小的房屋。

第二节　阿根廷

一　人口与社会经济概况

阿根廷共和国位于南美洲最南端，面积为 376 万平方公里，人口 4041 万人（2010 年），其中 92% 的人口居住在城市中，全国分为 7 个区，23 个省和 1 个自治城市（即首都布宜诺斯艾利斯）。在阿根廷，城市在全国及区域和省区的首位度较高，即全国、各区域和省区的人口很大一部分集中在首都、区域中心城市或各省的首府。就全国而言，首都布宜诺斯艾利斯（都市区）人口约为 1300 万人，是阿根廷第二大城市门多萨（Mendoza）城市人口的 15 倍。在过去 50 年里，虽然阿根廷城市化发展极为迅速，但人口城市化和土地城市化大都缺乏政府规划。因此，阿根廷过度的城市化使城市的贫富差距迅速扩大，很大一部分农村迁往城市的贫困人口居住在极易遭受自然灾害的危险区域。就区域发展而言，阿根廷西北部和东北部地区的贫困人口比例较高，在中部地区，由于集中了全国 90% 以上的人口，其绝对贫困人口数量在全国各区域中也最多。

二　自然灾害情况

受地貌和水文特征以及人口分布特点的影响，阿根廷主要自然灾害为洪涝灾害。虽然也有地震、滑坡、泥石流和干旱等自然灾害，但与洪灾相比，这些灾害发生的频率相对较低。作为世界上受洪灾影响最严重的 14 个国家之一，阿根廷大约每十年就会发生一次较大规模的洪灾，其灾害损失高达 GDP 的 1.8%。阿根廷洪灾主要发生在拉普拉塔（La Plata）河流域，由于全国 76% 的 GDP 生产和 70% 的人口集中在该流域，洪灾造成的损失往往较大。例如，发生在 1982~1983 年的洪灾造成 17.7 万人紧急转移，经济损失高达 18 亿美元；发生在 1998 年的洪灾迫使 10.5 万人转移，经济损失达 24 亿美元。

三　灾害风险管理

1. 防灾与减灾组织机构

1958~1996 年，国家防灾和救灾工作主要由部队完成。1996 年后，灾害救援工作由民防局转移到了内务部，负责原有灾害救援工作的民防局也改名为“国家计划和民防委员会”（National Directorate of Planning and Civil Defense）。该委员会由两部分组成，一部分负责救灾与援助工作，另一部分负责防灾宣传和教育工作。

阿根廷防灾和减灾工作的结构体系如下：就国家层面而言，总统负责防灾和救灾的组织协调，具体工作由内务部完成；在省级层面上，各省政府

（包括布宜诺斯艾利斯市政府）设有民防理事会，负责防灾和减灾具体工作；在市级层面上，市长总负责，具体工作由民防协调员（秘书）和各市民防理事会完成。各级民防委员会或理事会负责防灾和备灾预案编制，灾害发生后组织实施应急管理和重建工作。

1998 年大洪灾后，阿根廷于 1999 年着手建立联邦应急管理系统（Federal Emergencies System），该系统受国内安全委员会统一领导，负责联邦各部门之间以及联邦部门与各省级和市级部门的联系和协调工作。在阿根廷，参与防灾和减灾工作的政府部门和机构包括社会发展部、军事地理研究院、国家空间活动委员会、国家气象署、国家水和环境研究院、国家农业与畜牧技术研究院、阿根廷矿业地质署、国家统计与普查研究院和各大学及研究机构。

2. 主要的防灾政策与防洪措施

阿根廷没有专门统一的防灾与减灾法律，也没有相关条例，所有的灾害风险管理和救援工作都只能以其他法律及某些条款作为依据。1982 ~ 1983 年大洪灾后，阿根廷建立了水文早期预警运行中心（Hydrological Early Warning Operations Center），具体工作由当时的国家水科学与技术研究院（后更名为"国家水和环境研究院"）承担，负责洪水预报工作。

自 20 世纪 90 年代后，阿根廷政府在世界银行和美洲开发银行（Inter - American Development Bank）的支持下实施了几大防灾和减灾项目：洪灾应急恢复计划（1993 ~ 1998 年）、洪灾保护计划（1997 ~ 2006 年）、厄尔尼诺洪灾应急计划（1998 ~ 2004 年）、洪灾影响恢复区应急计划（1998 ~ 2008 年）、防洪与城市排涝计划（2008 ~ 2011 年）。

四　洪泛区居民避灾移民搬迁

在上面提到的 5 大防洪计划中，前三大计划均涉及避灾移民搬迁项目（见表 11 - 2）。在这些项目中，房屋建设在政府相关部门负责监督下，由搬迁移民自己完成。由于移民没有房屋建设方面的技能和经验，这就需要政府帮助培训。通过建筑技能培训，移民不仅掌握了相关技术，还促进了移民之间的团结合作精神，同时，建房成本也大大降低了。

表 11-2　防洪计划及移民搬迁项目

内容＼防洪计划	洪灾应急恢复计划	洪灾保护计划	厄尔尼诺洪灾应急计划	合计
实施时间	1993~1998 年	1997~2006 年	1998~2004 年	12 年
总投资（百万美元）	270	224.2	42	536.2
其中移民搬迁投资（百万美元）	21.9	29.2	2.2	53.3
移民搬迁投资所占比例（%）	8.1	13	5.2	9.9
资金来源及其构成	联邦政府 15%，省政府 15%，世界银行贷款 70%	省政府 10%，世界银行贷款 90%	省政府 10%，世界银行贷款 90%	
建房数量（套）	计划 5000，实际 5820	计划 5000，实际 5636	计划 300，实际 455	计划 10300，实际 11911
每套房屋面积（平方米）	平均 38	最小 42	最小 42	
平均每套房屋建筑材料支出（美元）	3900	6200	6200	

1. 受益人群及其选择标准

根据对项目受益人群的调查，所有受益人群都生活在当地贫困线以下，85% 的家庭属于极度贫困，约 55% 的家庭在项目实施前只有一个卧室，人均住房面积较小。所有家庭均无自有产权房屋，大部分居住房屋质量较差，80% 以上的房屋没有自来水和厕所。

所有参与项目的家庭必须满足如下条件：①居住在泛洪区内；②自己所拥有的唯一住房遭受洪水破坏而无法居住；③必须提供证明说明家庭收入低，无法修复自己的房屋；④必须证明自己家庭在受损房屋中至少居住了三年以上；⑤愿意自己提供劳动，按照技术要求，用所提供的建筑材料修建房屋。在确定受益人群后，每个家庭必须就建房选址（一般距原居住地不远）和房屋户型达成协议，确保移民搬迁不会对移民家庭原有生计和社会网络造成严重影响。

2. 避灾移民搬迁参与机构

在移民房屋建设中，为保证房屋建设顺利开展，各参与方相互达成协议，各负其责（见表 11-3）。

表 11 - 3　移民房建设过程中参与各方的主要职责

	省应急协调处职责	市政府职责
省应急协调处 与市政府间 的协议	1. 实施、监督和协调住房项目； 2. 给市政府提供技术咨询和社会支持； 3. 给市政府和受益人提供建房指南； 4. 给市政府和受益人提供建筑材料供应商名单； 5. 给受益人提供建筑材料购买凭据； 6. 对可能的受益人群进行普查，根据受助标准选择受益人群，然后将名单寄送到中央应急协调局	1. 免费提供土地并办理土地产权； 2. 对受灾人口进行全面调查； 3. 组建技术指导小组，给受益人群提供技术指导； 4. 给每五户家庭配备一名建筑工； 5. 给受益家庭出借建筑工具； 6. 监督工程进展； 7. 巡查受洪水影响区域，防止在区域内建设新房； 8. 在房屋建设中进行安全检查，避免事故发生
	省应急协调处职责	省住房院职责
省应急协调处 与省住房院间 的协议	1. 给每个家庭支付建筑材料所需费用； 2. 雇用技术指导人员，给每四个施工地点或一百名受益人配备至少一名专业技术人员； 3. 对受益人群进行核查，根据相关标准选择受助人群，并将名单报送给中央应急协调处； 4. 支持住房项目的实施； 5. 提供建筑材料供应商的名单； 6. 通过票据形式提供建筑材料； 7. 监督建筑材料的发放； 8. 给技术指导小组配备交通工具	1. 准备城市开发项目； 2. 对划拨的土地进行细化并办理合法使用手续； 3. 准备房屋建设的场地； 4. 准备相关土地使用法律文本，并交给受益人； 5. 给受益人群分配专业技术人员
	省应急协调处职责	建筑材料供货商职责
省应急协调处 与建筑材料 供货商间 的协议	1. 监督建筑材料的质量及其按时交付； 2. 当票据收到后，在 15 ~ 20 天内支付账单； 3. 对建筑材料的单价进行审批	1. 给受益人群提供建筑材料； 2. 确保建筑材料质量； 3. 在收到订单 48 小时内交货； 4. 确保建筑材料价格在约定的时间内保持不变

　　所有房屋的户型设计图由省应急协调处提供，各地可根据地方自然条件和文化传统特征对房屋户型设计图进行调整，必须经过中央应急协调处同意。各省或市政府给受益家庭免费提供土地，并负责相关基础设施（包括街道、自来水和电网等）建设。住房设计必须满足以下条件：建筑材料成

本最大不超过 6200 美元，建筑面积至少在 42 平方米，选址必须在安全地带，使用当地传统建筑材料，对建筑施工技术要求不高，必须保证房屋建筑质量。按照要求，所修建房屋必须居住 5 ~ 10 年方可出售。

3. 避灾移民搬迁的组织实施

房屋建设受益人群以 20 个家庭（约 100 人）组成一个互助组，在建设过程中相互帮助和相互支持，同时省应急协调处派出由社会工作者和建筑师组成的援建小组与地方政府代表一起帮助各互助组进行房屋建设。在房屋修建中，许多家庭成员学到了房屋建筑技术，增强了他们今后外出谋生的技能。

房屋修建严格按照计划进行，所有受益家庭虽然得到资金支持，但并不把现金交给各个家庭，而是按照房屋建设进度给他们不同的票据，然后他们用票据去换取一定数量的建筑材料。

新房建好后，原有房屋将被拆迁。各市政府均颁布有法律，禁止在退出土地上进行任何房屋建设。通常情况下，退出土地位于高风险区，各地会按新的城市规划，将这些土地进行整理和绿化，作为城市公共空间，以提高当地群众的生活质量。

4. 避灾移民搬迁项目成果

在过去 15 年里，通过三个防洪项目中住房建设项目的实施，取得了预期的成果。在阿根廷，共有 120 市参与了这些项目，提高了这些市的项目管理能力，共修建了 11911 套房屋，建起了 19 处多用途民用设施，培训了 23822 人的建筑技能。外部评估机构于项目完成两年后对项目进行了评估，评估结果表明：参与项目的受益人群生活质量有了较大提高，主要体现在住房面积增加了，卫生条件和居住环境大大改善，外出谋生技能大幅度提高。不仅如此，他们对拥有房屋产权十分满意，不再担心家庭会受到洪水威胁。

在住房建设过程中，由于采取了上级技术指导、多方监督和群众互助参与的运作模式，项目取得了多方面成效。从政府层面而言，国家、省和市各相关机构参与项目，提高了项目的实施效率；项目援助资金通过票据而不是现金发放到受益家庭，增强了资金使用的透明度和使用效率；改善了城市非正规住区的居住环境和住房条件，提升了城市的总体环境质量；减少了城市低收入人群遭受自然灾害的风险。从受益人群层面而言，住房主要是通过互助自建而成，增强了居住人群的自信和自尊心，同时促进了社区的团结协作精神和凝聚力。

第三节　哥伦比亚

一　人口与社会经济概况

哥伦比亚位于南美洲的西北角，面积 114 万平方公里，人口为 4630 万人（2010 年），全国分为 6 个区（安第斯、加勒比、太平洋、奥里诺奎亚、亚马孙和各个岛屿），1122 个市，城市化水平为 75%，70% 的人口居住在安第斯山区。20 世纪，国内战乱和社会冲突导致大量农村人口前往城市，城市贫困人口约占 20%，在农村约有一半的人口处于贫困水平以下。

二　自然灾害情况

哥伦比亚特殊的地质、地貌条件和水文气象特征决定了该国是一个自然灾害多发的国家。哥伦比亚位于三大地质构造板块上，地质结构复杂，地震和火山活动频繁，滑坡和泥石流灾害常在山区发生。受厄尔尼诺和拉尼娜现象的影响，该国常发生洪灾、飓风、热带风暴和森林大火等气象灾害，其中洪灾及其引发的滑坡和泥石流灾害是其主要的自然灾害。在所有自然灾害中，地震造成的灾害损失最大。1985 年发生在鲁伊斯－托利马山（Nevado del Ruiz－Tolima）的火山爆发共造成约 3 万人死亡，5000 人受伤，受影响人口高达 23 万人，5000 余户家庭住房被毁，另有约 5000 户家庭住房受到不同程度的破坏。

三　灾害风险管理

自 20 世纪 80 年代后，面对日益增多的自然灾害，哥伦比亚政府加强了对自然灾害的管理。1988 年建立了国家灾害防御与应急救援系统，成立了灾害防御与应急救援国家委员会，由总统亲自领导，具体工作由内务与司法部下属的灾害防御和应急救援司负责，其主要职责是制定全国灾害防御与应急救援规划，指导政府各部门制定相关规划和开展灾害防御和应急救援工作；相关研究机构（哥伦比亚矿业与地质研究院、水文、气象和环境研究院）开展了灾害风险评价研究；土地规划部门开始将风险预防和减灾纳入土地规划内容，设立了灾害预防与应急救援基金，给予灾害易发区的居民和受灾害影响的居民用于搬迁的住房补贴。在区域和地方层面上，各级政府也成立了相应的灾害预防和应急救援委员会。

就经费来源而言，政府设立有国家救灾基金（National Calamity Fund），在波哥大首都区也设立了相应的救灾基金。2005 年后，国家住房基金（National Housing Fund）开始给受灾和处于灾害易发区的城市居民提供住房补贴，农村地区的受灾居民和避灾居民住房补贴由农业和农村发展部提供。

除了采取工程措施加强灾害防御外，哥伦比亚还开展了避灾移民搬迁工作。根据国家计划部在 2005 年开展的一项调查研究，1994～2004 年，全国192 个市开展了避灾移民搬迁工作，累计搬迁 28555 户居民，搬迁人口达 13万人。预计到 2011 年，全国处于自然灾害易发区的居民还将搬迁 9.5 万户，其中 81% 的居民生活在安第斯区，13% 的居民属于太平洋区，还有 6% 属于其他几个区。

四 波哥大首都区避灾移民安置情况

1. 波哥大首都区概况

首都波哥大地处高原，海拔 2630 米，面积 1775 平方公里，其中 17% 为城市，10% 为郊区，73% 为农村地区，人口为 725 万人（2009 年），占全国总人口的 14%，几乎所有人口都居住在城区内。在 20 世纪，波哥大的人口从最初的不到 10 万人，增加到了世纪末的 700 万人，增加了 69 倍。由于缺乏城市总体规划和严格的用地控制，不断有大量人口在河边、湖边或湿地边缘的易灾地带、城市山坡地带或属于环境保护区的地带建房居住，长期以来形成了大量的贫民窟，没有城市公共基础设施，道路狭窄，公共空间狭小，环境脏、乱、差。根据 2000 年的一个统计，波哥大市区中 44% 的社区为非正式居住区，23% 的市区土地需要整治。2009 年，有 4545 户家庭居住在城市易灾地带需要搬迁。

2. 波哥大首都区自然灾害及其管理

波哥大面临的主要灾害为洪灾和强降雨引发的滑坡和泥石流。与国家层面一样，波哥大首都区建立了自己的灾害防御与救援系统，其主要职责是协调首都各部门间（包括财政、规划与经济发展、工业与旅游、安全与和平共处、教育与卫生、社会融合、文化、娱乐与体育、环境、交通与住房等部门）以及政府与民间组织之间更好开展灾害防御与救援工作，具体工作由市灾害预防与应急救援处负责。波哥大市设立有灾害防御与应急救援基金，资金来源除了经常性税收收入的 0.5% 外，还有国家机构、私人团体和国际组织的捐款。

在波哥大，除了避灾移民搬迁外，还有因城市扩展、旧城改造和公共基础设施修建而实施的居民搬迁。1997～2007 年，共计有 21000 多户家庭和企业因各种原因进行了搬迁。2008 年后，又有 5179 户家庭因房屋处于灾害易发区而进行了搬迁。根据规划，还将有 2357 户家庭需要避灾搬迁。在波哥大，凡参与避灾移民搬迁项目的家庭，政府将给予一定的补助。除了避灾补助外，搬迁家庭还可向国家和市级相关部门申请住房补贴。如果所获得的资金还不足在社会上购买一套合适的住房，那么搬迁家庭还可从银行获得贷款。

2006 年政府提供给避灾搬迁家庭的补助增加到了 1.3 万美元。家庭获取避灾搬迁补助的条件为：①住房处于不可实施工程措施进行防灾的位置；②经济上处于贫困状态；③能够提供房屋所有权证明；④家庭成员中无人在本市或国内其他地方拥有不动产。2004～2009 年，市政府共投入了 1700 万美元用于避灾移民搬迁，每套房屋的平均成本为 1.5 万美元。在所投入的总费用中，用于搬迁的费用为 1500 万美元，改善居住环境的费用为 17 万美元，前期调查费用为 23 万美元，用于恢复退化土地的费用为 80 万美元，改善搬迁居民家庭生产能力的费用为 84 万美元。

五 避灾移民搬迁面临的主要挑战和解决办法

在波哥大的避灾移民搬迁中，当地政府也遇到了不少问题和挑战。例如，为了获得个人利益，第三方总是想介入和阻挠移民搬迁工程的实施，一些家庭担心提供真实情况后会给自己带来麻烦，为解决和应对这些问题，市级各政府部门做出了各种努力，使许多问题得以解决（见表11－4）。

表 11－4 避灾移民搬迁面临的挑战与解决办法

问题和挑战	解决办法
某些社区领导反对避灾转移与搬迁项目	举行搬迁家庭、社区领导和政府部门等相关人员参与的圆桌会或社区会议
项目开始后，有156户家庭非法占据项目土地	加强各政府相关部门对原居住区的巡视和监测，建立基层行政官员和当地警长为首的地方安全委员会，由政府相关部门出面劝离
对非法占有项目土地的行为，尚无相应法律加以约束	政府部门之间相互协调
搬迁家庭不愿提供其家庭原居住地和家庭收入，因此难以对搬迁家庭的社会经济条件做出判断，对房屋购买难以做财务分析	低收入人口住房管理处与搬迁家庭共同分析每个家庭的收入与开支情况
在确定的价格范围内，难以提供足够数量的住房	低收入人口住房管理处负责启动更多的住房建设项目
不少家庭坚持修建72平方米的住房（尽管许多家庭原有的简陋房屋面积平均只有40平方米）	低收入人口住房管理处与搬迁家庭共同分析搬迁后房屋的各种优势和好处
某些社区领导给搬迁家庭施压，希望他们购买并非由低收入人口管理处提供的住房，耽误了选房过程	搬迁家庭在房屋选择后将其姓名签署在证书上
由于暴雨原因，房屋建设受到耽误，影响了新房的交付	低收入人口住房管理处对房屋建设进度进行监督
迁入地居民误以为搬迁人口是非法武装组织被解除武装后的复员人士	召开迁入地原住居民会议，将避灾搬迁的目的给予通报
迁入地原住居民责备搬迁人口给当地带来的社会治安问题	编制和谐社区关系手册，建立冲突解决机构

第四节 危地马拉

一 人口与社会经济概况

危地马拉位于中美洲，面积 10.88 万平方公里，人口 1439 万人（2010年），全国分为 8 个区 22 个省，城市化水平为 49%，人口中 68% 为土著人，其他为印欧混血种人。全国共有 25 个少数民族，讲 25 种不同语言。全国近一半人口为贫困人口，11.7% 的人口处于极端贫困状态（2006 年），在土著人口中，74% 生活在贫困线以下，24% 为极端贫困人口。

二 自然灾害情况

危地马拉地处中美洲的地峡区，大西洋和太平洋之间的热带与亚热带过渡地带，极端水文气象事件频繁，如飓风、强降雨和风暴及其引发的洪灾、滑坡和泥石流。由于危地马拉暴露于厄尔尼诺影响区内，其水文气象灾害更加严重。危地马拉地处三大地质构造板块结合部，地震频繁，火山分布密集，从西到东共有 37 座火山，其中 11 座为活火山，在最近十余年共喷发过三次。因此，危地马拉主要自然灾害为地质灾害（包括地震、海啸、火山喷发、崩塌、滑坡、泥石流和地陷等）和水文气象灾害（如飓风、洪灾、干旱和冰雹等），其中最严重的灾害为地震、热带风暴、飓风和火山爆发，发生频率最高的自然灾害为洪灾、滑坡和泥石流。

危地马拉农村水资源供应署（Rural Water Supply Program）与瑞典国际发展合作局（SIDA）和联合国儿童基金会（UNICEF）联合进行的一项研究（2001）表明，1530～1999 年，危地马拉共发生 21447 起自然灾害，其中 68% 为水文气象灾害，32% 为地质灾害。世界银行的一项研究（2009）表明，1902～1995 年，危地马拉共经历了 62 起自然灾害，影响的人口高达 600 万人。1976 年发生的地震导致 2.3 万人死亡，受影响人口高达 37.5 万人，经济损失为 12 亿美元，占全国 GDP 的 17.9%。1998

年发生的米奇飓风导致 268 人死亡，使 74.3 万人受到影响，经济损失达到 GDP 的 4.7%。

三　灾害风险管理

20 世纪 70 年代，危地马拉的灾害管理主要遵循自上而下的决策模式，参与救援的力量主要是军队，基本上没有民众参与。直到 20 世纪末，灾害救援基本上遵循过去的垂直模式，关注的重点是基础设施的重建。进入 21 世纪后，危地马拉开始尝试一种新的灾害管理模式，即所谓的改革重建模式（reconstruction with transformation）。该种模式的主要特点为：在灾害管理决策中充分考虑文化因素和性别因素，强调大众参与，注重社会网络的重建，尊重人权，把风险管理纳入可持续发展规划与行动中，强调外援与自力更生，注重对灾害风险区脆弱性管理。

1. 防灾与减灾组织机构

1996 年，危地马拉在相关法律的支持下开始构建国家减灾协调系统，该系统包括国家减灾委员会、国家减灾理事会及其秘书处，同时在各区域、各部门以及各市和地方建立对应的协调办公室，成为国家减灾协调系统的一部分。当灾害应急事件出现后，国家灾害协调系统将开展以下工作：①启动应急运行中心；②启动部门间联络系统；③向总统建议宣布受灾区域；④协调和监督灾害应急回应；⑤向公众提供实时灾害信息；⑥在灾后重建阶段，协调灾后重建和国际援助项目。

2. 主要的防灾减灾政策与措施

2001 年危地马拉通过了《社会发展与人类住区法》，该法包括两项涉灾条款：一是要明确减轻灾害风险战略，二是要在人口中普及备灾知识。2009 年建立了"减轻自然灾害风险国家对话平台"。该平台受副总统领导，在国家减灾协调系统执行秘书的协调下开展工作，以便实现联合国《2005～2015 年兵库行动框架》所确定的目标和其他公共政策。

危地马拉国家减灾防灾政策还体现在"国家灾害应对计划"、"部门间联络系统"、"应急行动中心"、"灾害信息管理系统"和"国家行动手册与综合应急管理系统"中。此外，由总统办公室规划处所编制的《土地利用战略规划》也充分体现了防灾减灾思想。

危地马拉所遵循的综合减灾策略使得该国应对灾害策略，由传统的"回应与重建"向"预防"转变，克服了过去"民防"对策的不足，使各部门能根据各自职责，有效应对各种灾害风险。作为公共行政的一部分，将灾害风险防御纳入《土地利用战略规划》和《投资计划》中，可起到两个方面的作用：一是从制度上赋予了各个部门在减轻自然灾害方面的职责；二是引导公共资金投向减轻历史原因或结构原因造成的灾害风险项目中。

目前，由于资金短缺，运用综合减灾策略的行动还十分有限。在很多时候，政府仍依赖应急回应来应对各种自然灾害，在灾害降临后，政府仍有必要宣布进入紧急状态，同时，国会必须通过削减部门预算来增加减灾经费。

四　灾区居民避灾移民搬迁

对于危地马拉避灾移民搬迁工作，将通过史坦（Stan）热带风暴后两个农村受灾地区移民搬迁的实例加以说明。史坦热带风暴发生于 2005 年 10 月，共造成 669 人死亡，1.7 万户房屋损毁，350 万人受到影响，受影响人口超过全国人口的 1/4，直接经济损失高达 9.83 亿美元，占 2004 年 GDP 的 3.4%。灾害发生后，总统号召启动《改革重建行动》（*Reconstruction with Transformation*），总统办公室下属的国家重建协调办公室负责制定了国家灾后重建计划，受灾害影响的 15 个省也成立了灾后重建委员会，根据国家灾后重建计划，全国将在 15 个省建立 80 个新居民区，安置大约 7400 户家庭，约 5 万人。

1. 圣地亚哥－阿蒂特兰市以及帕纳巴和灿查农区受灾基本情况

圣地亚哥－阿蒂特兰市（Santiago Atitlan）（简称圣阿市）位于危地马拉西南部的索洛拉省（Solola），地处阿蒂特兰湖的南面，面积 136 平方公里，该市有 6 个城区、2 个农区和 2 个村庄，人口 4.49 万人，其中 94% 为曲图基－玛雅族，其他 6% 为印欧混血人。帕纳巴（Panabaj）和灿查（Tz'anchaj）是圣阿市仅有的两个农区，主要产业为农业和手工业，面积分别为 13 平方公里和 11 平方公里，人口分别为 2797 人和 1263 人（2002 年），全市绝大部分人口为曲图基人（Tz'utujil）（玛雅人的后裔之一），大部分人讲曲图基语（Tz'utujil），少数人讲西班牙语。曲图基人在日常生活中十分相信阿基（aj'kij），即他们的神父，认为阿基懂得宇宙的起源，是曲图基人的精神传人。曲图基人社会盛行父系制，家庭多为大家庭，老人常与成年孩子和孙辈生活在一起。

在过去100年里，帕纳巴和灿查农区曾经历过多次热带风暴、飓风、滑坡和泥石流等自然灾害，同时，该地区还较长时间受到国内武装冲突的影响。1990年，13名当地百姓被武装人员杀害，此后，当地百姓与部队关系紧张，要求政府撤出驻扎在当地的部队。2005年，帕纳巴和灿查农区受到史坦热带风暴的严重影响，600人死亡，205座房屋被毁。在灾害发生后的8天时间里，由于道路被滑坡阻断，当地百姓与外界失去联系，虽然救援部队在灾后3天到达受灾村落，但村民并不接受部队的救援。最后，经过当地村民的努力和外界人道主义机构援助，村民们得到及时救助。随后，受灾村民开始在基督教会捐赠的土地上修建房屋。

2. 帕纳巴和灿查农区灾害移民安置及安置区特点

为了更好地实施灾后重建计划，国家减灾委员会组织各相关领域专家，对帕纳巴和灿查农区受灾地区进行风险评估。评估结果显示，基督教会捐赠给当地灾民进行灾后重建的土地处于洪灾和滑坡灾害高风险区，不适宜作安置重建区。此外，该评估结果还显示，部分未受灾居民区也处于高风险区。为了确保灾区可持续发展，圣阿市灾后重建委员会决定将部分处于高风险区的居民进行异地搬迁安置，帕纳巴和灿查两个农区共有915户村民需要搬迁安置，其中受灾农户230户，避灾农户685户。原来的受灾搬迁计划就变成了事实上的避灾搬迁计划。

数量众多的农户最终会搬迁至何处？就此问题，市灾后重建委员会就搬迁选址举行了多次评审会。然而，所有搬迁方案都被社区代表和重建委员会否定，主要原因是曲图基人世代生于斯长于斯，宁愿死也不愿意离开本地。为此，市政府成立了"土地采购委员会"，并确定了所购买土地的要求：可用于住房开发，交通便捷，社会服务完善，基础设施良好，离市行政中心距离近，且远离自然灾害风险。根据这一要求，寻找安置点的工作变得异常复杂。许多被认定为安全地带的地方大都面积狭小，居民虽然在地块上生活了数代人，但没有合法的土地证，对这样的土地，市重建委员会无法购买。此外，许多地块的主人要么不愿意出售，要么价格昂贵，为了获得搬迁所需土地，市灾后重建委员会组建了新地征用小组，其成员主要来自市政府、国家和平基金会和社区代表，以保障土地交易公正、透明和产权的合法性。

经过多方努力，最终选择的安置地点在被称为楚克－穆克（Chuck Muck）的古玛雅人曾经生活的地方，这对作为安置玛雅人后裔——曲图基人来说，有着特殊的意义。安置新址确定后，市灾后重建办公室委托相关机构做了安置区的环境影响评价。评价结果显示，移民搬迁安置不会对当地环境造成较大影响，且其社会效益十分明显。

由于新居住区在建设中既考虑了现代城市发展的特点，又保持了传统文化特色，同时将现代建筑技术融入住区建设中，楚克－穆克新安置区被称为21世纪第一个"曲图基人新城"。该新城的主要特点表现在以下几个方面。①充分考虑了基于大家庭的社区组织形态，在房屋空间规划上，将多所房屋围绕一个小方形坝子而建，坝子上可举行各种大家庭活动。②每户家庭用地面积150平方米，大体长20米，宽7.5米，其中56平方米用于建房，35平方米用于家禽养殖，传统蒸气浴室占地3.5平方米，种植蔬菜和水果用地40平方米，薪柴堆放占地2.5平方米，畜圈占地3平方米，晾晒衣服占地10平方米。③房屋设计充分考虑了传统文化特征，并在与搬迁群众反复磋商和征求意见的基础上，由专业人士和社区群众共同决策。④新建居民地被称为"高效人类住区"，在居民区布设有商业摊位，可供社区居民出售粮食、手工艺品和具有当地特色的手工布匹，同时，居民区还开设有餐馆，可供今后游客享用美食。⑤居民区留有一定的土地，用于修建体育娱乐设施以及其他社区聚会和公共活动。⑥当地自然阶梯式的土地是修建露天剧场理想的场所，居民区修建的博物馆增强了当地的文化特色，可吸引外来游客参观考察。⑦除了井水可流入各家各户外，安置区还修建有污水管网和污水处理设施。⑧安置区修建有街道，三条道路将安置区与主干公路相连。

3. 灾害移民安置的经费来源

圣阿市灾后重建工程总投资1070万美元，其中政府投资356万美元，其余资金通过联合国开发计划署筹措，最终资金来源于西班牙国际发展合作局、瑞典国际发展合作局和联合国开发计划署等机构。

第五节 避灾移民搬迁的经验教训

在过去几年里，在联合国相关机构的支持下，拉丁美洲不少自然灾害多发国实施了一系列灾害移民搬迁工程。从过去避灾移民搬迁工作情况看，今后避灾移民搬迁需要关注以下几个方面的问题：[3-4]①在没有其他更好的防灾减灾办法时，才可启动移民搬迁计划，因为移民搬迁计划的社会成本远远高于其他防灾减灾措施；②只有充足的资金保障和完善的规划设计，才可实施移民搬迁工程，在缺乏资金保障和良好的规划设计前提下，匆忙实施移民搬迁工程，将会带来严重的社会问题，同时，移民搬迁工程也难以取得成功；③避灾移民搬迁工作是一项复杂的系统工程，需要国家、省、市与地方各级政府以及各政府部门之间相互配合和相互协调，同时，需调动搬迁群众的积极性和主动性；④搬迁安置规划需要与国家土地宏观规划相衔接，以便保持规划的整体性和持续性；⑤在安置区规划设计中，需充分考虑受灾社区的社会文化传统，使规划能体现传统聚落类型和社会组织形态，反映搬迁居民的伦理观、自然观和宇宙观；⑥注重社区参与避灾移民搬迁安置规划，包括新聚落和建筑的设计，在避灾移民搬迁安置规划的实施中，加强社区组织建设，注重妇女在规划和实施中的作用，保持移民搬迁工作的透明和开放，增强社区对政府的信任和重建工作的信心。

参考文献

[1] Correa, E. Preventive Resettlement of Population at Risk of Disaster: Experiences from Latin America. Washington, D. C.: The World Bank: GFDRR. 2011.

[2] Correa, E., Ramirez, F., Sanahuja, H. Population at Risk of Disaster: A

Resettlement Guide. Washington，D. C. ：The World Bank：GFDRR. 2011.

［3］ Oliver – Smith，A. ，de Sherbinin，A. Resettlement in the Twenty-first Century，Forced Migration Review. 2014，45：23 – 25.

［4］ De Sherbinin，Castro，M. ，Gemenne，F. ，et al. Preparing for Resettlement Associated with Climate Change，Science. 2011，334：456 – 457.

第十二章
我国西部山区农村灾害移民政策
分析与评价

灾害移民政策就是有关灾害移民的法律法规和措施。制定和实施灾害移民政策不仅能使有关灾害移民工作走上规范化和法制化的轨道，促使灾害移民工作有法可依，推动灾害移民工作的顺利开展，而且能够不断丰富我国的防灾减灾理论体系，完善我国的灾害管理体系。灾害移民政策既是人口再分布和人口迁移政策的重要组成部分，又是防灾减灾政策体系的重要内容。目前，有关生态移民和水库移民的政策法规正不断完善，而灾害移民的政策体系还十分欠缺。总结、分析和评价我国灾害移民的相关政策对于完善我国灾害移民政策有着重要意义。

第一节　我国灾害移民政策分类

目前，我国尚没有独立的有关灾害移民的法律法规，相关法律条文和规定大量分散于相关的单项或综合防灾减灾政策和法规中。按不同标准，可将灾害移民的相关政策分成不同的类别。按灾害属性，可将灾害移民政策划分为综合灾害移民政策和特殊灾害移民政策，后者包括气象灾害移民政策、地质灾害移民政策、地震灾害移民政策和洪水灾害移民政策等；根据灾害移民政策的时效性，可将灾害移民政策划分为灾前预防迁移政策（即避灾搬迁安置政策）、灾中应急迁移政策（即应急转移和过渡性安置政策）和灾后迁移政策（永久性迁移政策）；根据灾害移民政策颁布的行政等级，可将灾害移民政策划分为全国性自然灾害移民政策、省级自然灾害移民政策和地方性自然灾害移民政策等。下面将就我国综合灾害移民政策和特殊灾害移民政策进行分析和评价。

第二节　我国防灾减灾政策中有关灾害移民的相关规定

一　综合防灾减灾政策中的人口转移安置规定

为有效应对各种自然灾害类突发事件和搞好防灾减灾工作，我国各级政府和相关部门制定了大量防灾减灾法律法规和各种规划。这些法律法规和规划大都涉及人口转移安置问题。

2007 年全国人大通过的《中华人民共和国突发事件应对法》第四十五条规定，转移、疏散或者撤离易受突发事件危害的人员并予以妥善安置，转移重要财产；第四十九条规定，组织营救和救治受害人员，疏散、撤离并妥善安置受到威胁的人员以及采取其他救助措施。

2010 年国务院颁布的《自然灾害救助条例》第十三条规定，县级以上人民政府或者人民政府的自然灾害救助应急综合协调机构应当根据自然灾害预警预报启动预警响应，采取下列一项或者多项措施：①向社会发布规避自然灾害风险的警告，宣传避险常识和技能，提示公众做好自救互救准备；②开放应急避难场所，疏散、转移易受自然灾害危害的人员和财产，情况紧急时，实行有组织的避险转移；③加强对易受自然灾害危害的乡村、社区以及公共场所的安全保障；④责成民政等部门做好基本生活救助的准备。

《自然灾害救助条例》第十四条规定，自然灾害发生并达到自然灾害救助应急预案启动条件的，县级以上人民政府或者人民政府的自然灾害救助应急综合协调机构应当及时启动自然灾害救助应急响应，采取下列一项或者多项措施：①立即向社会发布政府应对措施和公众防范措施；②紧急转移安置受灾人员；③紧急调拨、运输自然灾害救助应急资金和物资，及时向受灾人员提供食品、饮用水、衣被、取暖、临时住所、医疗防疫等应急救助，保障受灾人员基本生活。此外，该条例第十八条还明确指出，受灾地区人民政府应当在确保安全的前提下，采取就地安置与异地安置、政府安置与自行安置相结合的方式，对受灾人员进行过渡性安置。就地安置应当选择在交通便利、便于恢复生产和生活的地点，并避开可能发生次生自然灾害的区域，尽量不占用或者少占用耕地。

2011 年国务院办公厅印发的《国家综合防灾减灾规划（2011～2015年）》指出，加强中小河流治理和病险水库除险加固、山洪地质灾害防治及易灾地区生态环境综合治理，加大危房改造、农田水利设施、抗旱应急水源、农村饮水安全等工程及农机防灾减灾作业的投入力度，加快实施自然灾害隐患点的重点治理和居民搬迁避让工作。

二 按灾害属性划分有关人口转移安置政策

按灾害属性可将灾害移民政策划分为水旱灾害、气象灾害、地震灾害、地质灾害和海洋灾害等自然灾害移民政策。

1. 与水旱灾害有关的人口转移安置政策

由于我国特殊的地理位置、三级阶梯状的地形和南北跨越三个气候带等综合影响，我国大陆性季风气候决定我国洪水发生的季节规律性。

1997 年全国人大常委会通过的《中华人民共和国防洪法》第二十四条规定，对居住在行洪河道内的居民，当地人民政府应当有计划地组织外迁；第三十二条规定，洪泛区、蓄滞洪区所在地的省、自治区、直辖市人民政府应当组织有关地区和部门，按照防洪规划的要求，制定洪泛区、蓄滞洪区安全建设计划，控制蓄滞洪区人口增长，对居住在经常使用的蓄滞洪区的居民，有计划地组织外迁，并采取其他必要的安全保护措施。同时该法律还规定了相关地区和单位的责任，即因蓄滞洪区而直接受益的地区和单位，应当对蓄滞洪区承担国家规定的补偿、救助义务。

2005 年国务院颁布的《中华人民共和国防汛条例》（修订版）第十八

条规定，山洪、泥石流易发地区，当地有关部门应当指定预防监测员及时监测，雨季到来之前，当地人民政府防汛指挥部应当组织有关单位进行安全检查，对险情征兆明显的地区，应当及时把群众撤离险区；第三十四条规定，当洪水威胁群众安全时，当地人民政府应当及时组织群众撤离至安全地带，并做好生活安排。

2006 年国务院批复的《全国山洪灾害防治规划》指出，为减少山洪灾害损失，对处于山洪灾害危险区、生存条件恶劣、地势低洼且治理困难地方的居民实施永久搬迁。要创造条件，政策引导，鼓励居住分散的居民结合移民建镇永久迁移。该规划提出搬迁避让的基本思路为：①统筹城乡资源，引入市场机制，积极探索开发性移民的搬迁方式；②实行以当地政府为主的组织运行机制，力争搬迁安置一步到位；③实行国家、集体和个人共同负担移民资金的原则；④以土地为根本，以农业生产为基础，切实解决好搬迁农民对宅基地和农业生产用地的基本需求，多渠道、多形式、多产业安置搬迁农民；⑤对移民迁出地区，本着有利生态，因地制宜，合理利用，禁止返迁的原则进行统筹安排；⑥统一规划，分步实施。针对避让搬迁内容，该规划还提出，对处于山洪灾害危险区直接受山洪、泥石流或滑坡严重威胁，生存条件恶劣，地势低洼的地带，采取非工程或工程措施防治灾害耗资巨大，不经济也不科学或存在很大困难，难以实施的居民点实施永久搬迁。山洪灾害危险区居民搬迁避让涉及面广、问题敏感和政策性强，应在总结异地扶贫搬迁试点工程经验的基础上，对搬迁避让规模及相关政策等问题作专题研究论证，对移民新址和公共设施等建设用地须进行山洪灾害危害性评估，保障移民迁入安全区，避免二次搬迁或造成新的山洪灾害。

2010 年国务院发布的《关于切实加强中小河流治理和山洪地质灾害防治的若干意见》指出，力争用 5 年时间，按照政府引导与群众自愿相结合、集中安置与分散安置相结合、就近安置与外迁安置相结合以及解决好长远生计的原则，优先对危害程度高，治理难度大的山洪地质灾害隐患点实施居民搬迁，使搬迁避让工作取得显著成效，加大对搬迁避让的投入力度。现有地质灾害防治、异地扶贫搬迁和新农村建设等项目要向山洪地质灾害重点防治区倾斜。

2012 年国务院批复的《全国中小河流治理和病险水库除险加固、山洪地质灾害防御和综合治理总体规划》提出了避让搬迁与工程治理相结合。针对避让搬迁内容，该规划提出，对于部分生活在突发性地质灾害高风险区内、生命财产受到严重威胁的居民，从工程比选和经济效益比较，工程治理投入大于搬迁避让投资，不宜采用工程措施治理，需进行搬迁，主动避让山洪地质灾害。对有明显变形迹象的灾害隐患处的居民点优先安排搬迁避让，将搬迁避让与异地扶贫（生态移民）、小城镇建设相结合；重视新居住地选址中的地质环境评价工作，科学地进行场地规划，落实地质环境保护措施；对居民新址、公共设施等建设用地须进行地质、气象灾害危害性评估，保障居民迁入安全区，避免二次搬迁或造成新的地质灾害；要大力提高教育水平，为灾害隐患区人口自然外迁创造条件。

2. 与气象灾害有关的人口转移安置政策

气象灾害，如干旱、暴雨、热带气旋和寒潮等影响范围广。2010 年颁布的《气象灾害防治条例》第十八条规定，大风（沙尘暴）、龙卷风多发区域的地方各级人民政府、有关部门应当加强防护林和紧急避难场所等建设，并定期组织开展建（构）筑物防风避险的监督检查。台风多发区域的地方各级人民政府、有关部门应当加强海塘、堤防、避风港、防护林、避风锚地及紧急避难场所等建设，并根据台风情况做好人员转移等准备工作。第三十六条规定，县级以上地方人民政府、有关部门应当根据气象灾害发生情况，依照《中华人民共和国突发事件应对法》的规定及时采取应急处置措施；情况紧急时，及时动员、组织受到灾害威胁的人员转移、疏散，开展自救互救。

3. 与地震灾害有关的人口转移安置政策

中国是世界上地震灾害最为频繁和受地震灾害影响最严重的国家之一。1995 年国务院颁布的《破坏性地震应急条例》要求各地方政府形成具体的地震应急预案，同时对地震发生初期有关避震疏散和转移安置进行了规定。其中第十九条中明确提出，在临震应急期，有关地方人民政府应当根据实际情况，向预报区的居民以及其他人员提出避震撤离的劝告；情况紧急时，应当有组织地进行避震疏散。在二十九条中规定，民政部门应当迅速设置避难场所和救济物资供应点，提供救济物品等，保障灾民的基本生活，做好灾民的转移和安置工作。其他部门应当支持、配合民政部门妥善安置灾民。

2008 年修订的《中华人民共和国防震减灾法》对地震灾后受灾群众的过渡安置形式、选址、用地、次生灾害防范、治安和其他应当注意的事项进行了全面和详细规定。该法第五十九条规定了地震灾区受灾群众过渡安置的基本原则，即应当根据地震灾区的实际情况，在确保安全的前提下，采取灵活多样的方式进行安置。第六十条规定了过渡安置点选址和建设基本原则，即过渡性安置点应当设置在交通条件便利、方便受灾群众恢复生产和生活的区域，并避开地震活动断层和可能发生严重次生灾害的区域。过渡性安置点的规模应当适度，并采取相应的防灾、防疫措施，配套建设必要的基础设施和公共服务设施，确保受灾群众的安全和基本生活需要。第六十一条规定了关于过渡安置中有关农用地和环境保护的内容，即应当尽量保护农用地，并避免对自然保护区、饮用水水源保护区以及生态脆弱区域造成破坏。过渡性安置用地按照临时用地安排，可以先行使用，事后依法办理有关用地手续；到期未转为永久性用地的，应当复垦后交还原土地使用者。第六十二条规定了过渡安置中所在地的县级人民政府有关防治次生灾害、公共卫生等方面的职责以及所在地公安机关的职责。过渡性安置点在使用过程中可能会发生火灾、疾病流行和环境污染等事件，因此，本条规定过渡性安置点所在地的县级人民政府，应当组织有关部门加强对次生灾害、饮用水水质、食品卫生和疫情等的监测，开展流行病学调查，整治环境卫生，避免对土壤、水环境等造成污染。过渡性安置点所在地的公安机关，应当加强治安管理，依法打击各种违法犯罪行为，维护正常的社会秩序。

4. 与地质灾害有关的人口转移安置政策

我国山地面积广阔，孕育着众多地质灾害，其主要分布在我国大地格局的一、二、三级阶梯交接部位，以崩塌、泥石流、滑坡和地面沉降为主要形式。我国与地质灾害相关的转移安置和人口迁移政策主要体现在各种相关的应急预案和法律法规条款中。

《地质灾害防治条例》规定，县级以上人民政府应当组织有关部门及时采取工程治理或者搬迁避让措施，保证地质灾害危险区内居民的生命和财产安全。从这些政策措施可以看出，我国在地质灾害风险管理中，十分重视人口搬迁避让在地质灾害防御中的作用。

《国家突发地质灾害应急预案》规定，地质灾害发生地的县级人民政府，应当依照群测群防责任制的规定，立即将有关信息通知到地质灾害危险点的防灾责任人、监测人和该区域内的群众，对是否转移群众和采取的应急措施做出决策。及时划定地质灾害危险区，设立明显的危险区警示标志，确定预警信号和撤离路线，组织群众转移避让或采取排险防治措施，根据险情和灾情具体情况提出应急对策，情况危急时，应强制组织受威胁群众避灾疏散。

2012年国土资源部发布的《全国地质灾害防治"十二五"规划》提出，坚持"合理避让，重点治理"的原则，以调查评价和监测预警工作为基础，对受地质灾害威胁的分散的居民点，特别是对生态环境恶化的贫困山地丘陵区的居民点实行搬迁，实现避让、脱贫和改善生态环境三结合。在充分尊重受威胁群众的意愿，考虑资源环境承载力的前提下，科学合理地选择搬迁新建居住点。对危害程度高、威胁人员多及潜在经济损失大的重大地质灾害隐患点，实施工程治理措施，实现合理避让和重要隐患点与重点地区治理相结合。对于搬迁避让，该规划提出了"突发性地质灾害搬迁避让和治理"和"缓变性地质灾害搬迁避让和治理"。对于前者，规划指出，对于部分生活在突发性地质灾害高风险区的居民，从工程技术、经费投入和生态修复等多方面比选，主动避让地质灾害为宜者，应实施搬迁避让。根据2020个县（市）的地质灾害调查结果，结合各省上报的搬迁避让需求，规划实施搬迁避让人口160万人，约46万户。对于后者，规划指出，对于部分生活在地面沉降地裂缝灾害高风险区的居民，生命财产受到严重威胁，潜在危害大，从工程比选和经济效益比较，不宜采用工程措施治理，可异地重建，实行主动避让。本规划期实施搬迁避让2万人，约6000户。

2011年国务院发布的《关于加强地质灾害防治工作的决定》明确指出，地方各级人民政府要把地质灾害防治与扶贫开发、生态移民、新农村建设、小城镇建设和土地整治等有机结合起来，统筹安排资金，有计划、有步骤地加快地质灾害危险区内群众搬迁避让，优先搬迁危害程度高、治理难度大的地质灾害隐患点周边群众。要加强搬迁安置点选址评估，确保新址不受地质灾害威胁，为搬迁群众提供长远的生产和生活条件。

第三节 近年我国西部山区农村重大自然灾害人口搬迁安置政策

一 汶川地震灾害受灾人口搬迁安置政策

汶川地震灾害发生后，国务院在 2008 年 6 月 8 日发布了《汶川地震灾害恢复重建条例》，标志着救灾工作已由应急抢险转入重建阶段。该条例对灾区群众过渡性安置做了详细规定。其中第七条列出了灾区群众过渡性安置的方式，即对地震灾区的受灾群众进行过渡性安置，应当根据地震灾区的实际情况，采取就地安置与异地安置，集中安置与分散安置，政府安置与投亲靠友、自行安置相结合的方式。政府对投亲靠友和采取其他方式自行安置的受灾群众给予适当补助，具体办法由省级人民政府制定。第八条对有关过渡性安置地点的选择进行明确规定，过渡性安置地点应当选在交通条件便利、方便受灾群众恢复生产和生活的区域，并避开地震活动断层和可能发生洪灾、山体滑坡和崩塌、泥石流、地面塌陷、雷击等灾害的区域以及生产、储存易燃易爆危险品的工厂、仓库。实施过渡性安置应当占用废弃地、空旷地，尽量不占用或者少占用农田，并避免对自然保护区、饮用水水源保护区以及生态脆弱区域造成破坏。第九条明确指出，政府负责给灾区群众提供临时住所，临时住所可以采用帐篷或篷布房，有条件的也可以采用简易住房或活动板房，安排临时住所确实存在困难的，可以将学校操场和经安全鉴定的体育场馆等作为临时避难场所。国家鼓励地震灾区农村居民自行筹建符合安全要求的临时住所，并予以补助，具体办法由省级人民政府制定。第十条至十二条对用于过渡性安置的物资质量，过渡性安置地方相关配套设施和设备提出了明确要求。第十三条指出了优先使用活动板房的受灾人群。第十五条对过渡性安置用地的使用做出了明确的规定。

2008 年 9 月 19 日国务院公布的《汶川地震灾后恢复重建总体规划》确定了人口安置的对象，即主要为耕地和宅基地因灾严重损毁、无法在原村民小组范围内生产生活的农村人口。该规划明确了人口安置的总原则。第一，主要在规划区内就地就近安置，不搞大规模外迁。第二，坚持就地就近分散安置为主，尊重本人意愿，按就地原址、村内跨组、乡镇内跨村、县内跨乡镇、市（州）内跨县、省内跨市的顺序在本行政区域内安置，并实行农业安置与务工安置相结合。第三，少数民族人口的安置，应尊重其生产生活习俗，原则上在本民族聚居区安置。第四，适宜重建区在本区域内就地就近安置受灾人口，并适当吸纳生态重建区需要异地安置的受灾人口。适度重建区原则上在本区域内就地就近安置受灾人口。生态重建区的少量受灾人口先考虑在县域内安置，无法安置的可以跨行政区安置。第五，在政府有序组织和政策引导下，遵循市场规律，对少量自愿通过投亲靠友及自主转移等方式到其他地区安家落户的灾区群众，尊重其自主选择。第六，鼓励规划区长期在外地务工经商的农村人口及其家庭成员，转移到就业地安家落户，就业地应当在就业、居住、教育、医疗及社会保障等方面给予当地居民的同等待遇。

对少量投亲靠友、自主转移的家庭，如何安家落户，其获得的补助情况如何，这都需要在政策中进一步细化和明确。对长期在外地务工经商的农村人口，如何在就业地安家落户，其户口问题及相关社会福利待遇如何解决，需要有相应的政策予以明确。

二　陕南地区避灾扶贫移民搬迁安置政策

2010 年夏季，陕西南部地区大面积遭受特大暴雨、洪水和滑坡等地质灾害的袭击。根据统计，2010 年，陕西南部地区的汉中、安康和商洛三市 28 县共计 376 万人受灾，死亡和失踪人口为 321 人，受伤人员达 1865 万人，倒塌房屋 18.43 万间，受损房屋 49.48 万间，直接经济损失 175.5 亿元。在当年遭受的自然灾害中，最引人注目的是安康市"7·18"特大自然灾害，即在 7 月 18 日，安康市汉滨区大竹园镇七堰村发生大型滑坡灾害，造成 22 户 12 人死亡，17 人失踪，损毁房屋 75 间，造成直接经济损失数百万元。

为了从根本上消除自然灾害影响，减轻灾害损失，达到防灾减灾目的，同时，也为了消除山区贫困，促进山区的生态修复，推动当地社会经济的可持续发展，陕西省人民政府制定了《陕南地区移民搬迁安置总体规划（2011～2020年）》（以下简称《陕南规划》），计划用10年的时间将居住在地质灾害和洪涝灾害频发易发区、贫困山区和生态条件恶劣地区的60万户家庭，240万人进行搬迁安置。

《陕南规划》确定的移民搬迁范围和对象为：①受地质灾害、洪涝灾害或其他自然灾害影响严重的村、户；②距离行政村中心较远，基础设施、服务设施落后，发展条件较差，基础设施配套困难，无发展潜力的村、户；③人口规模过小，经济收入来源少的村、户；④距乡、村公路5公里以上的偏远山区，交通不便的村、户；⑤位于自然保护区、风景名胜区、文物保护区和生态敏感区范围内，影响区内环境的村、户；⑥已规划或即将建设的水库库区范围内的村、户。

移民搬迁的类型包括地质灾害移民搬迁、洪涝灾害移民搬迁、扶贫移民搬迁和生态移民搬迁。规划期间，陕南地区共安排移民搬迁645574户，2448308人，分别占陕南地区总户数和总人口的21.98%和26.38%。其中，汉中市共搬迁239932户，852540人；安康市共搬迁226252户，876829人；商洛市共搬迁179390户，718939人。各类移民搬迁涉及的村庄共有6253个，占陕南村庄总数的89.3%。其中，汉中市涉及2408个村庄、安康市涉及2434个村庄、商洛市涉及1411个村庄。

在《陕南规划》确定的移民搬迁类型中，属于灾害移民范畴的类型为地质灾害移民搬迁和洪涝灾害移民搬迁。地质灾害移民搬迁主要是指对乡镇驻地及村庄范围内地质活动频繁，滑坡、泥石流、崩塌、地面塌陷等地质灾害危害严重，人民生产生活用地受到威胁，人居环境恶劣地区进行的移民搬迁。规划期间，陕南地区地质灾害避险移民搬迁共安排123927户，491594人。其中，汉中市45860户，164607人；安康市56854户，224229人；商洛市21213户，102758人。洪涝灾害移民搬迁主要指对长期受洪水灾害及其引发的次生灾害威胁的地区进行的移民搬迁。规划期间，陕南地区洪水灾害避险移民搬迁共安排93732户，320185人。其中，汉中市76956户，

254530 人；安康市 16740 户，65515 人；商洛市 36 户，140 人。

移民搬迁方式有以下几种。①向城镇迁移。充分利用县城、中心镇以及集镇基础设施完备、社会保障服务体系健全、产业发展初具规模等优势，结合城镇化和城乡一体化建设，有组织地将一部分有能力、有条件的农户安置到城镇发展产业、居住和就业。②向移民新村迁移。对移民搬迁量大而且集中，自然条件宜居，土地资源相对宽裕，交通、通信、水源、能源等基础设施条件相对较好的地方，结合社会主义新农村建设建移民新村，集中进行移民搬迁安置，促进移民安居乐业和地方经济社会全面协调和可持续发展。③小村并大村迁移。对移民搬迁量少且比较分散，自然条件受限、土地资源紧缺、交通等基础设施相对较差的地方，选择和依托经济和用地条件较好的中心村、基层村进行迁并，就近实现移民搬迁。扩大村庄人口规模，完善基础设施，促进村级经济发展，改善农村人居环境。④自主分散迁移。有自愿迁移愿望和有条件的农户利用移民补助资金分散迁入条件相对较好的中心村或集镇，或从事第二、第三产业，投亲靠友、自谋出路和自谋职业等。鼓励和支持移民自主分散迁移。⑤跨行政区迁移。对受灾程度严重、移民搬迁规模较大、境内自然环境脆弱、土地资源有限及本辖区确实无法安置的，可在省域范围内的黄龙农场、马栏农场、沙苑农场及华阴农场等区域，进行跨行政区移民搬迁安置。在条件允许的情况下，也可跨省进行移民搬迁安置。

为了做好陕南地区移民搬迁安置工作，根据《陕南地区移民搬迁安置总体规划（2011～2020 年）》，陕西省人民政府出台了《陕南地区移民搬迁安置工作实施办法（暂行）》，该办法进一步明确了陕南移民搬迁安置工作中的搬迁对象、组织管理、实施办法和职责分工。为保障陕南地区移民安置工作的顺利开展，陕西省政府成立了"陕南地区移民搬迁工作领导小组"，具体指导和实施陕南移民搬迁安置工作。领导小组组长由省长兼任，小组成员单位由省发改委、财政厅、国土资源厅、城乡建设与住房厅、扶贫办、民政厅、交通厅、水利厅、林业厅、农业厅、环保厅、审计厅、人力资源与社会保障厅、教育厅、卫生厅、金融办、国资委、省电力公司和省地方电力集团公司组成。这些单位根据各自职能，协调解决移民搬迁过程中存在的问题。领导小组办公室设在省国土资源厅。

为满足工作需要，陕西省政府成立了"陕南地区移民搬迁工作指挥部"，由省发改委、国土资源厅、住房与城乡建设厅和扶贫办等单位抽调人员组成。为了搞好移民搬迁安置工作，陕南三市也都成立了相应的移民搬迁安置领导小组，下设移民搬迁安置工作领导小组办公室，与省上相应机构对接。其中汉中市将其列入市政府常设工作机构，正县级建制，具体负责研究制定政策措施，编制规划和督导检查等工作；商洛市由市扶贫办牵头，单列正科级建制，具体负责全市移民搬迁工作；安康市在扶贫开发局专设了科市，负责该项工作。

自 2011 年 5 月陕西省陕南移民搬迁安置政策实施以来，陕南移民搬迁工程取得了初步成果。根据 2011 年底的统计数据，2011 年计划搬迁 6 万户 24 万人，实际搬迁 6.02 万户 24.08 万人，占年度计划的 100.32%。全年移民搬迁总投入 101.68 亿元，建成的 807 个集中安置点，大多围绕工业园区和交通沿线布局，陕南城镇化率可提高 2 个百分点，有的县采取山上建园区、山下建社区的办法，大大提高了城镇化率，促进了农业产业化。2011年陕南三市搬迁地质灾害与洪涝灾害危险区群众 1.54 万户 6.18 万人，搬迁特困户与五保户 2871 户 6936 人，2011 年陕南地区地质灾害和洪涝灾害造成的人员伤亡比上年分别减少 80% 和 70%。

三　舟曲特大山洪泥石流灾害受灾人口搬迁安置政策

2010 年 8 月 8 日，甘肃省舟曲县发生特大山洪泥石流灾害。灾害发生后，甘肃省人民政府出台了《关于甘南州舟曲县特大山洪泥石流地质灾害受灾群众生活安置有关问题的意见》，该意见确定了受灾群众的安置方式和内容。①应急安置。因灾造成房屋倒塌或损坏严重而紧急转移到临时安置点，或以搭建帐篷集中安置的受灾群众，由当地政府统一安排食品、衣被等，保障其集中安置期间基本生活。②过渡期安置。灾情稳定后，鼓励和引导应急安置的受灾群众，通过投亲靠友、邻里互助、租借临时住所及政府部门包保等方式，进行分散安置，发放临时性生活救助金，保障其在回迁重建住房或修复损坏住房前的基本生活。③入住安置。争取 2010 年入冬前，最迟到 2011 年 6 月完成倒塌房屋恢复重建；损坏房屋今年 11 月底前全部修复，使受灾群众得到妥善安置。对入住后生活确有困难的受灾群众纳入城乡最低生活保障。

此外，该意见对受灾群众的补助政策和标准进行了说明，在应急期的15天，对应急安置的受灾群众每人按150元发放生活补助；在过渡安置期，每人每天按1斤粮、10元钱发放临时生活救助，时限为3个月。"三孤"人员过渡期为3个月，每人每月按800元发放临时生活救助，过渡期满后，按正常"三孤"人员标准发放补助。该意见还明确了对居住房屋倒塌重建的补助标准，农村受灾居民住房倒塌或严重损坏需重建的，每户平均补助2万元，住房需要维修的，每户补助4000元；城市受灾居民住房倒塌或严重损坏需重建的，每户平均补助2.5万元。

2010年11月4日，国务院发布了《舟曲灾后恢复重建总体规划》，将规划范围划分为原地重建区、就近新建区、转移安置区和综合治理区。其中涉及异地安置的区域为就近新建区和转移安置区。就近新建区为距离县城13公里的峰迭新区，将吸纳安置影响区域内的部分人口并承接县城部分功能，该区域以公共服务和居住等功能为主，规划人口1.5万人。这意味着部分受灾人口将搬到峰迭新区居住和生活。转移安置区位于兰州市的秦王川新区，该区将安排部分建设用地，用于舟曲部分受灾群众转移安置，与当地统一进行规划。重点建设寄宿制高中，将舟曲县高中教育调整至秦王川，同时建设部分转移安置居民住房及配套设施。转移安置人口0.8万人，其中高中学生及教师约3500人，受灾群众1150户、约4500人。综合治理区为灾害影响区域内需要避让的区域、县城及峰迭新区周边需要重点进行灾害治理和生态修复的区域。该区域需要加强地质灾害治理和生态修复，实施避让搬迁，避让区与居民点之间设置安全缓冲带，有效减少地质灾害风险，遏制生态恶化趋势，形成重要的生态功能区。

除了受灾群众的安置外，该规划还在"灾害防治"一章中阐明了避让搬迁内容：对县城及周边处于山洪、泥石流、滑坡、崩塌等地质灾害严重危险区和地震活动断层两侧一定范围内的居民，要坚决避让搬迁。灾后重建项目选址要充分考虑地震和各种地质灾害防治要求，避开灾害风险区和隐患点。现有的灾害防治、易地扶贫搬迁和新农村建设等项目向灾区倾斜。在

"产业重建和扶贫开发"一章中，该规划提出实施异地扶贫搬迁，结合退耕还林和生态移民，对居住在生态环境恶劣、缺乏发展条件地区的贫困群众有计划地实施异地搬迁，需要实施异地扶贫搬迁和生态移民的农户为 600 户。

为了落实《舟曲灾后恢复重建总体规划》，甘肃省人民政府于 2010 年 11 月 17 日发布了《舟曲灾后恢复重建规划和资金安排实施方案》，该方案明确了舟曲灾后重建过程中资金安排情况，指出城乡受灾居民住房重建总投资 7.3 亿元。城乡受灾居民分别在老城区、峰迭新区和兰州秦王川进行安置。考虑舟曲城乡居民混居的特点和灾区干部群众要求，城乡受灾居民住房实行统一补助标准，统规统建。城乡受灾居民，在国家补助 2 万元或 2.5 万元的基础上，用省级接受的捐助资金每户补助到 10 万元，其余资金由个人自筹和银行贷款解决。受损房屋维修，农村居民平均每户国家补助 0.4 万元，城镇居民平均每户国家补助 0.6 万元。受损房屋加固，按每户 3 万元安排预算。规划城镇受灾居民重建 2665 户，维修 217 户，加固 1004 户；农村受灾居民重建 1435 户，维修 145 户，加固 509 户；灾害避让搬迁重建户 429 户；城镇受灾居民往兰州秦王川安置 1150 户。

根据课题组在舟曲县的实地调查发现，《舟曲灾后恢复重建总体规划》中提及的 429 户避让搬迁重建户的资金来源问题，尚没有解决。对规划中提及的异地扶贫搬迁和生态移民 600 户，也没有出台专项规划，其资金保障问题也没有解决。建议通过国家年度扶贫资金和地质灾害防治资金解决这两部分人群移民搬迁经费。

第四节　我国西部山区农村灾害移民政策中的主要问题

一　灾后移民搬迁安置政策中的主要问题

灾后移民搬迁安置政策是灾后恢复与重建政策的重要组成部分，是保障灾区群众在失去基本生存条件后谋求生存和发展的重要手段。目前，我国现有各种灾后移民搬迁安置政策在灾后恢复和重建中发挥了重要作用，但仍面临着不少问题。

1. 我国尚缺乏系统完善的灾后移民搬迁安置法律法规

我国是一个自然灾害多发频发的国家，每年都有大量农村居民受灾，其中不少受灾居民因房屋损毁和土地灭失，无法在原居住地生产和生活，需要进行异地搬迁或向外迁移。目前我国没有专门的法律法规来指导和规范我国的灾后移民搬迁行为，[1]同时，因灾害向外搬迁转移人口的权益也难以得到保障。[2]以汶川地震灾后有关移民搬迁的规定为例，《汶川地震灾后恢复重建总体规划》规定"鼓励规划区长期在外地务工经商的农村人口及其家庭成员，转移到就业地安家落户，就业地应当在就业、居住、教育、医疗、社会保障等方面给予当地居民的同等待遇"。如何落实这样的政策，特别是如何在就业地安家落户，如何保障受灾转移居民在社会福利方面的各项待遇，这些问题都需要相关法律法规和制度加以规范。又如甘肃舟曲特大山洪泥石流发生后，有大量人口转移到兰州秦王川和距县城十余公里外的峰迭新区，这部分人口在转移后的生活如何保障，他们的各项权益如何落实，这些都需要相关法律法规给予规范和明确。

2. 农村灾后移民搬迁安置政策面临着诸多难以逾越的体制障碍和制度约束

受到我国现有户籍制度和农村土地经营体制约束，我国农村灾害移民搬迁安置面临许多困难。[3]户籍制度是我国特定的历史产物，由于户籍制度的存在，我国的人口自由迁移受到一定的影响。[4]从理论上讲，人们在受灾后出于生存的需要大都会选择向外迁移，这是人口学"推－拉"理论中"推力"作用的结果，在迁移过程中，由于阻力的作用，也就是莱文斯坦人口迁移理论中的"障碍"，迁移行为并没有发生。改革开放以后，虽然户籍制度对迁移的阻力大大减少，但人们的迁移还没有获得完全的"自由"。没有户口的转移，任何人在迁移后，不论居住的时间长短，只能算是"暂住人口"或"流动人口"，由于缺乏本地户口，迁移者难以享受本地居民同等的待遇，如果迁入地是农村，迁移者无权分配属于集体所有的土地，也很难获得当地的住房。在没有基本生产资料和住房的前提下，迁移者难以在当地生产生活，更不用说"发展"了。

在广大农村，由于土地属于集体所有，农民个人无权对自己所承包的土地进行买卖，虽然可以转让，但转让的对象不能是外村人，而且必须得到村集体组织的同意。在我国现行农地制度下，外地农民迁入本村后，虽然可通过承包权转让获得集体土地的经营权，但由于自己并不是该地集体经济组织的成员，对土地经营权的掌控十分有限。由于既没有本地户口，也没有土地承包权，外来农民难以融入当地社会，也很难成为"本地人"。因此，在无特殊政策或上级政府帮助的情况下，受灾农户很难从一个村迁移到另一个村居住，更不用说更大范围的迁移了。

3. 农村灾后移民搬迁安置政策的实施面临着迁入地土地资源稀缺和人地关系紧张的现实困境

在我国广大西部山区，不少地方呈现人口向山下迁移和向河谷集中的趋势。虽然农村中存在着外出务工人员多和村落出现空心化现象，但是许多平坝河谷地区已经出现村庄密布、房屋密集和人口众多的景象。随着人口的不断增多，位于河谷平坝地区的耕地将变得日益稀缺。在现行农村土地经营制度下，随着中央各种惠农政策的贯彻和实施，迁入地居民越来越珍惜自己的承包地，许多农户不愿将自家的土地调剂出去，这就意味着山区灾害移民在迁入河谷平坝地区后，愈来愈难获得能够保障其基本生活的土地资源。在当地政府协调和支持下，外来灾害移民通过调剂的方式，获得了一定数量的耕地，随着外来人口的增加，当地的土地资源变得更加稀缺，人地关系也将日趋紧张。不仅如此，随着外来人口的增加，当地社会资源也会变得日益稀缺。如果不增加社会资源的供给，移民与原住居民间必然会产生矛盾，影响农村社会稳定，最终不利于新农村建设和农村的可持续发展。

4. 受灾居民搬迁安置后普遍面临着较为严重的可持续生计问题和心理适应问题

我国现有灾后移民搬迁安置过程中，过多注重"物质要素"的重建，对移民"非物质要素"的建设重视不够。物质要素主要指移民住房和安置地基础设施等，非物质要素包括移民职业技能、安置地产业发展与创新能力等。根据大量调查可知，我国受灾居民搬迁后虽然居住条件和人居环境得到较大改善，但不少地方存在着移民搬迁后债务负担沉重、土地资源减少、收入来源单一化（主要依赖打工收入）、总收入下降、现金支出增加及生活水平总体下降等问题。这些问题出现的主要原因，除了与移民自身的发展能力不足有关外，还与我国对灾害移民搬迁后对安置地缺乏有效的产业支持与就业扶持有关。

受灾居民搬迁后，他们面临最大的问题就是耕地资源减少和生活环境改变以及由此产生的生产方式和生活方式的改变。[5]在西部山区农村，虽然许多年轻人外出务工，但绝大部分中老年人仍留在家里从事农业生产。对于世代耕种土地的农民来说，土地既是他们重要的生产资源，也是他们基本的生活保障。移民搬迁后，许多农民无法再继续耕种原有的土地，也难以利用原有的山林、鱼塘、荒山荒坡以及其他村社资源。在新的安置点定居后，他们需要适应新的环境，在缺乏土地或土地资源减少的情况下，需要改变他们的生产和生活方式，对于长期与土地打交道、习惯于在地里干活的农民而言，要改变他们的生产方式和生活方式，无疑是困难的。很多人不仅缺乏从事其他工作的技能，而且也不愿意改变原有的生计方式和生活方式。在新的环境中，移民们不仅面临着土地减少导致的生计困难，而且面临着无事可干的巨大心理困惑和心理适应。

二　避灾移民搬迁政策中的主要问题

与灾害移民搬迁不同，避灾移民搬迁主要是为了防止灾害发生采取的灾害防治措施，或自然灾害风险管理策略。根据我国西部山区的避灾移民搬迁实践及其相关研究，我国西部山区农村避灾移民搬迁政策还存在着不少问题。

1. 缺乏相关法律法规来指导和规范我国的避灾移民搬迁活动

目前，我国避灾移民政策零散分布于相关政策和法规中，这些政策不配套不衔接，有些政策还与其他政策法规相抵触或相互矛盾，不利于发挥移民搬迁在防灾减灾中的重要作用。我国西部山区是自然灾害多发频发的地区，由于历史的原因和制度的束缚，我国西部大量农村人口还居住在自然灾害危险区或隐患点上。为了消除山区灾害隐患，降低山区灾害风险，减轻灾害给当地群众造成的损失，我国西部山区不少地方制定了防灾减灾规划，采取了不少措施，其中在工程治理难度大或工程措施不经济的地方，实施了避灾移民搬迁计划。然而，避灾移民搬迁在实践中还面临着各种各样的问题，如资金短缺问题、用地指标问题及安置点选择问题等。[6-7]为此我国需要尽快制定相关法律法规来规范我国的避灾移民搬迁行为，保护避灾移民的各种权益，提高避灾移民工作效率和避灾效果。[8]

2. 缺乏避灾移民相关规划或规划体系不完善，不仅使搬迁难以达到避灾移民搬迁的预期目标，而且会引发严重的社会问题

目前，我国西部山区有些地方在实施避灾移民搬迁计划时，缺乏系统全面和科学的规划，或规划过于简单，制定的规划体系不完善。在制定规划时，缺乏深入细致的前期调查和研究，考虑的问题不全面，将规划工作仅看成是执行上级的任务，或者为了争取上面资金的一项权宜之计。实际上，避灾移民搬迁安置规划是区域社会经济发展规划的重要组成部分，是实现区域社会经济可持续发展的重要载体，是推动人口在空间上的合理分布和规避灾害损失的重要手段。

对于一个区域来说，在制定避灾移民搬迁安置规划时，不仅要有宏观战略规划，而且还要有微观战术规划；不仅要有中长期规划，而且还要有短期计划和年度计划。对移民搬迁工作的长期性和艰巨性要有充分的认识，不能将避灾移民搬迁工作看成是毕其功于一役的事。避灾移民搬迁虽然在形式上只是人口在地域上的迁移或移动，但其实质是一个区域社会经济秩序和生态环境系统的重新调整和构建的过程，特别是对迁入地和迁出地而言更是如此。

在制定避灾移民搬迁安置规划时，既要考虑当地经济的发展水平和政府的财力，也要考虑搬迁居民在资金上的承受能力；不仅要考虑社会精英和富裕居民的搬迁需求与能力，而且要关注普通移民户和社会弱势人群的搬迁愿望和诉求。同时，还要考虑迁入地的资源环境承载力、移民对当地的环境影响、原住居民的接受程度和社会融合难度。

为了使规划具有可操作性和可持续性，在制定规划时，还必须考虑避灾移民规划与其他现有规划的衔接。这些规划包括社会经济发展规划、土地利用总体规划、新农村建设规划、扶贫规划和生态建设规划等。同时，制定避灾移民规划还必须考虑现行法律法规的约束，特别是有关户口迁移和土地利用方面的法律法规对人口迁移和土地分配的影响。

3. 避灾移民搬迁安置规划目标过多过大，而地方财力有限，难以筹措足够资金满足移民搬迁需要，导致规划难以达到预期目标

在制定避灾移民搬迁安置规划时，有的地方政府将扶贫移民、生态移民和工程移民纳入避灾移民搬迁安置规划中，导致规划目标过多过大。从理论上看，将农村中所有需要搬迁的各种人口纳入农村避灾移民搬迁安置规划中，既有利于搞好农村的扶贫工作和新农村建设，也有助于推动城乡一体化建设和区域可持续发展，对于推动当地城镇化的发展有重要意义。实际上，如果规划目标过多过大，超过了当地政府财力和待搬迁居民的经济承受能力，难免增加规划执行的难度。例如，在陕南避灾移民搬迁安置规划中，原本解决的主要问题是农村居民的安全问题，如果将扶贫移民、生态移民和工程移民打包捆进避灾移民搬迁安置规划，那么在现有资源紧缺的情况下，势必使原本急需解决的安全问题难以解决，且其他目标也未必能够实现。

事实上，不同类型的移民搬迁有着不同的目标和价值取向，其搬迁方式、资金来源和紧迫程度也并非完全一致。扶贫移民的主要目的是解决山区的贫困问题，虽然解决山区贫困是政府的职责，但贫困问题并非是短时间形成的，也非通过搬迁就能完全解决。生态移民的价值取向是为了通过移民解决山区生态环境退化问题，消除人类对环境的破坏和影响，国内外实践证明，移民并不是解决重要生态保护区环境问题的最佳办法。工程移民是一种典型的非自愿移民，需要将移民搬迁纳入整个工程预算，虽然政府也参与移民搬迁活动，但移民搬迁经费完全由工程项目承担，政府不必承担移民搬迁费用。

4. 避灾移民搬迁补助标准过低，致使大量贫困人口难以搬离灾害危险区，或搬迁后面临沉重的债务，背离移民搬迁目标

目前，从我国西部地区实施的避灾移民搬迁项目看，不少地方存在着地方财力不足，财力使用不集中，用于急需避灾移民搬迁的资金过少等问题。[9]还有一些搬迁户，虽然通过贷款和借款筹集到了建房所需要的资金，但由于年龄、身体和教育水平等原因，难以偿还所欠债务，搬迁后生活水平与搬迁前相比大大下降。出现这种现象的原因，既与避灾移民搬迁政策扩大化有关，也与少数地方政府错误的政绩观和"急于求成"的工作作风有关。

参考文献

[1] 申欣旺：《中国灾害移民成非自愿移民主力军　专家呼吁立法规范》，中国新闻网，2011 年 5 月 27 日。

[2] 施国庆、郑瑞强、周建：《灾害移民权益保障与政府责任——以 5·12 汶川大地震为例》，《社会科学研究》2008 年第 6 期，第 37～43 页。

[3] 沈茂英：《汶川地震灾区受灾人口迁移问题研究》，《社会科学研究》2009 年第 4 期，第 1～7 页。

[4] 王跃生：《中国当代人口迁移政策演变考察——立足于 20 世纪 50～90 年代》，《中国人民大学学报》2013 年第 5 期，第 103～111 页。

[5] 何路路、陈勇、茆长宝、张琴：《我国西部山区受灾搬迁农户生计状况研究——基于四川绵竹市清平乡受灾农户的调查研究》，《西北人口》2012 年第 6 期，第 45～49、54 页。

[6] 张国栋、谭静池、李玲：《移民搬迁调查分析——基于陕南移民搬迁调查报告》，《调研世界》2013 年第 10 期，第 25～27 页。

[7] 冯明放、彭洁：《浅析陕南移民搬迁面临的几个突出问题》，《特区经济》2012 年第 10 期，第 173～174 页。

[8] 王彦青：《关于陕南三市移民搬迁的政策建议》，《陕西发展和改革》2011 年第 3 期，第 13～15 页。

[9] 何得桂：《陕南地区大规模避灾移民搬迁的风险及其规避策略》，《农业现代化研究》2013 年第 34（4）期，第 398～402 页。

第十三章
改善我国西部山区灾害移民安置效果
若干政策建议

通过前面灾害移民理论分析，我国西部山区若干实证研究和对我国现有灾害移民相关政策分析和评价可知，我国政府在提高我国西部山区灾害移民安置工作水平和改善移民安置效果问题上，存在着对其重要性和实践意义认识不足、对相关工作重视不够和相关政策不完善等问题。针对我国西部山区自然灾害频繁，大量人口仍居住在灾害多发区和危险点上的现状，以及适应我国西部山区建立社会主义新农村和实现我国全面小康社会的需求，现提出改善我国西部山区灾害移民安置效果的若干政策建议。

第一节　关于应急转移安置的政策建议

一　提高对应急转移安置工作重要性的认识

灾后应急转移安置是灾后应急管理的重要内容，是应对突发自然灾害的重要救灾措施之一。做好灾后应急转移与安置工作对于减轻受灾人员伤亡、减少灾区财产损失和做好灾区群众的心理抚慰具有重要意义。严格意义上讲，应急转移安置包含应急转移和安置两个方面的内容。所谓应急转移，就是快速撤离危险地带，为了更好地保护受灾地区群众的生命或财产安全。在生命和财产不能两全时，保护或保全群众宝贵的生命应当是灾后救援工作的首要任务，也是灾后救灾工作中最重要的任务。所谓安置，就是使受灾群众得到妥善处置，使他们至少有饭吃、有水喝、有房住和有病得到及时治疗，不至于流落街头，被社会抛弃，成为无家可归之人。

虽然在某些情况下，只需要应急转移，等待灾害很快过去，就可以回到原地原房屋中居住，但是在西部山区，面临更多的情况是，不仅房屋受损或倒塌，而且土地或水资源出现灭失，遭到破坏或污染，这就需要转移和安置受灾人口。在不少情况下，特别是灾情较重或受灾范围较广时，不仅需要转移大量危险区的居住人口，而且要对这些人口进行必要的安置、关心和照顾。如果转移不及时，可能会带来更多的人员伤亡和财产损失；如果安置不好，不仅会使广大灾民身体和心理遭受二次伤害，而且容易滋生社会不安定因素。

二 加强应急转移安置工作的宣传教育和培训

在我国广大的西部山区，特别是偏远山区农村地区，不少人口仍居住在受自然灾害威胁的危险地带或灾害隐患点上。目前，由于资金缺乏，或找不到适合的安置地点，我国政府还不能对所有的自然灾害进行治理，或将受自然灾害威胁的居民全部搬迁到安全地带。在我国现有情况下，加强群策群防和应急转移安置工作对防治灾害发生或减轻灾害损失尤为重要。加强对山区居民和干部应急转移安置工作的宣传教育和培训，可采取多种方式进行：①通过广播、电视、报刊、手机短信和互联网等多种传播途径开展转移安置的宣传，提高山区居民遇灾避险和紧急转移的意识；②自然灾害防治涉及的相关部门（气象、水利、水文和国土部门）需要加强对暴雨等灾害型天气和山洪、泥石流、滑坡等自然灾害基本知识进行普及，增强群众的防灾减灾意识和避险自救能力；③不定期举行防灾预警和转移安置的演练，提高山区群众的避灾意识。在加强山区群众防灾减灾知识宣传和应急演练的同时，要特别注重提高转移安置工作人员的素质和能力。通过举办相关教育和培训课程，提高基层干部和工作人员参与救灾和转移安置工作的能力。

三 构建科学高效的应急转移安置体系

自然灾害应急转移安置体系是确保受灾人员和受威胁人口从危险地带或高风险区转移到安全地区的一系列规范和措施。具体而言，自然灾害转移安置体系包括如下内容。①根据灾害类型，确定潜在转移安置的对象。在自然灾害发生后，根据灾害影响的范围和影响程度，可将灾害发生地及其周边环境划分为危险区、警戒区和安全区。危险区指受自然灾害威胁的区域或地带；警戒区指在灾情没有恶化或扩大的情况下，比较安全的区域，警戒区就是潜在的危险区，需要时刻对灾情保持警惕，否则会造成进一步的人员伤亡或财产损失；安全区指地质结构稳定、不受山洪、泥石流和滑坡等自然灾害威胁，可安全居住和从事生产的区域。②应急转移安置的组织指挥协调体系。该系统主要由灾害涉及的省、市、县级组织指挥机构和基层组织指挥机构组成。各级组织指挥机构可根据灾害类型、受灾范围、灾情程度设在相应灾害管理部门，基层组织指挥机构可设在受灾乡镇府。③应急转移安置的决策和保障系统。转移安置决策系统就是基于现有行政系统基础上的自上而下的决策体系，转移安置的保障系统指在外部各种抢险救灾队伍和物资在应急救援时刻无法到达或运达时，当地基层组织建立的应急队伍以及应急物资储备、调拨和紧急配送系统。④应急转移安置的组织运行系统。该系统所遵循的原则是：先人员后财产，先老弱病残人员后一般人员。转移责任人有权对不服从转移命令的人员采取强制转移措施，转移线路遵循就近和安全的原则。转移安置的预警机制为制作山地灾害明白卡和警示牌，明白卡将发放给危险区居民，每户一张，卡上标明转移路线、时机、安置地点和责任人；在危险区竖立警示牌，标明转移对象、转移路线和安置地点等。[1]

四 完善我国应急转移安置数据统计和财政补助机制

在我国救灾统计中，一项重要指标就是转移安置人口，指受灾人口中受灾害威胁、袭击或围困，紧急迁出居住地的人数①。换而言之，转移安置人

---

① 民政部、国家统计局：《自然灾害情况统计制度》，2004。

口就是受到自然灾害严重影响而撤离原居住地的所有人。这些人之所以撤离，既可能是为了避险，又可能是受灾后原居住地遭受破坏，不得不离开原居住地，撤离的地点可能很近，也可能很远；撤离后在安置点停留的时间，可能很长，也可能很短，甚至当天就可以返回原居住地。我国对转移安置人口的统计以村组为单位逐级上报，经过村、乡、县、市、省的统计机构，最后汇到国家统计部门。按照转移安置人数，中央财政给予地方政府一定的救灾补助。目前，按照转移安置人数给予救灾补助，仍存在一定的问题，如转移安置人数既不能体现地区之间抗灾和救灾能力的差别，也不能反映灾害持续的时间和对救灾资源的需求大小。同时，统计数据缺乏细分且核实困难，影响了上报数据的客观真实性和救灾补助的合理性。今后对转移安置的补助应根据不同地区、不同灾种和灾害持续时间等情况，基于灾情的严重程度、灾区恢复力和当地转移安置需求等因素进行财政补助资金的分配和安排。[2]

第二节　关于灾后移民搬迁安置的政策建议

西部山区既是我国自然灾害最频繁的地区，也是我国经济最不发达和贫困人口最多的地区。过去，在我国西部山区，进行过大量的灾害移民搬迁工作，许多灾后移民搬迁取得了预期成效。与人民群众期待相比，许多工作还需不断改进。

一　制定和完善灾后移民搬迁安置的相关法律法规

随着我国因灾移民搬迁人口的增多，我国在转移和安置受灾人口过程中会面临越来越多的问题，特别是移民搬迁后的权益保障问题和可持续生计问题。这些问题既涉及搬迁移民自身的利益，也牵涉迁入地原住居民的合法权益和迁入地政府的职责。因此，我国应当在总结过去的相关经验和教训的基础上，制定和完善灾后移民搬迁安置的相关法律法规，从政策层面上规范灾后移民搬迁行为，把灾后移民搬迁工作搞好。

由于人口迁移受我国现有户籍制度和农村土地制度的影响，灾后移民搬迁面临许多障碍，为此，国家在现有法律法规的基础上，需要对灾害移民搬迁实施特殊的人口迁移政策和土地政策。例如，针对西部山区耕地资源稀缺且土地调剂日趋困难的现实，国家可以出台相关政策将因人口外流而撂荒的土地进行征用，出让给在自然灾害中丧失耕地和宅基地的农户，保障搬迁居民对土地资源的基本需求。

二 做好灾后移民搬迁安置规划

移民搬迁安置规划是成功实施移民搬迁计划的前提。在制定移民搬迁安置规划时，首先需要对当地的人口、资源和环境状况进行全面调查，然后对当地的资源环境承载力、灾害风险和社会经济发展潜力进行评估，确定异地搬迁安置的人口数量、安置方式和安置地点。对新的安置点，必须进行灾害环境调查和灾害风险评估，做好安置点的建设规划。

在编制移民搬迁安置规划时，必须配套编制移民产业发展规划和移民就业发展规划。移民产业发展规划是根据移民安置地社会经济基础、资源环境条件和特点制定的，旨在推动当地农业、工业和第三产业发展的规划；移民就业发展规划是在产业发展规划的基础上制定的保障移民就业，增加移民收入的发展规划。这些配套规划是移民搬迁安置规划的补充和延伸，是保障移民搬迁安置取得成功的基础。

三 因地制宜确定灾后移民安置模式

西部山区地域范围广，各地自然环境和经济发展水平差异大。各地应根据移民搬迁安置需求和土地资源供给潜力，因地制宜确定灾害移民安置模式。在迁入地耕地后备资源相对丰富或土地调剂难度较小的地方，可采取"有土安置"的方式安置受灾居民，确保受灾居民所获得的耕地面积不低于当地居民的平均水平。目前，我国西部山区不少地方还有一定数量的耕地后备资源可供开发，只要加大资金投入力度，加强配套设施建设，原有的荒山荒坡和废弃地就能够通过技术改造变成可供利用的耕种，为迁入的受灾居民"有土安置"创造条件。

在耕地后备资源缺乏或土地调剂难度较大的地方，通过"无土安置"

方式安置受灾居民，鼓励受灾居民向集中安置区或城镇转移。对有就业需求和就业能力的居民，通过产业发展和移民自主创业的形式，安置受灾群众；对就业困难群众，政府要通过安排公益岗位或其他特殊就业扶持方式帮助其就业。鼓励灾区年轻人外出务工经商，在务工地定居、结婚和生育。年轻人是人口再生产最活跃的群体，将年轻人转移出山区，既可以减轻灾区人口压力，也可以从根本上降低山区人口的脆弱性和灾害风险。

四 加强因灾移民的后期扶持和社会保障

在农村灾后重建中，各地普遍存在着"重视对居民房屋的重建，忽视对农户生计能力的培育"或"重视短期物质形态恢复，忽视长远可持续发展"的现象。因此，在移民搬迁安置过程中，必须将受灾居民短期生存和农村长远发展结合起来，在具体工作中，必须加强对受灾居民的职业教育和实用技能培训，提高受灾居民创业和就业能力。

将灾后重建资金中的一部分投入对受灾农户的社会保障中，采取特殊的政策落实搬迁农户的养老保险问题，扩大受灾农户低保人群范围，同时增设一些特殊保险项目，如引入农业保险等。对少数特殊困难群众，需要将其纳入农村"低保"范围，保障其基本生活。

第三节 关于避灾移民搬迁政策建议

与灾害移民搬迁相比，避灾移民搬迁不仅可以从根本上减少人员伤亡和财产损失，而且与工程治理相比，具有投资成本低，经济、社会和生态效益巨大的优势。就经济效益而言，山区自然灾害频发，灾害治理投资大，山区基础设施的维护成本高，从长远看，移民搬迁的投资会大大低于对灾害治理的成本和山区基础设施的维护成本；从社会效益看，搬迁后可以改变山区经济落后、通达性差、信息闭塞和思想保守等现状；从生态效益看，移民搬迁可以减少山区人口负荷，为山区生态系统的自然修复创造条件。

基于上述原因，我国各山区省份均实施了不同范围和不同规模的移民搬迁工程。针对目前西部山区移民搬迁工程出现的问题，需要不断完善现有的移民搬迁政策和措施，具体体现在以下几个方面。

一　制定和完善相关法律法规和规划设计标准

为了加强水利水电工程移民工作的管理，国务院出台了《大中型水利水电工程建设征地补偿和移民安置条例》，水利部出台了《水利水电工程建设征地移民安置规划设计规范》行业标准，促进了水利水电移民安置工作走上了法制化和规范化的道路。为了规范避灾移民安置行为，推动避灾移民搬迁安置工作的顺利进行，建议国家尽快出台《避灾移民搬迁安置条例》，规范避灾移民搬迁安置工作需遵循的原则、搬迁安置对象的确认、搬迁安置规划内容、搬迁安置责任主体、资金来源以及移民搬迁安置工作监督管理等内容。

由国家相关部门尽快编制《避灾移民搬迁安置规划设计规范》，制定避灾移民搬迁安置标准，安置模式，规范政府职责，明确资金来源，安置地选择及规划设计原则与标准，集中安置点基础设施和公用事业的建设，分散安置的补助，迁入地土地的报批、调剂与利用，迁出地土地的退出、划转和使用，迁出地和迁入地政府的职责和义务，搬迁居民户籍、就业、养老、医保、低保、升学、入学等问题的转移与接续，协调搬迁居民与原住居民的关系。

为了消除山区自然灾害多发区或危险地带居民向外自发迁移过程中所遇到的困难，建议国家出台《人口迁移条例》或制定适合我国社会特点的《人口迁移法》。不论是《人口迁移条例》还是《人口迁移法》，均可为人口自发迁移和城市化的有序推进创造合适的制度环境。《人口迁移法》需要明确迁移者的法律义务，迁移者与迁出地的关系，迁移者与迁入地的关系，迁出地和迁入地的关系，界定迁出地和迁入地政府的主要职责。《人口迁移条例》或《人口迁移法》的主要内容包括：人口迁移的法律概念及人口迁移管理的指导思想和基本原则；相关部门的主要职责和权限；迁移者的权利和义务；对违规行为的处罚措施等。[3-4]

二　加强避灾移民搬迁工作的相关机构和制度建设

目前，我国对自然灾害的管理，因灾种不同，分属不同的政府部门。为了统筹管理各种灾害移民搬迁工作，建议国家组建"扶贫与移民局"。目前，不少省份在原扶贫开发工作办公室和大中型水利水电工程项目移民办公室的基础上成立了省级扶贫与移民局，负责领导扶贫开发和水库移民搬迁工作。省级扶贫与移民局所负责管理的移民工作既不包括自然灾害移民，也不包括生态移民。为了加强对灾害移民搬迁工作的领导，可将这部分工作由原国土部门和林业部门等单位管辖的工作移交扶贫与移民部门管理。通过对相关部门所涉及的有关移民工作的整合，可以统筹规划各种移民搬迁安置，高效推进移民搬迁安置工作。目前，由政府主导的移民工作，除了扶贫移民、水利水电工程移民和灾害移民外，还包括生态移民，这些移民工作均可划归到扶贫和移民管理部门的职责范围。

为了筹集避灾移民搬迁安置所需资金，建议国家在适当的时候设立"全国避灾移民基金"。该基金的主要目的是，弥补国家用于避灾移民搬迁安置资金的不足，基金主要源于各企业、国际组织、民间机构和个人捐赠。

三　完善现行避灾移民搬迁安置规划体系

各地在实施避灾移民搬迁工程时，需要制定避灾移民搬迁安置规划。如果涉及的人口多，搬迁规模大，实施的周期长，需要的资金多，不仅需要编制区域避灾移民搬迁安置总体规划，还要制定小区域的详细规划以及短期和年度计划。在编制《避灾移民搬迁安置规划》的基础上，要根据各地情况编制《移民搬迁集中安置点布局规划》。在确定移民搬迁集中安置点时，需要对安置点做详细的地质勘查和水文调查以及灾害风险评估，在此基础上编制《移民搬迁安置点建设规划》和《避灾移民安置点社会发展规划》，前者主要涉及房屋和基础设施建设，后者主要涉及土地利用、产业发展、移民就业创业、社会保险、教育和医疗等方面的建设内容。此外，针对移民搬迁后可能存在的土地撂荒与后续利用问题，还需要编制《移民迁出地土地综合利用规划》。在编制《避灾移民搬迁安置规划》和其他相关规划过程中，要鼓励移民积极参与规划活动，为规划建言献策，使规划不断完善。在规划编制完成后，需要组织相关部门和不同学科的专家对各项规划进行评审。

科学规划和布局山区农村居民点，严格控制农村宅基地的审批，避免和减少新的灾害危险区和隐患点的产生。我国现有灾害危险区和隐患点的出现不仅与当地的地形地貌和气候条件有关，而且与过去山区人口大量增长和居民无序建房紧密相连。[5]为防止产生新的避灾移民搬迁需求，需要加强对农村居民区的规划管理和宅基地的用地审批。在布局新居民点时，必须进行灾害环境调查和灾害危险性评估，[6]凡灾害危险性评估达不到房屋建设要求的，禁止开工建设，保障农村居民的生命和财产安全。

将避灾移民搬迁安置规划纳入区域可持续发展总体规划中统筹考虑。避灾移民搬迁是合理调整人口分布的重要手段，是改善危险地带人居环境的重要措施。在进行避灾移民搬迁安置规划时，要做深入细致的调查研究。在我国西部山区，地质灾害和洪涝灾害发生频率高，在制定避灾移民搬迁安置规划时，要做好前期的水文和地质调查以及相关灾害风险评估，并对灾害风险进行分等定级，确定对灾害风险管理的应对措施。对灾害风险等级高且实施工程治理难度大或工程治理措施不经济的危险区，可确定为优先实施避灾移民搬迁区域。总之，要确保避灾移民搬迁安置规划的科学性、可行性和可持续性。

四　严格确定搬迁对象，防止搬迁对象扩大化

在我国西部山区农村，目前存在着较多的移民搬迁需求。在政府财力有限和搬迁安置资源紧缺的情况下，应根据不同类型的移民搬迁需求，制定不同的避灾移民搬迁安置规划，并根据搬迁需求的紧迫性和资金解决的难易程度，分期分批组织实施。避灾移民搬迁的目的主要是解决山区群众的安全问题，与扶贫移民、生态移民和工程移民相比，既是政府需要优先解决的重大问题，也是政府义不容辞的责任，在时间上具有紧迫性。

在政府财力有限、安置点选择困难和迁入地土地资源十分紧缺的情况下，各地应优先考虑山区各地农村居民的安全问题，坚持"以人为本"、"生存权"优于"发展权"和"解危"先于"济困"的原则，将避灾移民

搬迁置于区域移民搬迁计划优先考虑和实施的项目。在确定避灾移民搬迁对象时，要进行详细的灾害调查和危险性评估，并进行灾害经济分析，判断避灾移民搬迁的必要性和可行性，防止搬迁对象扩大化。[7]根据过去山区灾害治理的经验，如果经过简单的过程治理就能解决居民的安全问题，就无须进行避灾移民搬迁。只有当工程治理难度大或工程治理与移民搬迁治理相比不经济时，才可实施移民搬迁计划。在避灾移民搬迁对象确定后，要根据待搬迁居民面临灾害风险的大小和移民搬迁迫切程度，优先搬迁目前居住在高危险区和移民搬迁迫切程度较高的居民。

五　分期分批实施避灾移民搬迁安置，保障搬迁居民各项权益

在地方财力有限的情况下，可根据待搬迁居民面临的灾害危险等级和搬迁的紧迫程度，分期分批实施避灾移民搬迁计划，保障搬迁居民的生存权和发展权等各项权益。避灾移民搬迁安置遵循的原则包括以下几方面。①优先搬迁居住在高危险区的居民。居住在高风险区的农户，在没有解除风险以前，随时都可能遭遇自然灾害所带来的人身伤亡和财产损失。将高风险区的农户置于优先搬迁的位置，既体现了人类社会所崇尚的"以人为本，生命第一"的思想，又能从根本上减轻自然灾害发生的概率，避免自然灾害造成的生命安全和财产损失。②优先搬迁贫困弱势家庭。由于弱势家庭自身的承灾能力弱，抗灾能力差，一旦遭遇自然灾害，会顿时陷入贫困与无助的境地。优先搬迁弱势家庭体现了社会公平与正义的原则。需要优先搬迁的弱势家庭包括贫困户家庭、"五保户"家庭、残疾人家庭、留守老人家庭和单亲妇女家庭等。③优先就近与集中安置避灾移民。就近安置可以不让农户脱离原有的生产和生活环境。搬迁后的农户可以继续耕种原有的土地，从事原有的生产活动，同时，搬迁不会影响农户原有的社会关系，从而减少了因搬迁造成的社会成本上升的问题；集中安置就是尽可能将安置点布局在交通便捷和生活便捷的地方。靠近公路和水源，可以方便农户的生产和生活，有利于安置点的长远发展；靠近城镇，可以实现资源共享，提高社会和公共设施的利用效率。④政府宣传和农户自愿。移民搬迁和安置点的选择涉及农户的切身利益，必须尊重搬迁群众的意愿和要求，不能用简单的行政命令强行推进

移民搬迁计划，否则，会造成移民返迁或社会动荡，增加移民的社会成本。⑤尊重少数民族文化传统和风俗习惯。对少数民族人口的移民搬迁安置，应尊重其宗教、文化和传统习俗，原则上在本民族聚居区安置。对搬迁到其他民族的少数民族家庭，应当给予特殊的保护，防止其传统文化被同化或丢失。⑥鼓励处于危险区的居民自主外迁。在政府有序组织和政策引导下，遵循市场规律，对少量自愿通过投亲靠友及自主转移等方式到其他地区安家落户的灾区群众，尊重其自主选择，国家给予自主外迁的农户一定数额的资金补助。

参考文献

［1］刘玉立、尹浩：《农村自然灾害应急管理机制中转移安置体系的构建——以湖南省资兴市为例》，《文史博览》2009 年第 8 期，第 64 ~ 76 页。

［2］冀萌新、张文生：《中国自然灾害转移、安置的财政补助机制》，《自然灾害学报》2006 年第 15（6）期，第 67 ~ 71 页。

［3］刘家强、车茂娟、唐青：《灾后重建中的人口迁移问题研究》，《人口研究》2008 年第 32（5）期，第 1 ~ 9 页。

［4］李含琳：《陇南市灾后重建与人口迁移研究》，甘肃人民出版社，2012。

［5］王成华、邓宏艳、薛宁波：《地质灾害易发山区新农村房屋建设选址理论与方法》，《中国水土保持科学》2008 年第 6 期（增刊），第 1 ~ 5 页。

［6］张茂省：《地灾调查评估是移民搬迁的关键》，《水文地质工程地质》2011 年第 5 期，第 143 页。

［7］杨冠军：《关于实施陕南地区移民搬迁工程的思考》，《商洛日报》2011 年 6 月 23 日第一版。

图书在版编目（CIP）数据

西部山区农村灾害移民研究/陈勇等著.—北京：社会科学
文献出版社，2015.10
ISBN 978 - 7 - 5097 - 8049 - 7

Ⅰ.①西…　Ⅱ.①陈…　Ⅲ.①山区农村 - 灾害 - 移民 -
问题 - 研究 - 中国　Ⅳ.①D632.4

中国版本图书馆 CIP 数据核字（2015）第 225726 号

西部山区农村灾害移民研究

著　　者／陈　勇　等

出 版 人／谢寿光
项目统筹／恽　薇
责任编辑／陈凤玲　陈　欣

出　　　版／社会科学文献出版社·经济与管理出版分社（010）59367226
　　　　　　地址：北京市北三环中路甲29号院华龙大厦　邮编：100029
　　　　　　网址：www.ssap.com.cn
发　　　行／市场营销中心（010）59367081　59367090
　　　　　　读者服务中心（010）59367028
印　　　装／三河市尚艺印装有限公司

规　　　格／开　本：787mm×1092mm　1/16
　　　　　　印　张：16　字　数：252 千字
版　　　次／2015 年 10 月第 1 版　2015 年 10 月第 1 次印刷
书　　　号／ISBN 978 - 7 - 5097 - 8049 - 7
定　　　价／69.00 元